甘肃省结核病防治规划工作规范 | 编委会

主　编　何　健　杨枢敏

副主编　刘　芳　王　铂　王　雯　司红艳

编　委　（以姓氏笔画为序）

王　雯　王　铂　王克俭　司红艳　刘　芳

何　健　何钰珏　杨枢敏　余　坤　李江红

张景辉　姚琴华　高巧芬　郭戴青　葛秀群

辜吉秀　满世军

甘肃省结核病防治规划工作规范

GANSUSHENG JIEHEBING FANGZHI GUIHUA GONGZUO GUIFAN

何　健　杨枢敏　主编

图书在版编目（CIP）数据

甘肃省结核病防治规划工作规范 / 何健，杨枢敏主编. -- 兰州 : 兰州大学出版社，2017.3（2017.12重印）
ISBN 978-7-311-05136-5

Ⅰ. ①甘… Ⅱ. ①何… ②杨… Ⅲ. ①结核病－防治－规范－甘肃 Ⅳ. ①R52-65

中国版本图书馆CIP数据核字(2017)第061422号

策划编辑 田小梅
责任编辑 郝可伟
封面设计 雷们起

书　　名 甘肃省结核病防治规划工作规范
作　　者 何 健 杨枢敏 主编
出版发行 兰州大学出版社 (地址:兰州市天水南路222号 730000)
电　　话 0931-8912613(总编办公室) 0931-8617156(营销中心)
　　　　 0931-8914298(读者服务部)
网　　址 http://www.onbook.com.cn
电子信箱 press@lzu.edu.cn
印　　刷 虎彩印艺股份有限公司
开　　本 880 mm×1230 mm 1/16
印　　张 16.5
字　　数 624千
版　　次 2017年4月第1版
印　　次 2017年12月第2次印刷
书　　号 ISBN 978-7-311-05136-5
定　　价 36.00元

目　录

第一部分　甘肃省结核病防治规划技术规范

第二部分 甘肃省结核病防治规划工作规范

第三部分　甘肃省学校结核病预防控制工作规范

第四部分　甘肃省结核病防治规划工作质量考核方案

第五部分　甘肃省各级结核病防治资料品目

第一部分

甘肃省结核病防治规划技术规范

第一章　患者发现

1　目的

采取措施积极发现肺结核患者，使之及时得到规范的治疗和管理，恢复健康，减少结核菌在人群中的传播。

2　主要任务

2.1　疾病预防控制中心

2.1.1　不承担结核病诊治

制订辖区患者发现工作计划；组织开展结核病健康教育和促进工作；对医疗机构进行技术指导和培训；对辖区结核病信息资料进行分析和预测；组织开展未到位肺结核患者的追踪工作；对外地转入或定点医疗机构确诊的肺结核患者反馈至辖区乡镇（社区）医疗机构，对外地患者及时转出到居住地疾病预防控制中心；负责辖区内结核病实验室的质量控制，包括盲法复检、现场评估和批量质控。

2.1.2　承担结核病诊治

制订患者发现工作计划并组织实施；组织开展结核病健康教育和促进工作；开展肺结核患者筛查工作；负责落实肺结核可疑症状者、疑似患者、现症患者的诊断、登记和报告工作；负责对确诊的肺结核患者制定标准化治疗方案，提供免费的一线抗结核药品，及时处理各种不良反应；完成肺结核患者追踪工作和密切接触者检查；对医疗机构进行技术指导和培训；做好辖区肺结核患者信息反馈和转入患者的登记管理，对外地流动肺结核患者转出至患者居住地疾病预防控制中心；将非结核病患者转回原医疗机构诊治。

2.2　结核病定点医院

制订患者发现工作计划并组织实施；开展肺结核患者筛查工作；负责落实肺结核可疑症状者、疑似患者、现症患者的诊断、登记和报告工作；开展疑似肺结核患者就诊时的健康教育工作；负责对确诊的肺结核患者制定标准化治疗方案，提供免费的一线抗结核药品，及时处理各种不良反应；负责确诊患者治疗期间的随访检查和涂阳肺结核患者密切接触者的检查；核对、统计未到位肺结核患者和逾期未领药肺结核患者并反馈至当地疾病预防控制中心；开展涂阳患者密切接触者检查；对院内相关科室进行业务培训和质控管理；做好转入肺结核患者的登记和治疗管理。

2.3　基层网络

包括：乡（镇）卫生院/社区卫生服务中心及村卫生室/社区卫生服务站。其任务是：发现并登记结核病可疑症状者和疑似肺结核患者，及时告知和督促患者到结核定点医院/结核病防治所接受登记和免费检查；做好辖区肺结核患者的登记和随访管理。

2.4 其他医疗机构

2.4.1 结核病专科医院

对门诊发现的肺结核患者应立即报告，对不需要住院治疗的肺结核患者应及时转诊，对住院治疗的肺结核患者，出院后及时转至患者居住地的结核病定点医院/结核病防治所。

2.4.2 综合医疗机构

发现肺结核患者或疑似肺结核患者，将患者转诊到当地结核病定点医院/结核病防治所进行确诊；住院患者出院后，应及时将患者转诊到结核病定点医院/结核病防治所进行登记管理，并提供患者住院诊治信息；同时要按照要求及时做好传染病网络直报。

3 工作内容

3.1 发现对象

咳嗽、咳痰≥2 周、咯血或血痰是肺结核的主要症状，具有以上任何一项症状者为肺结核可疑症状者。此外，胸闷、胸痛、低热、盗汗、乏力、食欲减退和体重减轻等为肺结核患者的其他常见症状。

肺结核可疑症状者是筛查、推荐的重要人群；活动性肺结核患者是发现的对象，其中痰结核菌涂片检查（以下简称痰涂片）阳性的肺结核患者是重点发现对象。

3.2 发现方式

因症就诊、患者追踪、重点人群检查是发现肺结核患者的主要方式。转诊、推荐可疑症状者是基层网络发现肺结核患者的主要方式。

3.2.1 因症就诊

指患者出现肺结核可疑症状后主动到结核病定点医院就诊。

3.2.2 转诊

指患者出现肺结核可疑症状后到医疗卫生机构（不包括定点医院/结核病防治所）就诊，经胸部X射线或痰菌检查等诊断为肺结核或疑似肺结核患者后，患者携带医生填写的转诊单到定点医院/结核病防治所就诊。

（1）定点医院转诊：定点医院其他科室发现肺结核可疑症状者及肺结核患者，要及时转诊到结核病门诊进行诊治和管理，不得擅自收治肺结核患者。

住院患者的转诊：如其他科室住院患者中发现肺结核可疑症状者及肺结核患者，要请结核病门诊医生会诊，明确诊断，转诊到结核病房，特殊情况下不能转诊的患者需在结核病门诊医生指导下，进行规范抗结核治疗。

（2）其他医疗机构转诊：其他医疗卫生机构（含社区卫生服务站及私立医疗单位）凡发现肺结核患者或疑似肺结核患者要及时进行传染病网络直报，并填写三联转诊单，将患者转至当地结核病定点医院/结核病防治所进行诊治。

3.2.3 因症推荐

指医务人员或有关人员将发现的肺结核可疑症状者推荐并督促其到结核病定点医院/结核病防治所接受检查。

3.2.4 接触者检查

结核病定点医院/结核病防治所对痰涂片阳性肺结核患者的家庭成员、同学、同事和邻居等密切接触者中有肺结核可疑症状者进行结核病检查，从而发现活动性肺结核。

3.2.5　患者追踪

指对于其他医疗卫生机构疫情报告（转诊）的肺结核患者和疑似肺结核患者，未按时到结核病定点医院/结核病防治所就诊，由县（区）疾病预防控制中心、居住地所在的社区卫生服务中心（乡镇卫生院）和村卫生所负责追踪，督促其到结核病定点诊疗机构接受检查和治疗。

3.2.6　健康检查

开展健康体检的机构在进行健康体检时，要关注结核病高发人群和重点行业的人群，以便及时发现和转诊肺结核患者。

（1）高发人群

①进入城市谋业的流动人口或移民、来自结核病高发地区和国家的外籍求职者；

②儿童及青少年中结核菌素反应强阳性者；

③结核病暴发流行的集体或人群；

④糖尿病患者、接受免疫抑制剂治疗患者、矽肺患者、艾滋病病毒感染者及艾滋病患者等。

（2）重点行业人群

①托幼机构职工及中小学教职工；

②入伍新兵、大学新生、企事业招工对象及由农村、边远少数民族地区进入城市工作或学习者；

③与社会人群接触多、易受感染的卫生服务行业职工；

④接触职业性有害物质（如粉尘作业、接触有害气体等）的厂矿、企业职工。

3.3　发现方法

细菌学检查和胸部X射线检查是目前诊断肺结核的主要方法。对具有可疑肺结核症状者（咳嗽、咳痰≥2周或有咯血或血痰者），应对其进行免费（指结核病定点诊疗机构，下同）痰涂片及X射线胸片拍摄。

3.3.1　胸片拍摄

成年人拍胸部正位片一张；0～14岁儿童肺结核可疑症状者、结核菌素试验强阳性者拍胸部正位片一张，胸部正位片显示异常加拍侧位片一张；由其他医疗单位转诊者，如有2周以内胸片，可借阅其胸片，不需再拍摄胸片。

放射科设立“胸片拍摄登记本”（包括患者基本信息、检查结果、检查日期），对有肺部出现可疑阴影者，在登记本上用红笔标注，并将阳性检查结果反馈给首诊医生或定点医院结核病门诊。

3.3.2　痰涂片检查

初诊患者要送三份痰做涂片显微镜检查。要求：当日在门诊留一份“即时痰”（就诊当时咳出的痰液标本），同时发给患者两个标有患者姓名的痰标本盒，转诊患者和转入患者都必须填写在“初诊患者登记本”上。

3.4　检查和诊断

3.4.1　痰涂片显微镜检查

（1）查痰对象：前来就诊的肺结核患者、疑似肺结核患者和肺结核可疑症状者。

（2）送痰要求：当日在门诊留一份“即时痰”标本，同时发给患者两个标有患者姓名的痰标本盒，嘱患者次日带“夜间痰”和“晨痰”进行检查。

（3）痰标本要求：医生或痰检人员应告诉初诊患者留取合格痰标本的方法，保证其提供的痰标本是从肺深部咳出的黏性或脓性的痰。

（4）乡镇查痰点检查出的阳性玻片要由当地定点医院/结核病防治所进行复核。

（5）临床表现或胸部X射线检查怀疑肺结核，但直接痰涂片检查结果为阴性的患者，有条件的地区可以开展痰分枝杆菌培养，进一步明确诊断。无条件培养的涂阴患者应由涂阴诊断小组讨论后确诊，暂时不能确诊而疑似炎症的患者可进行诊断性抗感染治疗，诊断性抗感染治疗不应选择喹诺酮类、氨基糖苷类等具有明显抗结核活性的药品。对经抗感染治疗仍怀疑患有活动性肺结核的患者可进行诊断性抗结核治疗。

3.4.2　胸部影像学检查

（1）对肺结核可疑症状者直接拍摄胸片检查。

（2）由医疗单位转诊者，如有2周以内胸片，可借阅其胸片，不需再拍胸片检查。

（3）成年人拍胸部正位片一张。

（4）0～14岁儿童肺结核可疑症状者、结核菌素试验强阳性者拍胸部正位片一张，胸部正位片显示异常加拍侧位片一张。

3.4.3　结核菌素(PPD)试验

0～14岁儿童肺结核可疑症状者、与涂阳肺结核患者密切接触的0～14岁儿童或需与其他疾病鉴别诊断的患者要对其进行结核菌素试验。

3.4.4　已确诊的活动性肺结核患者的检查

（1）治疗前检查

除痰涂片及胸部X射线等检查外，已确诊的活动性肺结核患者还需进行血常规、尿常规、肝功能、心电图等检查各一次，作为治疗前本底资料。

（2）治疗期间及治疗结束时检查

①初治肺结核患者于第2、5、6月末，复治涂阳肺结核患者于第2、5、8月末要进行痰涂片随访检查。

②治疗强化期每个月末及在治疗过程中出现恶心、呕吐、厌油、肝区疼痛等肝脏损伤症状或其他不良反应时，应进行肝功能等相应检查。

③治疗1个月末查血常规、尿常规、心电图等各1次，观察不良反应；治疗结束进行X射线胸片检查以帮助判定治疗效果。

3.4.5　0～14岁儿童肺结核可疑症状者（包括密切接触者）检查

为避免对儿童造成不必要的放射伤害，对0～14岁儿童肺结核可疑症状者（包括密切接触者）做结核诊断相关检查时，影像学检查不应作为首选。检查程序如下：

（1）结核菌检查：年长能配合的儿童，留取三份痰标本，进行痰涂片显微镜检查；对于不能配合的幼儿，有条件的单位可考虑用咽拭子、胃液等方式获取标本，进行涂片检查；痰涂片检查结果为阴性的患者，有条件的地区可以开展结核分枝杆菌培养，进一步明确诊断。

（2）结核菌素试验：所有0～14岁儿童肺结核可疑症状者（包括密切接触者），均应进行结核菌素试验。

（3）影像学检查：痰涂片检查阳性或结核菌素试验强阳性者拍胸部正位片一张，胸部正位片显示异常加拍侧位片一张；痰涂片检查阴性或未做痰涂片检查、结核菌素试验一般阳性或阴性肺结核可疑症状者，先进行抗感染治疗，如果抗感染治疗症状不缓解，拍胸部正位片一张，胸部正位片显示异常加拍侧位片一张。

3.4.6　新涂阳肺结核患者密切接触者筛查

密切接触者，系指与新登记痰涂片阳性肺结核患者（包括初治和复治）直接接触的人员，包括患者的家庭成员、同事和同学等，其中家庭成员为重点筛查对象，要求全部筛查。

（1）首先通过询问新涂阳肺结核患者的密切接触者是否有结核病可疑症状，并登记在“涂阳肺结核患者密切接触者登记本”上。

（2）通过以上询问，对有肺结核可疑症状者进行结核菌素、痰涂片和（或）X射线等检查。

3.4.7　肺结核鉴别诊断

肺结核的症状、体征和X射线表现同许多胸部疾病相似，在诊断肺结核时，应注意与胸部肿瘤、肺炎等其他疾病相鉴别。

3.5　肺结核疫情报告与管理

3.5.1　报告依据

依照《中华人民共和国传染病防治法》乙类传染病报告的要求，对肺结核病例限时进行报告。

3.5.2　责任报告单位及报告人

各级疾病预防控制机构、各类医疗卫生机构和采供血机构均为责任报告单位；其执行职务的人员、乡村医生和个体开业医生均为责任疫情报告人。

3.5.3　报告对象

凡在各级各类医疗卫生机构诊断的肺结核患者（包括确诊病例、临床诊断病例）和疑似肺结核患者均为病例报告对象，分为涂阳、仅培阳、菌阴和未痰检4类。

3.5.4　报告时限

凡肺结核或疑似肺结核病例诊断后，实行网络直报的责任报告单位应于24小时内进行网络报告；未实行网络直报的责任报告单位应于24小时内寄/送出“中华人民共和国传染病报告卡”（以下简称“传染病报告卡”）给属地疾病预防控制机构。

县（区）级疾病预防控制机构收到无网络直报条件责任报告单位报送的传染病报告卡后，应于2小时内通过网络直报进行报告。

3.5.5　报告程序与方式

传染病报告实行属地化管理。传染病报告卡由首诊医生或其他执行职务的人员负责填写。现场调查时发现的传染病病例，由属地疾病预防控制机构的现场调查人员填写报告卡。

（1）传染病疫情信息实行网络直报，没有条件实行网络直报的医疗卫生机构，应在24小时内将传染病报告卡寄/送给属地县级疾病预防控制机构。

（2）军队医疗卫生机构向社会公众提供医疗服务时，发现传染病疫情应当按照国务院卫生行政部门的规定向属地疾病预防控制机构报告。

3.5.6　订正与查重

（1）在同一医疗卫生机构发生报告病例诊断变更、已报告病例死亡或填卡错误时，应由该医疗卫生机构及时进行订正报告，并重新填写传染病报告卡，卡片类别选择“订正”项，并注明原报告病名。对报告的疑似病例，应及时进行排除或确诊。

（2）转诊病例发生诊断变更或死亡时，由转诊医疗卫生机构填写订正卡并向患者现住址所在地县（区）级结核病防治机构报告。

（3）对于调查核实现住址查无此人的病例，应由核实单位更正为地址不详。

（4）结核病防治机构对其他单位报告的病例进行追踪调查，发现报告信息有误或排除病例时应及时订正。其他单位需要订正已由结核病防治机构订正过的病例时，应通知结核病防治机构再次进行订正。

（5）结核病防治机构及具备网络直报条件的医疗卫生机构每日对报告信息进行查重，对重复报告信息进行删除。

3.5.7　结核病定点医院/结核病防治所要及时更新患者的治疗随访信息，包括查痰、取药、治疗、转归等信息。

3.5.8　县（区）疾病预防控制中心及时收集、汇总和分析各类结核病统计报表，及时纠正发现的问题，并按时向上级疾病预防控制中心报告。

3.5.9　上级机构审核、汇总、分析下级机构的报表，并完成本机构的管理报表；对以往和当前的流行情况和动态做出分析，对各项结核病防治措施和管理的工作质量和效果进行评价，并上报同级主管部门及上级结核病防治专业机构，同时反馈各县，并确定重点督导地区和内容。

3.5.10 建立规范的结核病信息查询制度。非结核病防治系统部门查询结核病信息资料，须经卫生计生部门批准；本单位其他科室查询和利用结核病信息资料，须经单位领导或结核病信息管理科室的分管领导批准。信息报告系统中的患者个人信息应给予保密。

3.6 患者登记工作流程和步骤(结核病定点医院/结核病防治所)

3.6.1 结核病定点医院/结核病防治所每天接诊的门诊患者和院内其他科室转诊来的疑似肺结核患者，全部登记在“初诊病人登记本”，结核病实验室检查记录登记在“结核病实验室登记本”，确诊为结核病患者的登记在“结核病人登记本”（简称“三本资料”）；同时负责将患者检查、治疗和管理等信息录入结核病管理信息系统。

3.6.2 要及时、准确、完整地填写“三本资料”，并定期在结核病管理信息系统中浏览、订正，查询传染病报告卡的报告情况以及患者的检查收治情况，若传染病报告卡未报告，直接录入患者门诊信息，同时完成结核病管理信息系统中的检查和收治信息。

3.6.3 若诊断为结核病患者，填写“结核病人登记本”和病案资料，并在结核病管理信息系统中录入病案信息；对于外地结核病防治专业机构已在结核病管理信息系统中登记报告的患者，应在系统中查找到该患者的病案信息，修订该患者的门诊和病案信息。

3.6.4 对于其他医疗机构报告或转诊，但未到结核病定点诊疗机构就诊的肺结核患者或疑似肺结核患者，要将其信息（患者追访通知单）交给疾病预防控制中心进行组织追踪，并及时对传报卡中患者追踪状态及其他信息进行订正，保证网络资料的及时性和准确性。

3.7 肺结核患者转诊与追踪

3.7.1 其他医疗卫生机构转诊

医疗卫生机构分管院长负责该项工作的组织领导，公共卫生科或其他指定科室具体负责该项工作的落实，接诊医生负责肺结核患者的疫情报告卡填写和转诊工作，公共卫生科或其他指定科室负责肺结核患者的登记与管理工作。

（1）转诊对象

不需要住院治疗的肺结核患者或疑似肺结核患者以及出院后的肺结核患者均为转诊对象。

（2）转诊程序

①填写转诊单：对需转诊的对象，医疗卫生机构要填写“肺结核患者或疑似肺结核患者转诊/推荐单”一式三份（图1-1）。一份留医疗卫生机构存档；一份由医疗卫生机构送达结核病定点医院 /结核病防治所；一份由患者携带，到指定的结核病定点医院 /结核病防治所就诊。

②转诊前健康教育及转诊：医疗卫生机构转诊医生在转诊患者前要对患者进行必要的健康教育，向患者解释他 /她可能患了肺结核，并讲解结核病的相关知识，以及要转诊到结核病定点医院 /结核病防治所的原因等内容，然后嘱患者及时到结核病定点医院 /结核病防治所就诊。

③公共卫生科或其他指定科室每天收集转诊单，并及时核对填写资料，对患者相关信息，尤其是患者联系信息不详的，要督促转诊医生及时更正。同时填写“医院肺结核患者及疑似肺结核患者转诊登记本”。

医疗卫生机构内各有关科室要及时、详细地填写门诊工作日志、放射科结核病患者登记本、实验室登记本、出入院登记本等。具体转诊程序见“医疗卫生机构报告、转诊工作流程图”（图1-2）。

（3）转诊要求

①患者转诊单填写不能漏项，特别是患者联系地址和电话必须填写清楚。

②患者的住院和出院情况要及时在传染病信息报告系统中进行订正。

肺结核患者或疑似肺结核患者转诊 /推荐单（患者联）

患者姓名：＿＿＿＿＿＿　性别：＿＿＿＿＿＿　年龄：＿＿＿＿＿＿（周岁）
住址：＿＿＿＿＿＿县（区）＿＿＿＿＿＿乡（路）＿＿＿＿＿＿村（居委会）
患者户主姓名：＿＿＿＿＿＿　联系电话：＿＿＿＿＿＿
患者工作单位：＿＿＿＿＿＿＿＿＿＿＿＿（农户则无须填写）
门诊或住院号：＿＿＿＿＿＿　原因：1.有可疑肺结核症状　2.肺结核或疑似肺结核
3.出院治疗（出院患者应附上住院期间的治疗记录摘要）
请患者到：＿＿＿＿＿＿＿（结核病定点医院 /结核病防治所）进行专业诊断和治疗
地址：＿＿＿＿＿＿＿＿（定点医院 /结核病防治所）　联系电话：＿＿＿＿＿＿
日期：　　年　　月　　日　　　　医生：
医院：

肺结核患者或疑似肺结核患者转诊 /推荐单（当地结核病定点医院 /结核病防治所联）

患者姓名：＿＿＿＿＿＿　性别：＿＿＿＿＿＿　年龄：＿＿＿＿＿＿（周岁）
住址：＿＿＿＿＿＿县（区）＿＿＿＿＿＿乡（路）＿＿＿＿＿＿村（居委会）
患者户主姓名：＿＿＿＿＿＿　联系电话：＿＿＿＿＿＿
患者工作单位：＿＿＿＿＿＿＿＿＿＿＿＿（农户则无须填写）
门诊或住院号：＿＿＿＿＿＿　原因：1.有可疑肺结核症状　2.肺结核或疑似肺结核
3.出院治疗（出院患者应附上住院期间的治疗记录摘要）
请患者到：＿＿＿＿＿＿＿（结核病定点医院 /结核病防治所）进行专业诊断和治疗
地址：＿＿＿＿＿＿＿＿（定点医院 /结核病防治所）联系电话：＿＿＿＿＿＿
日期：　　年　　月　　日　　　　医生：
医院：

肺结核患者或疑似肺结核患者转诊 /推荐单（本院公共卫生科联）

患者姓名：＿＿＿＿＿＿　性别：＿＿＿＿＿＿　年龄：＿＿＿＿＿＿（周岁）
住址：＿＿＿＿＿＿县（区）＿＿＿＿＿＿乡（路）＿＿＿＿＿＿村（居委会）
患者户主姓名：＿＿＿＿＿＿　联系电话：＿＿＿＿＿＿
患者工作单位：＿＿＿＿＿＿＿＿＿＿＿＿（农户则无须填写）
门诊或住院号：＿＿＿＿＿＿　原因：1.有可疑肺结核症状　2.肺结核或疑似肺结核
3.出院治疗（出院患者应附上住院期间的治疗记录摘要）
请患者到：＿＿＿＿＿＿＿（结核病定点医院 /结核病防治所）进行专业诊断和治疗
地址：＿＿＿＿＿＿＿＿（定点医院 /结核病防治所）联系电话：＿＿＿＿＿＿
日期：　　年　　月　　日　　　　医生：
医院：

图1–1　肺结核患者或疑似肺结核患者转诊/推荐单

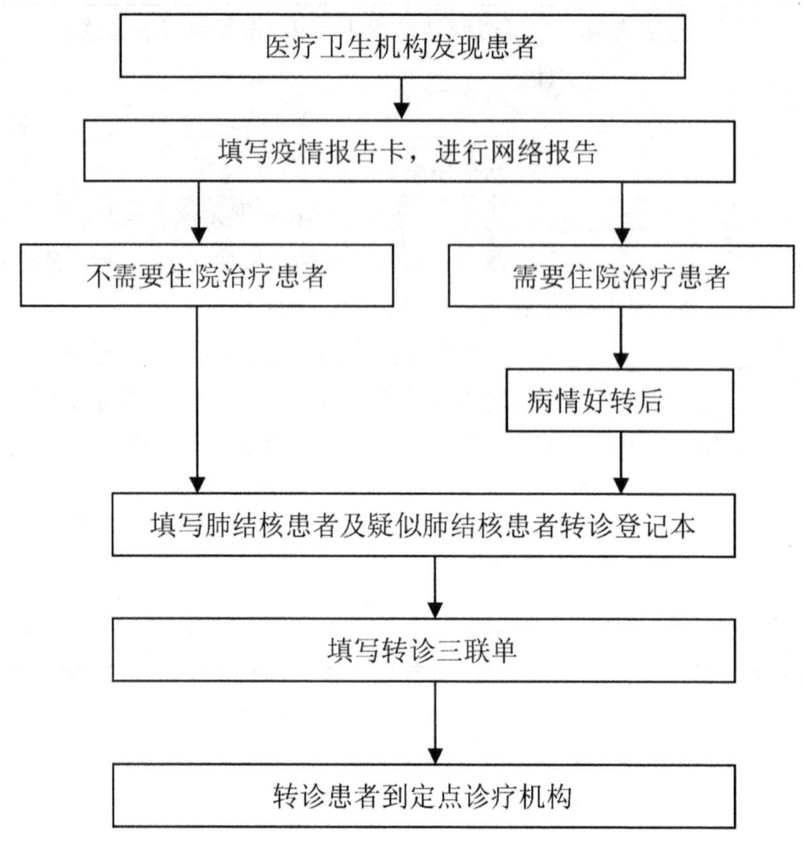

图 1-2　医疗卫生机构报告、转诊工作流程图

3.7.2　未到位患者的追踪

结核病定点医院 /结核病防治所要指定专人负责，对医疗卫生机构在疾病监测信息报告管理系统（以下简称“网络直报”）中报告的肺结核患者或疑似肺结核患者信息进行浏览、核对，将未到结核病定点医院就诊的患者反馈给县（区）疾病预防控制中心组织追踪。

（1）核实肺结核患者网络直报信息

①查重：结核病定点医院 /结核病防治所每天将前一天医疗卫生机构网络直报的确诊或疑似肺结核患者逐一进行浏览、查重，对于重复报告的传染病报告卡按照有关要求进行删除。

②导出：每天将浏览、查重后的网络直报中的肺结核患者（包括辖区内医疗卫生机构报告的和辖区外医疗卫生机构报告的“现住址”为本辖区的患者，无论患者到位与否）的基本信息导出或抄录到“县（区）结核病防治机构肺结核患者和疑似肺结核患者追踪情况登记本”（简称“追踪登记本”）中。

（2）核实肺结核患者到位情况

结核病定点医院 /结核病防治所将“追踪登记本”的信息与“初诊患者登记本”和“肺结核患者或疑似肺结核患者转诊 /推荐单”进行核对，并记录所有报告患者的“转诊日期”及“追踪、到位信息”。

发现“传染病报告卡”的“备注”栏中注明住院的患者，通过与报告医疗卫生机构住院部核实，确定患者已住院，则应在追踪登记本的“备注”栏中注明。

通过核实，对收到转诊单或“网络直报”中报告而未前来就诊（初诊患者登记本中反映）的患者，定点医院要填写“需追踪疑似肺结核患者信息表（表1-1）”，每天下午下班前通过E-mail或QQ等方式反馈给当地疾病预防控制中心，由疾病预防控制中心组织追踪。

表 1-1　需追踪疑似肺结核患者信息表

填报人：＿＿＿＿＿＿　填报时间：＿＿＿＿年＿＿＿＿月＿＿＿＿日

姓名	性别	年龄	报告日期	报告单位	联系电话	家庭详细住址

（3）追踪

①追踪对象

辖区内、外医疗卫生机构报告的长期居住在本辖区的患者中具备下列情况之一者为追踪对象：

医疗卫生机构报告或转诊的非住院肺结核患者或疑似肺结核患者，在报告后24小时内未到当地结核病定点诊疗机构就诊者；

在医疗卫生机构进行住院治疗的肺结核患者，出院后 2天内未与当地结核病防治机构取得联系的患者。

②追踪方法

Ⅰ.县（区）疾病预防控制中心电话追踪：由县（区）疾病预防控制中心结核病防治机构负责追踪的人员直接与患者电话联系，了解患者未就诊原因，劝导患者到结核病定点医院 /结核病防治所就诊和治疗。

Ⅱ.村卫生室（社区卫生服务站）医生现场追踪：对没有电话或通过电话追踪3天内未到位的患者，县（区）疾病预防控制中心结核病防治机构追踪人员与乡镇卫生院（社区卫生服务中心）医生电话或网络联系，告知患者的详细情况。乡镇卫生院（社区卫生服务中心）医生接到信息后，及时通知村卫生室（社区卫生服务站）医生与患者进行联系，劝导患者到结核病定点医院 /结核病防治所就诊。

Ⅲ.乡镇卫生院（社区卫生服务中心）防疫医生现场追踪：经电话和村卫生室（社区卫生服务站）医生追踪的患者，若5天内未到结核病定点诊疗机构就诊，乡镇卫生院（社区卫生服务中心）医生应主动到患者家中，了解具体情况，劝导患者到定点医院 /结核病防治所就诊。同时向县（区）疾病预防控制中心进行反馈。

Ⅳ.县（区）疾病预防控制中心结核病防治机构现场追踪：经电话、乡（村）医生追踪，7天内仍未到位的患者，县（区）疾病预防控制中心结核病防治机构追踪人员应主动到患者家中，了解具体的情况，劝导患者到定点医院 /结核病防治所就诊。

③追踪到位情况订正

Ⅰ.在“追踪登记本”的“到位情况 ”和“到位诊断结果”栏目中填写患者的到位情况和核实诊断结果。

Ⅱ.在网络直报中的原始报告信息的患者状态按到位情况予以订正并进行“收治”录入患者的相关

信息。

患者追踪方法的流程见图1-3。

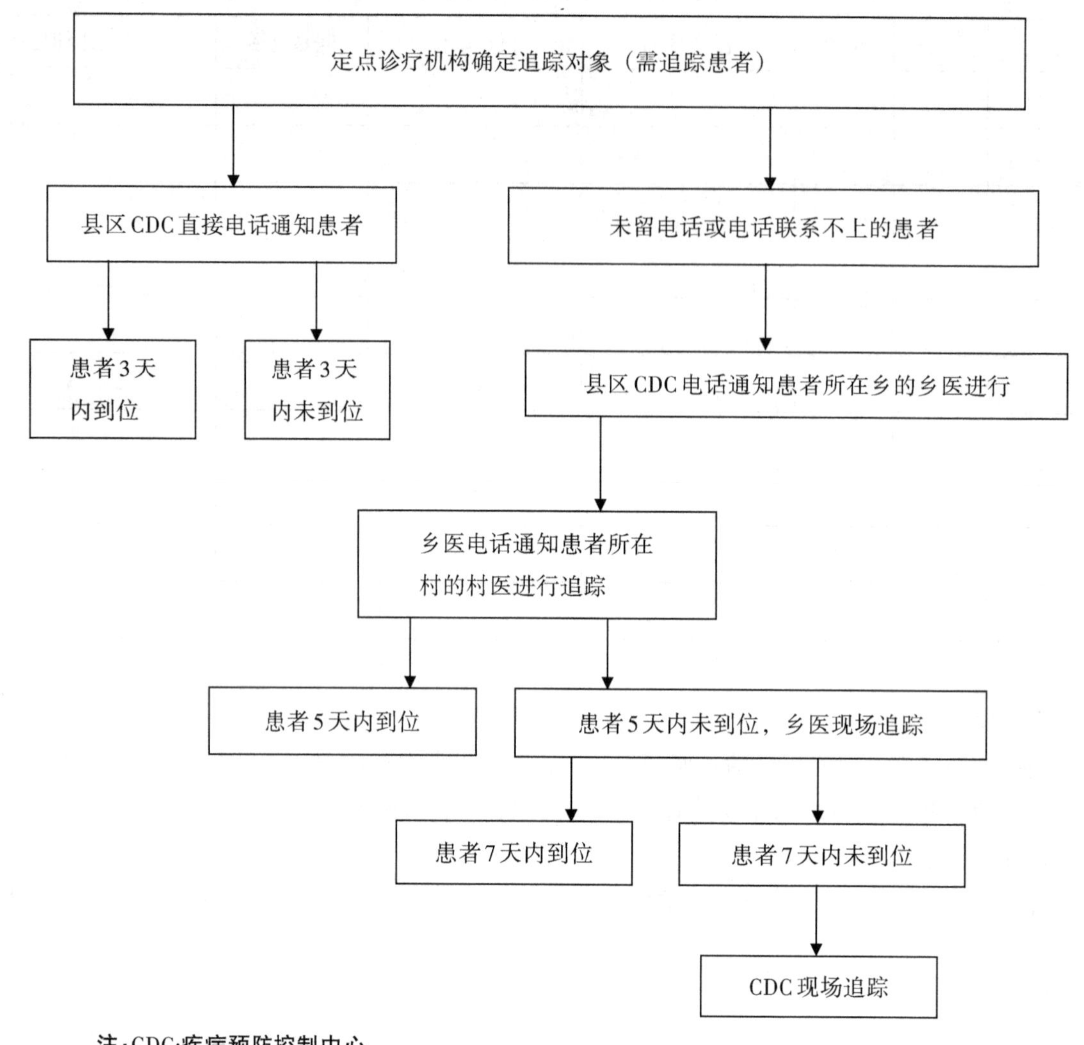

注:CDC:疾病预防控制中心

图1-3　患者追踪流程图

3.8　涂阳肺结核患者密切接触者检查

涂阳肺结核患者密切接触者的定义：与新登记的痰涂片阳性的肺结核患者（包括初治和复治）直接接触的人员，包括患者的家庭成员、同事和同学等。

3.8.1　检查程序

（1）接诊医生需对新登记的涂阳肺结核患者进行有关密切接触者的宣传教育，告知密切接触者检查的重要性，并询问与涂阳肺结核患者密切接触的家属及非家属的基本信息，及时登记在“涂阳肺结核患者密切接触者登记本（表1-2）”上。对患者的宣传要点有：

①咳嗽、咳痰≥2周、咯血是肺结核病的主要可疑症状，一旦出现肺结核可疑症状，应及早到结核病防治机构就诊；

②肺结核不可怕，绝大多数是可以治愈的；

③肺结核的相关免费诊治政策。

（2）通过询问涂阳肺结核患者或电话联系，了解其密切接触者是否有肺结核可疑症状，将症状筛查结果填写在“涂阳肺结核患者密切接触者登记本”上。对于陪伴患者就诊的密切接触者，在患者就诊时，医生应当进行面对面的讲解。

（3）请患者将结核病防治宣传材料转交给密切接触者，并通知有肺结核可疑症状的密切接触者到结核病防治机构做进一步检查。

3.8.2 检查方法

同本章“3.4 检查和诊断”。

3.8.3 登记检查信息

对有症状的密切接触者进行检查后，应及时将检查结果记录到“涂阳肺结核患者密切接触者登记本”上，同时要在“初诊患者登记本”上登记。

表1-2 涂阳肺结核患者密切接触者登记本

__________年　　　　　　　　　　　　　　　　第________页

涂阳患者			接触者			接触者类型		筛查			检查及结果			诊断	新确诊患者登记号
姓名	登记号	联系电话	姓名	性别	年龄	家属	非家属	日期	症状		PPD试验（mm）	X射线片	痰涂片		
									有	无					

填写说明：

（1）接触者类型：在相应栏内打“√”。

（2）症状：是指咳嗽、咳痰≥2周或有咯血者，在相应栏内打“√”。

（3）检查日期及结果：上栏填写结果，下栏填写日期。

（4）“PPD试验、X射线片、痰涂片”等项目，是有肺结核可疑症状的密切接触者做相关检查后，根据实际情况填写，填写要求见前述相关说明。

（5）诊断：按照“初诊患者登记本”中的“胸片结果”相应内容进行记录。

（6）新确诊患者登记号：确诊患者按照“结核病患者登记本 ”的顺序进行编号。

4 肺结核诊断及分类

4.1 诊断原则

肺结核的诊断是以细菌学为主，结合胸部影像学、病史和临床症状、必要的辅助检查及鉴别诊断，进行综合分析做出的。咳嗽、咳痰≥2周或咯血等是发现和诊断肺结核的重要线索，应予重视并及时进行相关检查。

4.2 肺结核诊断标准

按照新修订的《中华人民共和国卫生行业标准肺结核诊断标准（WS288—2008）》，肺结核分确诊病例、临床诊断病例和疑似病例。

4.2.1 确诊病例

包括涂阳肺结核、仅培阳肺结核和肺部病变标本病理学诊断为结核病变者三类。

（1）涂阳肺结核：凡符合下列三项之一者为涂阳肺结核病例。

① 2份痰标本直接涂片抗酸杆菌镜检阳性。

② 1份痰标本直接涂片抗酸杆菌镜检阳性加肺部影像学检查符合活动性肺结核影像学表现。

③ 1份痰标本直接涂片抗酸杆菌镜检阳性加1份痰标本结核分枝杆菌培养阳性。

（2）仅培阳肺结核：同时符合下列两项者为仅培阳肺结核病例。

①痰涂片阴性；

②肺部影像学检查符合活动性肺结核影像学表现加1份痰标本结核分枝杆菌培养阳性。

（3）肺部病变标本病理学诊断为结核病变者。

4.2.2 临床诊断病例

凡符合下列条件之一者为临床诊断病例（涂阴肺结核）。

（1）三次痰涂片阴性，胸部影像学检查显示与活动性肺结核相符的病变且伴有咳嗽、咳痰、咯血等肺结核可疑症状。

（2）三次痰涂片阴性，胸部影像学检查显示与活动性肺结核相符的病变且结核菌素试验强阳性。

（3）三次痰涂片阴性，胸部影像学检查显示与活动性肺结核相符的病变且抗结核抗体检查阳性。

（4）三次痰涂片阴性，胸部影像学检查显示与活动性肺结核相符的病变且肺外组织病理检查证实为结核病变者。

（5）三次痰涂片阴性的疑似肺结核病例经诊断性治疗或随访观察可排除其他肺部疾病者。

符合临床诊断病例的标准，但确因无痰而未做痰菌检查的未痰检肺结核按涂阴肺结核的治疗管理方式采取治疗和管理。

注：胸部影像学检查显示与活动性肺结核相符的病变指与原发性肺结核、血行播散性肺结核、继发性肺结核、结核性胸膜炎任一种肺结核病变影像学表现相符。

4.2.3 疑似病例

凡符合下列条件之一者为疑似病例。

（1）5岁以下儿童：有肺结核可疑症状同时有与涂阳肺结核患者密切接触史，或结核菌素试验强阳性。

（2）仅胸部影像学检查显示与活动性肺结核相符的病变。

4.3 结核病分类

按照2001年《中华人民共和国卫生行业标准》，结核病分为以下5类：

4.3.1 原发性肺结核（简写为Ⅰ）

4.3.2 血行播散性肺结核（简写为Ⅱ）

4.3.3 继发性肺结核（简写为Ⅲ）

4.3.4 结核性胸膜炎（简写为Ⅳ）

4.3.5 肺外结核（简写为Ⅴ）

注：气管支气管结核按Ⅲ型肺结核进行分类。

4.4 涂阴肺结核诊断要求

4.4.1 涂阴肺结核患者的诊断必须由放射医生和门诊医生联合病案讨论会确认，必要时请上级结核病防治机构会诊后诊断。

4.4.2 对暂时不能确诊而有疑似炎症的患者可进行诊断性抗感染治疗（一般观察2周）或使用其他

检查方法进一步确诊，此类患者可暂不在“结核病患者登记本”中登记。诊断性抗感染治疗不应选择喹诺酮类、氨基糖甙类等具有明显的抗结核活性的药物。

4.4.3　对经抗感染治疗仍怀疑患有活动性肺结核的患者可进行诊断性抗结核治疗，推荐使用初治活动性肺结核治疗方案，一般治疗1～2个月。此类患者可登记在“结核病患者登记本”中，如最后否定诊断，应变更诊断。

4.5　结核性胸膜炎诊断要点

4.5.1　在胸水中查到结核分枝杆菌或胸膜活检病理学检查为结核病变可确诊。

4.5.2　具有典型的胸膜炎症状及体征，同时符合以下辅助检查指标中至少一项者或临床上可排除其他原因引起的胸腔积液，可诊断为结核性干性或渗出性胸膜炎。

（1）结核菌素皮肤试验反应≥15 mm；

（2）血清抗结核抗体阳性；

（3）肺外组织病理检查证实为结核病变；

（4）胸水常规及生化检查符合结核性渗出液改变。

根据以上初诊患者从问诊到诊断期间所进行的检查及步骤，绘制“年龄≥15岁肺结核患者检查及诊断流程图（图1-4）”：

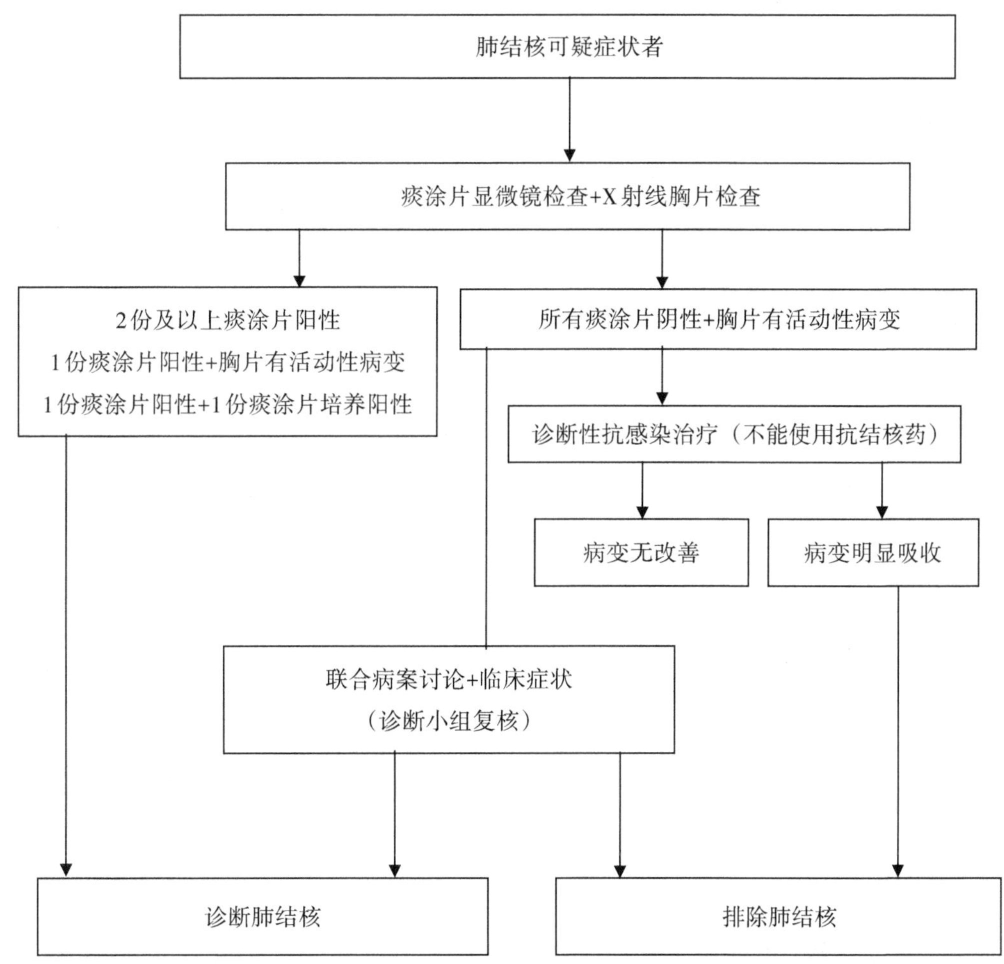

图1-4　年龄≥15岁肺结核患者检查及诊断流程图

5 肺结核免费诊疗和报病激励政策

5.1 免费检查

5.1.1 对肺结核可疑症状者实行免费的痰涂片检查

包括1次初次就诊时痰涂片检查（3份）和3次（第2、5、6月末或第2、5、8月末）确诊患者随访痰涂片检查（每次2份）。

5.1.2 胸部X射线检查

包括1次初次就诊时和1次疗程结束时的胸部X射线检查。

5.2 免费化疗

5.2.1 免费化疗对象

初治活动性肺结核患者（包括初治涂阳肺结核、初治涂阴肺结核）、复治涂阳肺结核患者。对复治涂阳患者提供一次标准短程化疗方案治疗。

5.2.2 免费化疗范围

免费治疗仅限于患者采用国家免费抗结核治疗方案治疗的抗结核药物、注射器、注射用水等费用。患者自购的抗结核药品、其他药品或住院治疗费用均不属免费的范围。

5.3 报告和治疗管理补助

5.3.1 对发现和报告肺结核患者的医务人员给予报病奖励。

5.3.2 对负责肺结核患者督导治疗管理的县、乡和村级人员给予治疗管理补助经费。

6 肺结核患者病案记录、联系卡及登记本

6.1 病案记录

对登记并进行治疗的活动性肺结核患者、新结核性胸膜炎患者和其他肺外结核病患者，应按以下“病案记录（表1-3）”的内容和要求进行记录；对只报告而未在定点医院/结核病防治所治疗管理的肺外结核病患者，只填写病案首页的主要内容，包括姓名、性别、出生日期、职业、登记号、身份证号、民族和现住址等。

表1-3 病案记录

姓名：	性别：男 女	出生日期：年 月 日(岁)	职业：	羁押人员：是 否
身份证号：		民族：	登记号：	病案号：
现住址：		户籍地址（外地户籍者填写）：已在本辖区居住的时间：		
工作单位：		电话： 患者家庭年人均收入： 元/年		
联系人1姓名：			电话：	
联系人2姓名：			电话：	
患者来源：因症就诊 转诊 追踪 因症推荐 接触者检查 健康检查 其他				
主诉：				
现病史：				

本次症状出现日期：　　年　　月　　日；　本次首诊日期：　　年　　月　　日 本次就诊时症状：咳嗽　咳痰　咯血　胸痛　发热　乏力　食欲减退　盗汗　其他
既往结核病诊断和治疗情况：无　　有（如有，填下列项目） 首次确诊日期：　　年　　月 抗结核治疗史：　　有　　无 首次治疗日期：　　年　　月 累计用药量：　　H　　天，R　　天，S　　天，E　　天，Z　　天 停止治疗原因：　　治愈（满疗程，医嘱停药）　　症状好转（自行停药）　　其他
既往史： 卡介苗接种史：　有　　无 肝病史：　　有　　无 肾病史：　　有　　无 与结核病患者的密切接触史：　有　　无
药物过敏史：　有　无
体格检查： 一般情况：体温（　　℃）　血压（　　/mmHg）　脉搏（　　次/分）　呼吸（　　次/分）　体重（　　kg） 胸部检查： 心脏检查： 肝脏检查： 肾脏检查： 其他：

结核菌素试验、影像学和实验室检查：

结核菌素试验（PPD）结果： mm；试验日期： 年 月 日

X 射线检查结果： 空洞：有 无 X 射线号：

痰菌检查：

痰涂片检查结果：阴性 1+ 2+ 3+ 4+ 未查及原因：

痰培养检查结果：阴性 1+ 2+ 3+ 4+ 未查及原因：

痰培养检查结果报告时间： 年 月 日

药敏试验结果：H 耐药 敏感 污染 未做

R 耐药 敏感 污染 未做

E 耐药 敏感 污染 未做

S 耐药 敏感 污染 未做

药敏试验结果报告时间： 年 月 日

HIV 抗体检测结果：已知阳性 新检测初筛阳性 新检测确认阳性 阴性 拒查 未提供

如果 HIV 阳性，最近一次 CD_4^+ 细胞计数值： / mm^3 报告时间： 年 月 日

结果登记：

本次确诊日期： 年 月 日 诊断结果：

合并其他系统结核：无 有（结脑 淋巴 骨关节 泌尿生殖 消化系统 皮肤 多系统 其他）

合并症：无 有（糖尿病 尘肺 精神病 其他）

本次登记日期： 年 月 日

患者登记分类：新患者 复发 返回 初治失败 其他

治疗情况：

本次治疗日期： 年 月 日

治疗分类：初治 复治 治疗方案：

抗结核药物费用支付方式：免费 自费 其他（公费、社保等）

治疗管理方式：全程督导 强化期督导 全程管理 自服药

变更方案： 变更日期：

本次诊断结核病时 HIV 阳性者已开始抗病毒治疗：无 有，开始日期： 年 月 日

本次诊断结核病时 HIV 阳性者已开始 CPT 治疗：无 有，开始日期： 年 月 日

医生签名：

<table>
<tr><th colspan="15">肺结核患者取药登记、治疗管理和结核菌检查记录</th></tr>
<tr><th rowspan="3">日期</th><th colspan="2">取药登记</th><th colspan="7">询问患者上次取药后的服药及管理情况</th><th colspan="3">实际痰菌检查</th><th rowspan="3">预约下次随访日期</th><th rowspan="3">医生签字</th></tr>
<tr><th rowspan="2">次序</th><th rowspan="2">取药量（月）</th><th rowspan="2">应服药次数</th><th rowspan="2">实际服药次数</th><th colspan="3">督导人员督导服药</th><th rowspan="2">自服药</th><th rowspan="2">村（社区）医生访视次数</th><th rowspan="2">阳性</th><th rowspan="2">阴性</th><th rowspan="2">未查</th></tr>
<tr><th>医护人员</th><th>家庭成员</th><th>其他</th></tr>
<tr><td></td><td>第 1 次</td><td></td><td>—</td><td>—</td><td>—</td><td>—</td><td>—</td><td>—</td><td>—</td><td>—</td><td>—</td><td>—</td><td></td><td></td></tr>
<tr><td></td><td>第 2 次</td><td></td><td></td><td></td><td></td><td></td><td></td><td></td><td></td><td></td><td></td><td></td><td></td><td></td></tr>
<tr><td></td><td>第 3 次</td><td></td><td></td><td></td><td></td><td></td><td></td><td></td><td></td><td></td><td></td><td></td><td></td><td></td></tr>
<tr><td></td><td>第 4 次</td><td></td><td></td><td></td><td></td><td></td><td></td><td></td><td></td><td></td><td></td><td></td><td></td><td></td></tr>
<tr><td></td><td>第 5 次</td><td></td><td></td><td></td><td></td><td></td><td></td><td></td><td></td><td></td><td></td><td></td><td></td><td></td></tr>
<tr><td></td><td>第 6 次</td><td></td><td></td><td></td><td></td><td></td><td></td><td></td><td></td><td></td><td></td><td></td><td></td><td></td></tr>
<tr><td></td><td>第 7 次</td><td></td><td></td><td></td><td></td><td></td><td></td><td></td><td></td><td></td><td></td><td></td><td></td><td></td></tr>
<tr><td></td><td>第 8 次</td><td></td><td></td><td></td><td></td><td></td><td></td><td></td><td></td><td></td><td></td><td></td><td></td><td></td></tr>
<tr><td></td><td>第 9 次</td><td></td><td></td><td></td><td></td><td></td><td></td><td></td><td></td><td></td><td></td><td></td><td></td><td></td></tr>
<tr><td></td><td>第 10 次</td><td></td><td></td><td></td><td></td><td></td><td></td><td></td><td></td><td></td><td></td><td></td><td></td><td></td></tr>
</table>

治疗管理结果

停止治疗日期：　　年　　月　　日

停止治疗原因：治愈　完成疗程　死亡（结核、非结核）失败　丢失　其他（不良反应、诊断变更、拒治、转入耐多药治疗）

实际治疗管理方式：全程督导　强化期督导　全程管理　自服药

系统管理：是　否　　　　　　　　　　判定医生签名：

日期：　　年　　月　　日

病程记录

姓名________________　　　　（第　页）　　　　登记号

X 射线检查及化验单粘贴页

填写说明：

（1）病案号：各地按照本地区医政管理要求对需要建立病案的结核病患者建立病案号。

（2）主诉：导致患者本次就诊时的主要症状及持续时间。

（3）现病史：主要描述本次出现症状在定点医院/结核病防治所就诊前的求医及诊治经过。

①本次症状出现日期：本次患病出现症状的日期。

②本次首诊日期：本次患病后第一次就诊的日期。

③本次就诊时症状：在相应的项目上打“√”。

（4）既往结核病诊断和治疗情况：

①首次确诊日期：指第一次患结核病时确诊的日期。

②抗结核治疗史：本次定点医院/结核病防治所登记前是否因患结核病而接受抗结核治疗。

③首次治疗日期：指本次定点医院/结核病防治所登记前因患结核病首次接受抗结核治疗的日期。

④累计用药量：指既往因患结核病接受抗结核治疗累计使用的抗结核药物剂量。

⑤停止治疗原因：在相应的项目上打“√”。

（5）既往史：

①卡介苗接种史、肝病史和肾病史：在相应的项目上打“√”。

②药物过敏史：填过敏药物的名称。

（6）体格检查：重点记录体重、心、肺、肝、肾情况。

（7）结核菌素试验、影像学和实验室检查：

①结核菌素试验（PPD）结果：按照硬结横径×直径以毫米为单位进行记录。

②X射线检查结果：填X射线检查的诊断结果，如“Ⅲ上/上”等。

③痰菌检查：在相应的项目上打“√”。

④HIV抗体检测结果：在相应的项目上打“√”。已知阳性是指患者本次登记之前已知HIV阳性。新检测初筛阳性是指肺结核患者本次HIV初筛阳性，但因各种原因未能进行确认实验。拒查是指为肺结核患者提供HIV检测但患者拒绝接受检测。未提供是指本地区能够开展HIV检测但医生未向肺结核患者提供或者本地区不具备HIV检测条件。

（8）结果登记

①本次确诊日期：到本单位检查的确诊日期。

②诊断结果：填结核病分类+部位+痰菌，如继发性肺结核，两上肺病变涂片3+，填写为“继发性肺结核上/上（3+）”或“Ⅲ上/上（3+）”。若有空洞，在病型部位的右上角打“O”。例，右上肺继发性肺结核，有空洞，则填写为“Ⅲ上°/（-）”。

③本次登记日期：到本单位确诊后的登记日期。

（9）治疗情况

①抗结核药物费用支付方式：如果采用多种方式支付，以支付比例超过50%的为准。

②变更方案：治疗过程因种种原因需要改变治疗方案的，须写出具体、个体化的化疗方案。

③本次诊断结核病时HIV阳性者已开始抗病毒治疗：HIV阳性者在本次确诊结核病登记时尚未接受抗病毒治疗，在“无”上打“√”；如已经接受抗病毒治疗，在“有”上打“√”，并注明开始治疗的日期；HIV阳性者在抗结核治疗开始时，尚未接受抗病毒治疗，但在抗结核治疗过程中的某个时间开始接受抗病毒治疗，则注明抗病毒治疗的日期。

④本次诊断结核病时HIV阳性患者已开始CPT治疗：HIV阳性者在本次确诊结核病登记时尚未接受复方新诺明（CPT）预防性治疗，在“无”上打“√”；如已经接受CPT治疗，在“有”上打“√”，并注明开始治疗的日期。HIV阳性患者在抗结核治疗开始时，尚未接受CPT治疗，但在抗结核治疗过程中的某个时间开始接受CPT治疗，则注明CPT治疗的日期。

（10）肺结核患者取药登记、治疗管理和结核菌检查记录：

该表是用于记录患者在取药过程中，结核病防治人员询问其服药和接受督导的情况，具体如下：

①患者第1次取药时，不用填写“询问患者上次取药的服药及管理情况”和“实际痰菌检查”。从患者第2次取药开始，需要填写上一次取药的服药及管理情况和痰菌检查情况。

②“应服药次数”为上一次领药至本次领药期间，方案规定的应该服用药物次数。由医生根据时间进行判断填写。如在填写第2次的“应服药次数”时，若本次与第1次领药时间间隔2个月，患者为每日化疗方案，此时该处应填写“60”，不论患者在第1次取了1个月的药量还是2个月的药量。

③“实际服药次数”为上一次领药至本次领药期间，患者实际服用药物次数。

④“督导人员督导服药”中打“√”选择督导人员。

⑤“实际痰菌检查”中打“√”选择检查结果。

（11）治疗管理结果

①停止治疗日期：指患者因治愈、完成疗程、死亡、丢失等而停止治疗的日期。

②停止治疗原因：在相应的项目上打“√”。

③实际治疗管理方式：在患者停止治疗时，根据患者的实际化疗管理方式，在相应项目上打“√”。

④系统管理：由医生根据病案中“肺结核患者取药登记、治疗管理和结核菌检查记录”，进行判断。

（12）病程记录：每次患者来结核病防治机构随访都应书写病程记录，疗程结束时进行小结。主要内容包括：是否规律用药，如不规律记录其原因；服药后症状是好转还是恶化；有无药物不良反应，如有，要记录其种类、程度、持续时间、进展及处理；根据痰菌结果所做的处理意见；诊断小组复核诊断的结果。

6.2 肺结核患者联系卡

为方便患者与医生保持联系，结核病定点医院/结核病防治所门诊医生要为每位确诊的肺结核患者免费发放“联系卡（图1-5）”，同时要对所有肺结核患者进行健康教育，告知规律治疗的重要性和中断治疗的危害，提高患者的治疗依从性。让患者在治疗期间尽量不要离开居住地，如必须离开，提前通知负责治疗的医生，以便离开后在异地获得继续的治疗及管理。

“联系卡”（正面）

患者姓名： 登记号：

登记单位：

登记单位联系人： 电话：

乡镇卫生院联系人： 电话：

预约次序	预约查痰日期	预约取药日期
第一次		
第二次		
第三次		
第四次		

“联系卡”（反面）

患者须知

只要坚持正规治疗，结核病是可以治好的。如果不坚持服药不但难治好，而且容易形成难治的耐药结核病。

在治疗期间要定期取药，并在第2、5、6或8月末进行查痰。

治疗过程中，尽量不要离开居住地。如必须离开，提前通知负责您治疗的医生，以便帮助您联系继续治疗事宜。到达目的地后请尽快与当地结核病防治机构联系，以便及时安排治疗。

在服药过程中如出现严重不适，请及时与负责您治疗的医生联系，以便及时调整和治疗。

不要对着别人咳嗽、打喷嚏或大声谈笑，不要随地吐痰等，避免传播给他人。

图1-5 联系卡

6.3 结核病患者的登记

6.3.1 登记单位

县（区）级结核病防治定点医院/结核病防治所负责本地区结核病患者的登记工作。

6.3.2 登记对象

活动性肺结核患者、新结核性胸膜炎患者和其他肺外结核患者。此外，下列患者也应进行重新登记：

（1）结核病定点医院/结核病防治所已登记的患者中断治疗≥2个月后重新返回治疗的肺结核患者。

（2）初治失败的肺结核患者。

（3）涂阴转为涂阳的肺结核患者。

（4）定点医院/结核病防治所登记的复发肺结核患者。

6.3.3 结核病患者登记本

结核病患者登记本主要填写患者基本信息、登记分类、治疗期间随访检查结果以及转归等内容。登记本中相关名词的定义和具体填写方法详见填写说明。

结核病管理信息系统病案录入完善的县（区），可通过计算机直接生成“结核病患者登记本”，定期打印留存以便于工作中浏览和使用。

结核病患者登记本(左侧)

登记日期	登记号	姓名	性别	年龄	职业	现住址	户籍类型		诊断分类	治疗分类		登记分类					本次始治日期	化疗方案
							本地户籍	外地户籍(月)		初治	复治	新患者	复发	返回	初治失败	其他		

结核病患者登记本(右侧)

第______页

痰菌检查(上空填结果、下空填检查号)														实际化疗管理方式				停止治疗和拒治日期及原因										HIV检测	系统管理(是/否)	备注
治疗前						治疗后的第X月末涂片								全程督导	强化期督导	全程管理	自服药	治愈	完成疗程	死亡		失败	丢失	其他						
涂片	培养	药敏				2	3	5	6	7	8	9	10							结核	非结核			不良反应	诊断变更	拒治	转入耐多药治疗			
		H	S	R	E																									
–	–	–	–	–	–	–	–	–	–	–	–	–	–																	
–	–	–	–	–	–	–	–	–	–	–	–	–	–																	

填写说明：

(1) 每年年初由远至近将历年复治未愈(仍生存)的涂阳患者按顺序分类抄录(登记日期及登记号仍用原号码)在登记本的第一页，然后再开始记录本年新登记的患者。

(2) 登记日期：即患者本次确诊后开始登记的时间，格式为“月.日”，如：4月25日填写“4.25”。

(3) 登记号：所有结核病患者按年度内病案记录的顺序号登记。编制方法为“年号+登记流水号”，共6位数，其中前2位为年号，流水号每年从“0001”号开始，如2007年第一个患者，登记号为“070001”。当患者因“涂阴转涂阳”时应重新登记，“初治失败”“返回”等原因变更化疗方案时，在备注栏注明原登记号，并在原来登记记录的备注栏注明新登记号。如一个县级行政区划内有两个或两个以上负责诊治的结核病防治机构，登记号可以由当地决定编号方法。

(4) 年龄：以周岁计算。

(5) 职业：包括幼托儿童、散居儿童、学生(大、中、小学)、教师、保育员及保姆、餐饮食品业、商业服务、医务人员、工人、民工、农民、牧民、渔(船)民、干部职员、离退人员、家务及待业、其他、不详。

(6) 现住址：农村患者要注明至乡、村组和门牌号，城区患者要注明至街道和门牌。

(7) 户籍类型：本地户籍在相应的栏目划“√”，外地户籍在相应栏目填写在本辖区居住月数。

(8) 诊断分类：按照2001年国家结核病分类标准进行填写。

原发性肺结核(简写为Ⅰ)；血行播散性肺结核(简写为Ⅱ)；继发性肺结核(简写为Ⅲ)；结核性胸膜炎(简写为Ⅳ)；其他肺外结核(简写为Ⅴ)。

注：如果是单独的Ⅰ、Ⅱ、Ⅲ、Ⅳ、Ⅴ型患者按各自分型填写；如果Ⅰ、Ⅱ、Ⅲ并发Ⅳ、Ⅴ填写Ⅰ、Ⅱ、Ⅲ并发Ⅳ或Ⅴ。只对初治的Ⅳ、Ⅴ型患者进行登记，复治的Ⅳ、Ⅴ型患者不进行登记。

肺结核的记录方法为：病型＋部位，如“Ⅲ”型两上肺结核写为：“Ⅲ上/上”（分子为右肺，分母为左肺）。若有空洞，在病型部位的右上角打“O”，如“Ⅲ上^{o}/上”。

（9）治疗分类：按照患者治疗分类在相应的栏内打“√”。

①初治：指有下列情况之一者。

ⅰ.从未因结核病应用过抗结核药物治疗的患者。

ⅱ.正进行标准化疗方案规律用药而未满疗程的患者（登记分类以治疗开始时为准）。

ⅲ.不规则化疗未满1个月的患者。

②复治：指有下列情况之一者。

ⅰ.因结核病不合理或不规律用抗结核药物治疗≥1个月的患者。

ⅱ.初治失败和复发患者。

（10）登记分类

①新患者：从未应用过抗结核药物治疗或应用抗结核药物化疗不足1个月（因其他疾病应用抗结核药物治疗除外）或首次进行标准化疗方案规律用药而未满疗程，并从未在结核病定点医院/结核病防治所登记过的肺结核患者。

②复发：指过去有明确的结核病史，完成规定的化疗疗程后医生认为已治愈，现在痰涂片又出现阳性的肺结核患者。

③返回：指结核病定点医院/结核病防治所确诊的患者治疗≥1个月，中断治疗≥2个月后再次到定点医院/结核病防治所接受治疗的患者。

④初治失败：新涂阳患者治疗第5个月末或疗程结束时，痰涂片检查阳性的患者。

⑤其他：除①～④项以外的患者。

（11）本次始治日期：患者在结核病防治机构开始本次化疗的日期。

（12）化疗方案：

①初治活动性肺结核化疗方案：$2H_3R_3Z_3E_{3/4}H_3R_3$或2HRZE/4HR

②复治涂阳肺结核化疗方案：$2H_3R_3Z_3E_3S_3/6H_3R_3E_3$或2HRZES/6HRE

③其他方案：须写出具体的化疗方案。

（13）痰菌检查：上栏填写确诊肺结核患者治疗前与治疗后随访痰标本检查结果，以最高阳性结果为准；下栏填写患者相应标本的实验室序号。

（14）实际化疗管理方式：在患者停止治疗时，根据患者的实际化疗管理方式在相应栏内打“√”。

（15）停止治疗和拒治日期及原因：在相应栏内填写相应的日期（年、月、日）。

①治愈：涂阳肺结核患者完成规定的疗程，连续2次涂片结果阴性，其中1次是治疗末的涂片。

②完成疗程：涂阴肺结核患者完成规定的疗程，疗程末痰涂片检查结果阴性或未痰检者；涂阳肺结核患者完成规定的疗程，最近一次痰检结果阴性，完成疗程时无痰检结果。

③结核死亡：活动性肺结核患者因病变进展或并发咯血、自发性气胸、肺心病、全身衰竭或肺外结核等原因死亡。

④非结核死亡：结核病患者因结核病以外的原因死亡。

⑤失败：涂阳肺结核患者治疗至第5个月末或疗程结束时痰涂片检查阳性的患者；涂阴肺结核患者治疗中转为涂阳肺结核患者。

⑥丢失：肺结核患者在治疗过程中中断治疗超过两个月，或由定点医院/结核病防治所转出后，虽经医生努力追访，2个月内仍无信息或已在其他地区重新登记治疗。

⑦不良反应：指患者因服用抗结核药后出现严重不良反应，而无法继续服药。

⑧诊断变更：患者在治疗过程中排除肺结核诊断。

⑨拒治：指患者被确诊后，拒绝服用抗结核药物。只要患者接受过一次抗结核药物治疗，该患者即为接受治疗的患者。接受治疗后停药不能算为拒治。

⑩转入耐多药治疗：指患者在治疗过程中，药敏试验检查结果为耐多药，经确诊后转入耐多药方案治疗。

（16）HIV检测：包括HIV初筛实验或（和）确认实验。如果做了填“是”，反之填“否”。检查结果记录在病案中，做好保密工作。

（17）系统管理（是/否）直接判断患者是否为系统管理。

（18）备注：填写需要特别说明的事宜。

初诊患者登记本

日期	门诊序号	姓名	性别	年龄	现住址	户籍类型		患者来源						症状				结核病史		胸片			痰涂片结果			治疗处理	结核病患者登记号	转诊/推荐单位	报告人	备注
						本地	外地	因症就诊	转诊	追踪	因症推荐	接触者检查	其他	咳嗽咳痰		咯血或血痰	其他	有	无	胸片来源		结果	1	2	3					
														≥2周	<2周					免费	自带									

填写说明：

（1）日期：填写登记的月、日，如：4月1日填为“4.1”，4月25日填为“4.25”。

（2）门诊序号：每年从“1”号起编写，逐日逐人按就诊顺序填写。

（3）年龄：周岁。

（4）现住址：填患者工作、生活的固定地址，农村患者要注明乡、村、组和门牌号，城区患者要注明街道和门牌号。

（5）户籍类型：指户口所在地。在相应的栏目打“√”。

（6）患者来源：在相应的栏目打“√”，概念见本章“3.2　发现方式”。选择“接触者检查”的要在备注中注明所接触的结核病患者登记号。

（7）症状：

①结核病症状以此次就诊时的症状为准；

②在相应症状栏下打“√”，有多个症状者可在相应栏目同时打“√”。

（8）结核病史：分别在其“有”或“无”栏目打“√”。

（9）胸片结果：

①确诊活动性肺结核患者，填写初步诊断类型，填写方法为：病型＋部位，如“Ⅲ”型两上肺结核写为：“Ⅲ上/上”（分子为右肺，分母为左肺）。若有空洞，在病型部位的右上角打“O”，如“Ⅲ上^{O}/上”。

②确诊为非活动性肺结核，填写“非活动”。非活动性肺结核是指经影像学等检查发现肺部有结核病灶，病灶陈旧，无进展表现，临床不需要抗结核治疗。

③如系非结核性疾患，填写初步诊断，如“肺炎”等。

④如两肺未见异常阴影，应填写“正常”，不能填写“-”“未见异常”。

⑤未摄胸片者，填写“未检”。

（10）痰涂片结果：上栏填写检查结果。涂片阳性者使用红笔记录为“数字+”，如“1+、2+、3+”，300个视野内仅见1～8条抗酸杆菌者填写“条数”；阴性结果填为“阴性”，不能记录为“-”或“（-）”。下栏填写实验序号，与实验室痰涂片检查登记本一致。

（11）治疗处理：如确诊为活动性肺结核者填写化疗方案；如为非结核性疾患填写处理原则，如抗感染治疗、转院治疗等。

（12）结核病患者登记号：见本章“6　肺结核患者病案记录、联系卡及登记本”的相关说明。

（13）转诊/推荐单位：填写转诊/推荐单位名称。

（14）报告人：填写转诊报告人。

注意事项：初诊患者登记本项目应填写齐全，年底时换页不换本，页码应标记齐全。

医院肺结核患者及疑似肺结核患者转诊登记本(公共卫生科或其他指定科室使用)

登记日期	序号	姓名	性别	年龄	现住址	电话	诊断日期	痰检结果				患者来源		报告人或诊断医生	医生报卡日期	转诊日期	备注
								涂阳	仅培阳	菌阴	未痰检	门诊	住院				

填表说明：

（1）如果是住院患者，在“住院”一栏中注明住院日期；在“备注”一栏中注明该患者的出院日期 。

（2）“备注”一栏还可以记录结核病定点医院/结核病防治所反馈的本院转诊患者的到位和确诊结果。

________县（区）定点医院/结核病防治所肺结核患者和疑似肺结核患者追踪情况登记本

________年　　　　　　　　　　　　　　　　　　　　第______页

报告信息												出院日期	转诊日期	追踪方法				到位情况				到位诊断结果					追踪未到位原因					未追踪		备注
																		到位日期	方式			活动性肺结核			非活动性肺结核	非结核								
序号	报告医院名称	姓名	性别	年龄	现住址	电话	报告日期	报告诊断	报告类别	重复报告	住院日期			电话追踪	村医追踪	乡医追踪	县级追踪		转诊	追踪	其他	涂阳	涂阴	未痰检			查无此人	拒绝就诊	外出	死亡	其他	地址不详	其他	

填写说明：

（1）序号：为流水号，每年从“1”开始编号。

（2）报告医院名称：报告传染病报告卡的医院。

（3）现住址：农村患者要注明至乡、村、组（队）和门牌号，城区患者要注明至街道和门牌号。

（4）报告日期：对肺结核患者或疑似肺结核患者进行网络直报或进行传染病报告的日期，日期统一格式，如“4.25”指4月25日。

（5）报告诊断：为非定点医院/结核病防治所诊断结果，分别为涂阳、仅培阳、菌阴和未痰检，选择其一填写。

（6）报告类别：根据报告医院的地址和报告患者的现住址确定患者是属于“本辖区单位报告本辖区患者”“本辖区单位报告外辖区患者”或“外辖区单位报告本辖区患者”。

本辖区单位报告本辖区患者：指本辖区医疗单位报告的现住址为本辖区的肺结核患者或疑似肺结核患者，对该类患者此处填写“本报本”。

本辖区单位报告外辖区患者：指本辖区医疗单位报告的现住址为外辖区的肺结核患者或疑似肺结核患者，对该类患者此处填写“本报外”。

外辖区单位报告本辖区患者：指外辖区医疗单位报告的现住址为本辖区的肺结核患者或疑似肺结核患者，对该类患者此处填写“外报本”。

（7）重复报告：通过疫情网络查重功能发现的重卡在疫情网上直接删除，不需登记。通过疫情网络查重功能未发现的重卡病例，经追踪核实为重卡的病例在此处直接打“√”。

（8）住院日期：指患者到非结核病防治机构的医院住院日期，日期统一格式，如“4.25”指4月25日。

（9）转诊日期：指结核病防治机构收到的转诊单上记录的日期，不论是患者本人带来的还是非结核病防治机构传过来的，任何一个都可以。

（10）追踪方法：指对非定点医院/结核病防治所报告的病例未到或未能按时到定点医院/结核病防治所就诊的肺结核或疑似肺结核患者进行追踪所采取的方法，采用过的追踪方法可以多选。如果选择了追踪方法，则必须填写“追踪到位日期”或在“追踪未到位原因”中选择一种结果。

（11）到位日期：指患者经转诊或追踪而到定点医院/结核病防治所就诊的日期。

（12）到位方式：选择一项主要促成患者到位的方式，在相应栏内打“√”。

（13）到位诊断结果：选择符合条件的一项，在相应栏内打“√”。

（14）追踪未到位原因：只能单选，打“√”。对于那些虽经疾病预防控制机构进行了追踪，但由于某些原因未到定点医院/结核病防治所就诊的病例，要对其原因进行分析选择。选择“其他”原因要在备注中注明。“外出”系指追踪后得知患者已不在本地。

（15）未追踪：选择符合条件的一项，在相应栏内打“√”。

（16）备注：填写需要特别说明的事宜。

（郭戴青编写，何健审）

（本章约58千字）

第二章 肺结核患者化学治疗

1 目的

对发现的活动性肺结核患者采用敏感抗结核药物早期、联用、适量、规律和全程治疗，消除传染性，阻断传播，提高治愈率，降低死亡率、感染率及患病率。

2 主要任务

2.1 疾病预防控制中心

负责建立和填写结核病患者登记本、病历和治疗记录卡等；根据患者诊断和分类确定化疗方案；对肺结核患者及其家属进行结核病防治知识健康宣教；发放抗结核药品；了解治疗及药物不良反应情况；评价治疗效果。

2.2 定点医院

任务同疾病预防控制中心。

3 治疗对象

凡被确诊为活动性肺结核的患者都是化疗的对象，其中痰涂片阳性的肺结核患者是化疗的主要对象，尤以新涂阳肺结核患者为重点。

免费化疗对象：

3.1 初治活动性肺结核患者（包括新涂阳、初治涂阴肺结核）。

3.2 复治涂阳肺结核患者（对复治涂阳患者提供一次标准短程化疗方案治疗）。

免费治疗仅限于患者采用国家免费抗结核治疗方案治疗的抗结核药物、注射器、注射用水等，由县（区）疾病预防控制中心 /定点医院为患者免费提供。患者自购的抗结核药品、其他药品或住院治疗费用均不属免费的范围。

4 治疗方式

肺结核患者以不住院化疗为主。对伴有严重并发症或合并症、有严重药物不良反应、少数急危重症或需有创操作（如活检）、手术的肺结核患者，可住院治疗，但须使用全国结核病防治规划中规定的化疗方案。患者出院时应将患者转至疾病预防控制中心 /定点医院继续实施严格的治疗管理，直至疗程结束。

5 药物种类、剂量、用法和不良反应

5.1 常用抗结核药物

异烟肼（Isoniazid，简写INH，H）片剂，每片0.1 g，特制每片0.3 g
利福平（Rifampicin，简写RFP，R）胶囊剂，每粒0.15 g，特制每粒0.3 g
利福喷汀（Rifampentine）胶囊剂，每粒0.15 g
吡嗪酰胺（Pyrazinamide，简写PZA，Z）片剂，每片0.25 g，特制每片0.5 g
乙胺丁醇（Ethambutol，简写EMB，E）片剂，每片0.25 g
链霉素（Streptomycin，简写SM，S）注射剂（硫酸盐），每支0.75 g

5.2 不同疗法中常用抗结核药物用法与用量

药名	每日疗法			间歇疗法	
	成人		儿童（mg/kg）	成人	
	＜50 kg	≥50 kg		＜50 kg	≥50 kg
异烟肼	0.3 g	0.3 g	10～15 mg/kg	0.6 g	0.6 g
链霉素	0.75 g	0.75 g	20～30 mg/kg	0.75 g	0.75 g
利福平	0.45 g	0.6 g	10～20 mg/kg	0.6 g	0.6 g
利福喷汀	—	—	—	0.6 g	0.6 g
乙胺丁醇	0.75 g	1.0 g	—	1.0 g	1.25 g
吡嗪酰胺	1.5 g	1.5 g	30～40 mg/kg	1.5 g	2.0 g
怡诺尼康	3 片	4 片	15 岁以下慎用	—	—
异福胶囊	3 片	3 片	15 岁以下慎用	—	—
异福片	3 片	3 片	15 岁以下慎用	—	—

5.3 常用抗结核药物的主要不良反应

药名	主要不良反应	罕见不良反应
异烟肼	肝毒性、末梢神经炎	惊厥、糙皮病、关节痛、粒细胞缺乏症、人类狼疮反应、皮疹、急性精神病
链霉素	听力障碍、眩晕过敏反应	皮疹、肾功能障碍
利福平	肝毒性、胃肠反应、过敏反应	急性肾功能衰竭、休克、血小板减少症、皮疹、流感综合征、伪膜性结肠炎、伪肾上腺危象、骨质软化症、溶血性贫血
利福喷汀	（同利福平）	（同利福平）
乙胺丁醇	视力障碍、视野缩小	皮疹、关节痛、周围神经病变
吡嗪酰胺	肝毒性、胃肠反应、痛风样关节炎	皮疹、铁粒幼红细胞贫血

5.4 抗结核药物不良反应的处理原则

5.4.1 化疗前，要了解患者的药物过敏史和肝肾疾病史，必要时做肝肾功能检查，对有肝肾功能障碍的患者要根据肝肾功能情况选择抗结核药物种类及剂量。

5.4.2 用药前向患者详细说明服用抗结核药物可能出现的不良反应及其处理方法，嘱咐患者一旦出现不良反应，要及时报告医生。

5.4.3 口服抗结核药物应晨间空腹顿服，如患者对药物耐受性较差，可由县（区）疾病预防控制中心/定点医院医生决定将空腹顿服药改为饭后服用、睡前服用或分服。

5.4.4 轻微不良反应，例如胃肠道反应和关节痛等，可在医生观察指导下继续用药。

5.4.5 如不良反应较重，应及时报告县（区）疾病预防控制中心/定点医院，并嘱患者到县（区）疾病预防控制中心/定点医院就诊，经临床观察决定是否停用导致不良反应的药物，不得自行任意更改化疗方案。

5.4.6 如发生严重不良反应，应立即停药，并嘱患者到其他医疗卫生机构诊治，同时要按照药品不良反应报告规范进行报告。

5.4.7 根据药物不良反应的类型及严重程度采取不同的处理措施，对出现的不良反应及处理措施应在病历上做好记录。

6 化疗方案

6.1 初治活动性肺结核化疗方案

新涂阳和初治涂阴（含未查痰）肺结核患者均采用此方案治疗。

6.1.1 2H3R3Z3E3/4H3R3

强化期：异烟肼、利福平、吡嗪酰胺、乙胺丁醇隔日1次，共2个月，用药30次。

继续期：异烟肼、利福平隔日1次，共4个月，用药60次。

全疗程共计90次。

6.1.2 2HRZE/4HR

强化期：异烟肼、利福平、吡嗪酰胺、乙胺丁醇每日1次，共2个月，用药60次。

继续期：异烟肼、利福平每日1次，共4个月，用药120次。

全疗程共计180次。

注：

①新涂阳肺结核患者治疗到第2个月末痰涂片检查仍为阳性，则应延长1个月的强化期治疗，继续期化疗方案不变，第3个月末增加一次痰涂片检查；如第5个月末痰涂片检查阴性则方案为3H3R3Z3E3/4H3R3或3HRZE/4HR。在治疗到第5个月末或疗程结束时痰涂片检查仍阳性者，为初治失败。

②初治涂阴肺结核患者治疗过程中任何一次痰涂片检查阳性，均为初治失败。

③所有初治失败肺结核患者均应进行重新登记，分类为“初治失败”，用复治涂阳肺结核化疗方案治疗。

④儿童慎用乙胺丁醇。

⑤对初治失败的患者，如有条件应增加痰培养和药敏试验，根据药敏试验结果制定个体化化疗方案。

6.2 复治涂阳肺结核化疗方案

6.2.1 $2H_3R_3Z_3E_3S_3/6H_3R_3E_3$

强化期：异烟肼、利福平、吡嗪酰胺、乙胺丁醇、链霉素隔日1次，共2个月，用药30次。

继续期：异烟肼、利福平、乙胺丁醇隔日1次，共6个月，用药90次。

全疗程共计120次。

6.2.2 2HRZES/6HRE

强化期：异烟肼、利福平、吡嗪酰胺、乙胺丁醇、链霉素每日1次，共2个月，用药60次。

继续期：异烟肼、利福平、乙胺丁醇每日1次，共6个月，用药180次。

全疗程共计240次。

注：

①因故不能用链霉素的患者，延长1个月的强化期即$3H_3R_3Z_3E_3/6H_3R_3E_3$或3HRZE/6HRE。

②复治涂阳肺结核患者治疗到第2个月末痰涂片检查仍为阳性，使用链霉素方案治疗的患者则应延长1个月的复治强化期治疗，继续期治疗方案不变，即$3H_3R_3Z_3E_3S_3/6H_3R_3E_3$或3HRZES/6HRE；未使用链霉素方案的患者则应再延长一个月的强化期，继续期治疗方案不变，即$4H_3R_3Z_3E_3/6H_3R_3E_3$或4HRZE/6HRE，均在第3个月末增加一次痰涂片检查。第5个月末或疗程结束时痰涂片检查阳性为复治失败。

③复治涂阳肺结核患者复治失败，不再为其提供免费治疗。

④对复治失败的患者，如有条件应增加痰培养和药敏试验，根据药敏试验结果制定个体化化疗方案。

6.3 结核性胸膜炎化疗方案

6.3.1 $2H_3R_3Z_3E_3/10H_3R_3E_3$

强化期：异烟肼、利福平、吡嗪酰胺、乙胺丁醇隔日1次，共2个月，用药30次。

继续期：异烟肼、利福平、乙胺丁醇隔日1次，共10个月，用药150次。

全疗程共计180次。

6.3.2 2HRZE/10HRE

强化期：异烟肼、利福平、吡嗪酰胺、乙胺丁醇每日1次，共2个月，用药60次。

继续期：异烟肼、利福平、乙胺丁醇每日1次，共10个月，用药300次。

全疗程共计360次。

7 中断治疗或返回患者的治疗

7.1 初治活动性肺结核患者(包括结核性胸膜炎)中断治疗后的继续治疗

中断治疗<2个月的初治活动性肺结核患者的治疗

治疗长度	中断治疗长度	是否需做涂片检查	涂片结果	方案选择
<1个月	<2周	否	–	继续原始初治方案 *
	2～8周	否	–	重新开始初治方案 **
1～2个月	<2周	否	–	继续原始初治方案
	2～8周	是	涂（+）	原初治方案增加一个月强化期
			涂（–）	继续原始初治方案
>2个月	<2周	否	–	继续原始初治方案
	2～8周	是	涂（+）	开始复治涂阳方案
			涂（–）	继续原始初治方案

注：*所有患者必须完成2个月的强化期治疗。如果患者中断治疗前已完成1个月的强化期治疗，应继续不少于1个月的强化期治疗，而后才开始继续期治疗。

**重新开始初治方案，已完成的治疗不计在内。

7.2　复治涂阳肺结核患者中断治疗后的继续治疗

中断治疗<2个月的复治涂阳肺结核患者的治疗

治疗长度	中断治疗长度	是否需做涂片检查	涂片结果	方案选择
<1个月	<2周	否	-	继续复治涂阳方案 *
	2~8周	否	-	重新开始复治涂阳方案
1~2个月	<2周	否	-	继续复治涂阳方案
	2~8周	是	涂（+）	原复治涂阳方案增加一个月强化期
			涂（-）	继续复治涂阳方案
>2个月	<2周	否	-	继续复治涂阳方案
	2~8周	是	涂（+）	重新开始复治涂阳方案
			涂（-）	继续复治涂阳方案

注：*保证患者完成2个月的强化期治疗。

8　治疗结果判断

治疗结果主要根据细菌学和影像学检查结果判断。按照队列分析方法分为：治愈、完成疗程、结核死亡、非结核死亡、失败、丢失、迁出、其他（拒治、药物不良反应、误诊）。

（刘芳编写，满世军审）

（本章约10千字）

第三章　肺结核患者治疗管理

1　目的

采用统一的标准化治疗方案之后，通过实施有效规范治疗管理，落实患者的治疗管理工作，确保患者能规律治疗，治愈结核病患者，消除传染性，减少耐药结核病发生，从而控制结核病流行。

2　主要任务

2.1　疾病预防控制中心

2.1.1　在未推行结核病防治服务新体系建设工作的县（区），负责落实对治疗病人的管理；对肺结核患者及其家属进行结核病防治知识宣教；发放抗结核药品，定期访视患者，对乡镇及村级结核病督导员和志愿者（如村干部、教师、家庭成员）的工作定期进行督导检查；了解治疗及药物不良反应情况，督促患者定期查痰、取药，并做好随访记录；评价治疗效果。

2.1.2　在推行结核病防治服务新体系建设工作的县（区），“对肺结核患者及其家属进行结核病防治知识宣教和发放抗结核药品”的职责转交定点医院。

2.2　基层网络

乡镇（社区）级医生负责指导村卫生室（社区卫生服务站）和志愿者督导员对患者的治疗管理，对每位患者全疗程至少访视 4次，并填写乡级结核病防治工作日志。

村卫生室（社区卫生服务站）人员和志愿者负责监督患者服药，防止患者中断服药，一旦发现患者出现药物不良反应或中断治疗等情况，及时采取相应处理措施并报告上级主管医生；督促患者定期查痰、取药，填写“肺结核病人治疗记录卡 ”和村级结核病防治工作日志，完成后上交乡镇卫生院，转送至县（区）结核病防治所（科）保存。

2.3　定点医院

对肺结核患者及其家属进行结核病防治知识宣教，对接受治疗的肺结核患者发放抗结核药品，督促患者定期到定点医院复查。

3　管理内容和方法

对涂阳肺结核患者采用全程督导化疗；对初治涂阴肺结核患者，在强化期采用全程督导化疗，继续期实行全程治疗管理；或者选择患者易接受的方式进行督导管理。

3.1　治疗管理对象

活动性肺结核患者均为治疗管理对象。其中，涂阳肺结核患者是重点管理对象。

3.2　治疗管理内容

3.2.1　督导患者服用抗结核药物，确保患者做到全疗程规律服药。

3.2.2　观察患者用药后有无不良反应，对有不良反应者应及时采取措施，最大限度地保证患者完成规定的疗程。

3.2.3　督促患者定期复查，掌握其痰菌变化情况，并做好记录。

3.2.4　采取多种形式对患者及其家属进行结核病防治知识的健康教育，提高患者的治疗依从性及家属督促服药的责任心。

3.2.5　保证充足的药品储备与供应。

3.3　治疗管理的组织与分工

3.3.1　未推行结核病防治服务新型体系建设工作的县(区)

3.3.1.1　县（区）疾病预防控制中心

3.3.1.1.1　执行统一的短程标准化治疗方案，为肺结核患者提供免费抗结核药品。

3.3.1.1.2　向患者做好有关治疗的健康教育，使每一位患者了解治疗及管理的注意事项。

3.3.1.1.3　给患者发放肺结核患者联系卡，与其签订治疗管理协议。

3.3.1.1.4　通过电话、结核病管理信息系统或书面等形式，将患者的诊断信息告知乡镇卫生院（社区卫生服务中心）、村卫生室（社区卫生服务站）和厂矿、企事业单位医务室的医护人员，并指导其开展对患者的治疗管理工作。

3.3.1.1.5　定期对乡镇卫生院（社区卫生服务中心）、村卫生室（社区卫生服务站）和厂矿、企事业单位医务室的医护人员和肺结核患者进行督导。

3.3.1.1.6　对肺结核患者的治疗效果进行考核、分析和评价。

3.3.1.2　乡（镇）卫生院（社区卫生服务中心）

3.3.1.2.1　接到县（区）结核病防治机构确诊的肺结核患者诊断信息后，应立即对患者进行访视，并落实患者的治疗管理工作。同时要在“乡（镇）肺结核患者管理登记本（表3-1）”上进行登记。

表3-1　乡(镇)肺结核患者管理登记本

编号	姓名	性别	年龄（岁）	现住址	诊断分型	治疗分类	登记分类	本次始治日期	化疗方案	治疗前痰涂片	治疗后的第X月末痰涂片			治疗转归结果	备注
											2	5	6或8		

3.3.1.2.2　对每位患者在全疗程中至少访视4次，了解患者治疗情况，督导村卫生室（社区卫生服务站）医生和其他督导人员实施直接面视下的短程化疗。并将访视结果记录在“肺结核患者治疗记录卡”和“乡级结核病防治工作日志”上。

3.3.1.3　村卫生室（社区卫生服务站）及厂矿、企事业单位医务室的医护人员

3.3.1.3.1 每次督导患者服药后按要求填写“肺结核患者治疗记录卡”和“村级结核病防治工作日志”。

3.3.1.3.2 患者如未按时服药，应及时采取补救措施，防止患者中断服药。

3.3.1.3.3 一旦发现患者出现不良反应或中断用药等情况，及时报告上级主管医师并采取相应措施。

3.3.1.3.4 督促患者定期复查，协助收集痰标本。

3.3.1.3.5 患者完成全程治疗后，督促患者将“肺结核患者治疗记录卡”送至县（区）结核病防治机构归档保存。

3.3.1.3.6 在村卫生室（社区卫生服务站）医生实施督导化疗有困难的地区，可选择具备一定文化水平的志愿者（如村干部、小学教师、学生等）或家庭成员进行培训，以代替村卫生室（社区卫生服务站）医生实施督导化疗。

3.3.2 推行结核病防治服务新体系建设工作的县(区)

3.3.2.1 县（区）疾病预防控制中心

3.3.2.1.1 为定点医院提供免费抗结核药品。

3.3.2.1.2 通过电话、结核病管理信息系统或书面等形式，将患者的诊断信息告知乡镇卫生院（社区卫生服务中心）、村卫生室（社区卫生服务站）和厂矿、企事业单位医务室的医护人员，并指导其开展对患者的治疗管理工作。

3.3.2.1.3 定期对乡镇卫生院（社区卫生服务中心）、村卫生室（社区卫生服务站）和厂矿、企事业单位医务室的医护人员和肺结核患者进行督导。

3.3.2.1.4 对肺结核患者的治疗效果进行考核、分析和评价。

3.3.2.2 定点医院

3.3.2.2.1 执行统一的短程标准化治疗方案，为肺结核患者提供免费抗结核药品。

3.3.2.2.2 向患者做好有关治疗的健康教育，使每一位患者了解治疗及管理的注意事项。

3.3.2.2.3 给患者发放肺结核患者联系卡，与其签订治疗管理协议。

3.3.2.2.4 通过电话、结核病管理信息系统、书面等形式，将患者的诊断和治疗信息告知当地疾病预防控制中心。

3.3.2.2.5 对接受治疗的患者落实治疗期间的随访检查。

3.3.2.2.6 对肺结核患者的治疗效果进行考核、分析和评价。

3.3.2.3 乡、村两级职责和没有推行结核病服务新型体系建设的县（区）相同。

3.4 治疗管理方式

肺结核患者的治疗管理方式有全程督导、强化期督导、全程管理和自服药。

3.4.1 全程督导

指在肺结核患者的治疗全过程中，患者每次用药均在督导人员直接面视下进行。涂阳患者和含有粟粒、空洞的新涂阴患者应采用全程督导的治疗管理方式。

3.4.2 强化期督导

指在肺结核患者治疗强化期内，患者每次用药均在督导人员直接面视下进行，继续期采用全程管理。非粟粒、空洞的新涂阴肺结核以及结核性胸膜炎患者应采用强化期督导的治疗管理方式。

3.4.3 全程管理

指在肺结核患者治疗全过程中，通过对患者加强宣教、定期门诊取药、家庭访视、复核患者服药情况（核查剩余药品量、尿液抽检等）、误期（未复诊或未取药）追回等综合性管理方法，以保证患者规律用药。具体做法为：

（1）做好对肺结核患者初诊的宣教，内容包括解释病情，介绍治疗方案、药物剂量、用法和不良反应以及坚持规则用药的重要性。

（2）定期门诊取药，建立统一的取药记录，强化期每2周或1个月取药1次，继续期每月取药1次。凡误期取药者，应及时通过电话、家庭访视等方式追回患者，并加强教育，说服患者坚持按时治疗。对误期者城镇要求在3天内追回，农村在5天内追回。

（3）培训患者和家庭成员，使其能识别抗结核药物，了解常用剂量和用药方法，以及可能发生的不良反应，并督促患者规则用药。

（4）全程管理也应使用“肺结核患者治疗记录卡”，由患者及其家庭成员填写。

（5）家庭访视：建立统一的访视记录，村卫生室（社区卫生服务站）医生接到新的治疗患者报告后应尽早做家庭访视，市区1周内、郊区10天内进行初访，化疗开始后至少每月家庭访视1次。内容包括健康教育、核实服药情况、核查剩余药品量、抽查尿液、督促患者按期门诊取药和复查等。

（6）做好痰结核菌的定期检查工作，治疗期间按规定时间送痰标本进行复查。

3.5 督导治疗管理人员

3.5.1 督导治疗管理人员的分类

肺结核患者督导治疗管理人员包括：

（1）医务人员：县（区）疾病预防控制中心、定点医院、乡镇卫生院（社区卫生服务中心）和村卫生室（社区卫生服务站）承担预防保健工作任务的医务人员可对结核病患者进行督导治疗管理。

（2）家庭成员：结核病患者的配偶、父母、子女及与患者一起生活的其他家庭成员，年龄在15岁以上，具备小学及以上文化程度，经过村级医生培训后能够督促管理患者服药、复查和填写相关记录者也可对结核病患者进行督导治疗管理。

（3）志愿者（备选）：除医务人员和家庭成员外志愿承担对结核病患者治疗管理工作的人员，如教师、学生、已治愈的结核病患者及其他人员等。年龄在18岁以上，具备初中及以上文化程度，经过结核病防治医生培训后能够督促管理患者服药、复查和填写相关记录者也可对结核病患者进行督导治疗管理。

3.5.2 督导治疗管理人员的选择

患者的治疗管理原则上由医务人员进行督导。如果患者居住地离村卫生室（社区卫生服务站）的距离超过1.5千米或者村级医生无法承担督导任务，可以实行家庭成员督导或者志愿者督导。接受国家耐多药结核病治疗方案的患者必须由医务人员进行督导。

3.5.3 督导治疗管理人员的职责

（1）应根据肺结核患者实际情况确定服药地点和时间，面视患者服药。

（2）患者如未按时服药，应及时采取补救措施。

（3）每次督导服药后按要求填写“肺结核患者治疗记录卡”。

（4）一旦发现患者出现不良反应或中断用药等情况，及时报告上级主管医师并采取相应措施。

（5）督促患者定期复查，协助收集痰标本。

（6）患者完成全程治疗后，督促患者及时将“肺结核患者治疗记录卡”送至县（区）结核病防治机构归档保存。

3.6 治疗管理步骤

3.6.1 化疗前宣传教育

向患者及其家庭成员详细说明肺结核治疗期间的各项要求，使患者能够主动配合治疗。每个患者宣教时限不少于10分钟，宣传内容应简明扼要（详见“第八章 结核病防治健康促进”部分），以便患者能够记住。

3.6.2 发放联系卡

为每位确诊的肺结核患者免费发放“联系卡”，方便患者与医生保持联系。

3.6.3 签订治疗协议

县（区）结核病防治机构要与患者签订一份“××县（区）结核病控制免费治疗协议”。

××县（区）结核病控制免费治疗协议

为了确保接受免费治疗的肺结核患者能规则治疗，完成规定的疗程，特制定如下协议：

××（单位）的义务：

（1）免费提供国家规定的抗结核药物，化疗方案为：

①初治方案②复治涂阳方案

（2）如果使用链霉素，则提供强化期配套的一次性注射器和注射用水。

（3）经治医生应向患者讲清病情、服药方法、药物不良反应及应对方法。

接受免费治疗的肺结核患者的义务：

（1）按照医生规定的日期到××（单位）取药。

（2）按照医生规定的日期到××（单位）送痰标本进行复查。

（3）接受指定的督导员进行督导服药。

（4）未经××（单位）医生同意，不得自行中断治疗和改变用药方法。

如果接受免费治疗的肺结核患者不履行上述4条义务，××（单位）有权停止提供免费的抗结核药物和相应的配套注射器和注射用水。

药物不良反应的处理费用及其他治疗费用不属于本协议的免费范围。

（此协议由××（单位）保管）

患者（签名）：

年　月　日

3.6.4 落实督导治疗

在没有推行结核病防治服务新型体系建设的县（区），由县（区）疾病预防控制中心医生根据本《规范》的要求确定患者化疗方案后，填写“肺结核患者治疗管理通知单”；在推行结核病防治服务新型体系建设的县（区），由县（区）定点医院医生根据本《规范》的要求确定患者化疗方案后，填写“肺结核患者治疗管理通知单”，肺结核患者治疗管理通知单由患者带回，交给村卫生室（社区卫生服务站）医生保存。村卫生室（社区卫生服务站）医生接到“肺结核患者治疗管理通知单”后，马上落实督导治疗（医务人员、家庭成员或志愿者等督导）。

县（区）疾病预防控制中心同时填写一份“肺结核患者治疗管理通知单”发至乡镇卫生院（社区卫生服务中心）结核病防治医生，乡镇卫生院（社区卫生服务中心）结核病防治医生收到“肺结核患者治疗管理通知单”后，必须在3天内访视村卫生室（社区卫生服务站）医生和患者，了解患者治疗管理落实情况。县（区）级结核病防治医生也可用电话将肺结核患者通知和落实治疗管理的反馈告知乡镇卫生院（社区卫生服务中心）医生。

肺结核患者治疗管理通知单（乡级）

兹有你乡　　村　　　队（屯），姓名：　　　性别：

年龄：　岁，于　　年　　月　　日被确诊为初治 /复治、涂阳/涂阴肺结核患者，确定接受免费治疗。患者登记号为：　　，户主姓名　　，该患者的化疗方案为：

1. 2H3R3Z3E3/4H3R3，　　　2. 2HRZE/4HR

3. 2H3R3Z3E3S3/6H3R3E3　　　4. 2HRZES/6HRE

5. 其他方案__________

请你接到通知后按要求督导患者落实治疗管理。

××单位

年　　月　　日

肺结核患者治疗管理通知单（村级）

兹有你村　　于　　　年　　月　　日被确诊为初治 /复治、涂阳/涂阴肺结核患者，确定接受免费治疗。患者登记号为：　　　　该患者的化疗方案为：

1. 2H3R3Z3E3/4H3R3，　　　2. 2HRZE/4HR

3. 2H3R3Z3E3S3/6H3R3E3　　　4. 2HRZES/6HRE

5. 其他方案

请你接到通知后按照《甘肃省结核病防治规划工作规范》的要求落实治疗管理。

××单位

年　　月　　日

3.6.5　培训督导治疗管理人员

督导治疗管理人员必须经过培训方可参与患者服药督导工作。医务人员的培训应纳入常规的业务技术培训，家庭督导员和志愿者由村卫生室（社区卫生服务站）医生进行培训。

（1）培训方法

由村卫生室（社区卫生服务站）医生向家庭督导员或志愿者讲述培训内容。培训结束后，考核督导员培训的主要内容。对不能正确回答的相关内容要重复培训。

（2）培训内容

①结核病防治基本知识，如防止结核病传染的方法，治疗疗程等。

②患者所用药物的名称、每次用药剂量和方法。

③做到送药到手、看服到口，按照化疗方案的要求每日或隔日服药。患者误期未服，每日服药者应顺延服药时间，隔日服药者应在 24 小时内补上。

④药物常见不良反应，如有不良反应及时督促患者找医生处理。

⑤在患者服药期间，原则上在治疗满 2 个月、5 个月、6 个月（复治 8 个月）时，督促患者带晨痰和夜间痰到疾病预防控制中心 /定点医院复查，具体时间详见“肺结核患者治疗记录卡”。

⑥做好患者每次服药记录。

3.6.6 药品保管

患者将抗结核药品带回后，交给村卫生室（社区卫生服务站）医生保存。对实施家庭成员或志愿者督导的患者，村卫生室（社区卫生服务站）医生每两周向负责督导治疗管理的人员发放一次药品。

3.6.7 实施督导服药

督导员必须为每例接受抗结核治疗的肺结核患者填写一份“肺结核患者治疗记录卡”。该卡由督导员保存并填写治疗记录。患者取药时要携带“肺结核患者治疗记录卡 ”。

治疗结束时，村卫生室（社区卫生服务站）医生要督促患者将“肺结核患者治疗记录卡 ”送至县（区）结核病防治机构保存。

3.6.8 督导与访视

县（区）、乡镇（社区卫生服务中心）两级医生定期进行督导，及时解决发现的问题，并做好记录。乡镇（社区卫生服务中心）和村卫生室（社区卫生服务站）两级医生按照乡、村结核病防治工作日志要求填写工作日志。

（1）村卫生室（社区卫生服务站）结核病防治人员作为督导治疗管理人员时，要根据患者的治疗管理方式进行定期访视。

①全程督导化疗是指在肺结核患者的治疗全过程中，患者每次用药均在督导人员直接面视下进行。

②强化期督导是指在肺结核患者治疗强化期内，患者每次用药均在督导人员直接面视下进行，继续期采用全程管理。

③全程管理是指在肺结核患者治疗全过程中，通过对患者加强宣教、定期门诊取药、家庭访视、复核患者服药情况（核查剩余药品量、尿液抽检等）、误期（未复诊或未取药）追回等综合性管理方法，以保证患者规律用药。

（2）对实施家庭成员或志愿者督导的患者，村卫生室（社区卫生服务站）医生每2周访视一次患者。访视患者时，要对患者加强宣教，了解定期门诊取药情况，复核患者服药情况（核查剩余药品量、尿液抽检等）等，以保证患者规律用药。

肺结核患者治疗记录卡（正面）

___________省（自治区、直辖市）_______地（市）_______县（区）

姓名：_______性别：_______出生年月：_______详细住址：____________

工作单位：__________登记号：__________病案号：__________

患者联系电话：_______

诊断：　　　　治疗前痰菌检查结果：　　　　治疗分类：初治　复治

管理方式：全程督导　强化期督导　全程管理　自服药

督导人员：医生　家属　志愿者

始治方案：　　　　　　更改方案：

服药记录：始治日期　年　月　日　　停止治疗日期　年　月　日

月序 日期	1	2	3	4	5	6	7	8	9	10	11	12
1												
2												
3												
4												
5												
6												
7												
8												
9												
10												
11												
12												
13												
14												
15												
16												
17												
18												
19												
20												
21												
22												
23												
24												
25												
26												
27												
28												
29												
30												
31												

患者签名：　　　　　　　　　　　　完成疗程时督导人员（　　　　）签名：

填写说明：

每次领取药品后，由县（区）级医生在确定治疗日期的格内划“×”，如2月5日领取药品，如方案规定为隔日服药，领取了2个月的药品，则在第1月序的6日起，隔日划“×”，直至第3月序的第4日。每次服药后在×的外面加圈○，即⊗。若2月18日未服药，而在2月19日补服了一次，则应在19日的空格内只划上○，20日又按原规定服药，连续的记载为：18日为×、19日为○、20日为⊗，一目了然，提示18日患者漏服药1次，19日弥补上，20日起照常服药。如方案规定为每日服药，领取了2个月的药品，则在第1月序的6日起，每日划“×”，直至第3月序的第4日。每次服药后在×的外面加○，即⊗。

1.查痰记录［预约日期由县（区）结核病防治机构填写］（背面）

预约日期	送检日期	延迟、提前（天）	痰检结果

2.用药延误记录（由督导员填写）

日期	漏服次数及原因	补服次数	断药次数

3.访视及不良反应记录［由乡镇（社区卫生服务中心）及县（区）医生在访视时分别填写］

日期	督导访视内容及改进意见	访视人（单位）

3.7 随访查痰

痰菌检查结果是判断治疗效果的主要标准。国家对治疗期间随访的肺结核患者进行免费痰涂片检查。

3.7.1 初治涂阳、涂阴肺结核患者在治疗至第2个月末、第5个月末和疗程末（第6个月末），复治涂阳肺结核患者在治疗至第2个月末、第5个月末和疗程末（第8个月末）要分别收集晨痰和夜间痰各1份进行涂片检查。

3.7.2 初治涂阳、复治涂阳肺结核患者在治疗第2个月末，痰菌仍为阳性者，应在治疗第3个月末增加痰涂片检查一次。

3.7.3　确诊并登记的涂阴肺结核患者，即使患者因故未接受治疗，也应在登记后满2个月和满6个月时进行痰菌检查。

3.7.4　在疾病预防控制中心治疗的患者，由疾病预防控制中心负责联系督促患者按时复查和查痰，在定点医院治疗的患者，由定点医院负责联系督促患者按时复查和查痰。

3.8　肺结核患者中断治疗的追踪方法

在肺结核患者治疗过程中，治疗管理人员应加强患者治疗依从性的健康教育，避免患者发生中断治疗。一旦发生中断治疗，督导人员应尽快采取措施追回中断治疗的患者，保证规范治疗。

3.8.1　追踪对象

超过规定时间1周未到县疾病预防控制中心/定点医院取药的患者为追踪对象。

3.8.2　追踪方式

3.8.2.1　在未推行结核病防治服务新型体系建设的县（区），由县（区）疾病预防控制中心电话与病人联系，了解中断原因，并督促病人及时到结核病防治机构取药。同时电话通知乡、镇结核病防治医生，由乡、镇结核病防治医生通知村医生到患者家了解中断原因，督促病人到疾病预防控制中心取药，并将追踪结果向疾病预防控制中心电话反馈。

在推行结核病防治服务新型体系建设的县（区），首先由定点医院对病人电话追踪，3天不到位者转交县疾病预防控制中心，由疾病预防控制中心电话与病人联系，了解中断原因，并督促病人及时到结核病防治机构取药。同时电话通知乡、镇结核病防治医生，由乡、镇结核病防治医生通知村医生到患者家了解中断原因，督促病人到结核病防治机构取药，并将追踪结果向县（区）疾病预防控制中心电话反馈。

3.8.2.2　若通知患者一周后仍未到县（区）疾病预防控制中心/定点医院取药，县（区）疾病预防控制中心应到患者家进行家访，了解原因。

3.8.2.3　若患者离开当地，县（区）疾病预防控制中心应了解患者去向，同患者居住地疾病预防控制中心联系，确保患者完成全程治疗。

3.9　患者管理激励政策

对实施督导化疗的人员发放治疗管理补助费。发放原则：（1）督导管理患者完成规定的疗程并定期查痰，按规定的标准发放；（2）因特殊情况（死亡、药物不良反应）可以按照管理时间的比例发放。

对于家庭督导员开展督导服药的，由当地自行决定分配比例，为村医和督导员发放村级管理补助费。

3.10　治疗结果判断

治疗结果主要根据细菌学和影像学检查结果判断，按照队列分析方法分为：治愈、完成疗程、结核死亡、非结核死亡、失败、丢失、迁出、其他（拒治、药物不良反应、误诊）。在推行结核病防治服务新型体系建设的县（区），患者完成或结束疗程后，由定点医院门诊医生判定患者治疗转归，并及时记录在病案及结核病专报系统中。

（李江红编写，刘芳审）

（本章约19千字）

第四章　登记监测及报告

1　目的

收集、整理分析辖区结核病疫情资料，了解肺结核流行趋势和特点，监测评价防治措施的实施情况与效果，为制定和完善防治策略提供依据。

2　主要任务

2.1　省级

2.1.1　组织实施本省的传染病疫情网络报告系统和结核病管理信息系统的信息报告工作。

2.1.2　建立健全全省结核病信息报告工作的组织和制度。

2.1.3　对本省的结核病管理信息工作进行管理。

2.1.4　收集、审核和汇总全省的统计报表和其他相关信息，整理、汇总、分析信息，进行动态监控。定期完成季度、年度结核病监测信息报告，并向有关领导和部门报送和下发。

2.2.5　对市（州）级机构结核病信息管理工作进行培训和技术指导。

2.2　市(州)级

2.2.1　建立健全本市（州）结核病信息报告工作的组织和制度。

2.2.2　对本市（州）的结核病管理信息工作进行管理，对本市（州）报告的信息进行动态监控。

2.2.3　对县（区）级机构结核病信息管理工作进行培训和技术指导。

2.2.4　收集、审核和汇总本市（州）的统计报表和其他相关信息，整理、汇总、分析信息，进行动态监控。定期完成季度、年度结核病监测信息报告。

2.3　县(区)级

2.3.1　建立健全本县（区）结核病信息报告工作的组织和制度。

2.3.2　负责本县（区）传染病疫情网络报告和结核病管理信息的报告、审核工作。

2.3.3　正确填写结核病登记、转诊及追踪等监测信息资料；收集、审核和汇总本县（区）的统计报表和其他相关信息，整理、汇总、分析信息，进行动态监控。定期完成季度、年度结核病监测信息报告。

2.3.4　负责本县（区）结核病信息监测系统的维护，收集、整理结核病专报系统操作中的问题，及时向上级提出建议。

2.3.5　对辖区内定点医疗机构结核病信息管理工作进行培训和技术指导。

2.3.6　对辖区内医疗机构传染病疫情网络报告工作进行技术指导、监督评价和考核。

2.4　结核病定点诊治机构

承担结核病定点诊治任务的机构为结核病患者登记报告单位，负责登记每天接诊的门诊患者的相关信息，完成“初诊病人登记本 ”“结核病实验室登记本”“结核病人登记本”和结核患者病案资料的填写，并负责录入结核病管理信息系统。

2.5　肺结核疫情责任报告单位及疫情责任报告人

各级疾病预防控制机构、各级各类医疗机构为肺结核疫情责任报告单位，责任报告单位要依照有关规定对本单位责任疫情报告人的报告工作进行监督管理。

执行职务的各级各类医疗卫生机构的医疗保健人员、放射诊断人员、检验人员、检疫人员、疾病预防控制人员及个体开业医生，均为责任疫情报告人，责任疫情报告人在执行职务的过程中发现肺结核患者、疑似肺结核患者，必须按《传染病防治法》和《突发公共卫生事件与传染病疫情监测信息报告管理办法》的规定进行疫情报告。

3　工作内容和方法

3.1　发现肺结核患者、疑似肺结核患者的疫情责任报告人，应按乙类传染病报告要求认真填写传染病报告卡，交送本单位疫情管理科室或专（兼）职疫情管理人员核实患者信息后，在规定的时间内进行网络直报，必要时要做订正。非结核病定点诊疗医疗单位在报告的同时要开出转诊单，住院患者出院后应及时转到当地结核病防治专业机构或结核病定点诊疗机构实施管理。

3.2　县（区）级结核病防治专业机构应浏览辖区内报告的结核病报告卡，填写“患者追踪登记本”，在规定时间内对需要修订的报告卡进行订正，特别是追踪患者的信息；负责对没有网络直报条件医疗单位送交来的报告卡和本单位发现的肺结核患者进行网络直报。

3.3　结核病定点诊疗机构每天接诊的门诊患者，全部登记在“初诊病人登记本”，结核病实验室检查记录登记在“结核病实验室登记本 ”，确诊为结核病患者的登记在“结核病人登记本”；同时负责将患者诊治、管理等信息录入结核病管理信息系统。

3.4　县（区）级结核病防治专业机构及时完成各类结核病统计报表，并按时向上级结核病防治专业机构进行报告，并分析报表，及时纠正发现的问题。

3.5　上级机构审核、汇总、分析下级机构的报表，并完成本机构的管理报表；对以往和当前的流行情况和动态做出分析，对各项结核病防治措施和管理的工作质量和效果进行评价，并上报上级主管部门及上级结核病防治专业机构，同时反馈各县，并确定重点督导地区和内容。

3.6　患者登记工作流程和步骤：

3.6.1　及时、准确、完整地填写 “初诊病人登记本”和“结核病实验室登记本 ”，在结核病管理信息系统中查询是否报告了传染病报告卡。若已报告，在结核病管理信息系统中进入“收治模块”，并完成网络门诊记录；若未报告，直接录入患者门诊信息。

3.6.2　若诊断为结核病，填写“结核病人登记本 ”和病案资料并在结核病管理信息系统中录入病案信息，对于外地结核病防治专业机构已在结核病管理信息系统中登记报告的患者，应在系统中查找到该患者的病案信息，修订该患者的门诊和病案信息。

3.6.3　对于非结核病防治专业机构报告传报卡，但未到结核病定点诊疗机构就诊的肺结核或疑似肺结核患者要将其信息交给相关人员进行追踪，及时对传报卡中患者追踪状态及其他信息进行订正，保证网络资料的及时性和准确性。

3.6.4　及时更新患者的随访信息，包括查痰、取药、停止治疗等信息。

3.7 建立规范的结核病信息查询制度。非结核病防治系统部门查询结核病信息资料，需经卫生行政部门批准；本单位其他科室查询和利用结核病信息资料，需经单位领导或结核病信息管理科室的分管领导批准。信息报告系统中的患者个人信息应给予保密。

4 质量控制

4.1 患者资料信息要求填写及时、完整、准确，“初诊病人登记本”、“结核病实验室登记本”、“结核病人登记本”病案记录资料、患者追踪信息按科技档案管理办法保存。

4.2 结核病防治专业机构应将本级行政区域内的结核病防治信息资料及时进行备份，定期归档保管。

4.3 各类统计报表和录入专报系统的患者资料要准确、及时、完整，对下级上报的信息资料需进行逐级核对。本级反馈和上报的信息资料需经单位领导审核。

4.4 从事信息资料工作的人员须经过相关业务培训，不要随意更换。

5 结核病信息管理

5.1 疾病监测信息：包括人口、患者发现、登记与报告、转诊与追踪、治疗与管理等。采用初诊患者登记本、实验室检查登记本、结核病患者登记本、肺结核患者转诊追踪登记本等进行原始记录，并通过结核病信息管理系统（专报系统）收集相关信息。

5.2 规划管理信息：包括规划覆盖、药品和设备的供应与使用、培训、督导、健康促进、经费计划与使用、机构人员的基本情况等。采用药品发放登记本、财务账本以及相关活动记录等进行原始记录，按季度报表或年度报表的形式进行统计，并通过结核病信息管理系统（专报系统）收集相关信息。

5.3 报告要求：

5.3.1 要求具有管理病人职能的各基层结核病防治单位对于确诊的结核病患者，应于24小时内完成患者病案信息的录入；对于患者治疗过程中的随访信息，应于获得信息后的24小时内完成录入。

5.3.2 结核病规划活动的执行单位应于下一季度第1个月的5日前录入季度规划活动报表，每年1月30日之前录入年度报表。

6 信息管理资料的保存和安全管理

6.1 各级结核病防治机构应安排专人负责辖区内结核病信息资料的分类归档保管，应有专门的档案资料柜，实行专人专柜管理。

6.2 结核病患者的病案记录、初诊患者登记本、痰涂片检查登记本和结核病患者登记本以及结核病控制相关活动的原始记录、各类报表原则上至少要保存15年。

6.3 各级结核病防治机构应按照国家有关规定将辖区内的结核病信息资料按期交档案部门保管。对于电子信息资料要定期进行备份，并将备份资料置于安全场所保存，防止毁损或丢失。

6.4 各级结核病防治机构负责辖区内结核病管理信息系统用户权限的维护，要制定相应的制度加强信息专报系统的账户安全管理。

6.5 结核病管理信息系统的使用人员未经许可，不得转让或泄露结核病管理信息系统操作账号和密码。如果发现账号、密码已泄露或被盗用，应立即采取措施，更改密码，并向上级结核病防治机构报告。

6.6 卫生系统外的有关部门查询结核病信息资料，应经卫生行政部门批准。卫生系统内其他单位查询结核病信息资料，应经本单位领导批准。本单位有关科室查询和利用结核病信息资料，应经单位领导或结核病信息管理科室的分管领导批准。

7　分析利用

7.1　信息的分析内容

利用季度工作报表资料可以分析该季度结核病患者发现情况，如结核病患者登记情况、新涂阳肺结核患者的性别年龄特征、初诊患者来源及查痰情况；患者管理情况，包括上季度登记患者 第2、3月末的痰菌阴转、去年同一季度登记患者的治疗队列分析结果等；规划活动开展情况，包括：药品、督导及患者访视、培训、健康教育等。

7.2　利用年度工作报表资料可以分析经费到位及使用情况、结核病防治机构现有的设备及人员情况、结核病患者登记及治疗队列分析结果等。

7.3　在分析过程中，要重点分析结核病的流行病学特征、疫情变化趋势、防治对策和效果，并提出有针对性的措施和建议。分析中应有相关的文字材料和统计图、表等。

7.4　当某地出现结核病的暴发流行时，应及时地做专题分析。每年要举行一次“结核病疫情分析会”，对疫情现状进行分析，对未来的疫情趋势做出预测评估。

7.5　信息的反馈

对信息的分析结果可利用简报、报告等形式向上级结核病防治机构和同级卫生行政部门反馈。省、市（州）、县（区）要组织专家对收集的信息资料进行季度和年度分析，并向同级卫生行政部门和上级业务部门等进行反馈。

8　结核病信息管理工作报表

8.1　结核病信息工作报表包括季度工作报表和年度工作报表。

8.2　季度工作报表和年度工作报表的信息来源包括两部分，一部分是通过录入的患者相关信息系统可以直接获得的（结核病监测信息分析表）；另一部分是手工统计的按季度和年度录入的规划管理和其他相关信息（结核病监测信息录入表）。如果病案录入不完善，前一种信息不能准确地从网络系统中生成，则必须按照结核病监测信息分析表的格式进行季度或年度的填报和录入。具体表格及填报说明见《中国结核病防治规划实施工作指南》。

（高巧芬编写，王雯审）

（本章约8千字）

第五章　抗结核药品规范管理

1　目的

建立持续不间断的抗结核药品供应体系，做好抗结核药品的需求计划，保障药品的供应和管理，杜绝药品的过期和浪费。

2　主要任务

2.1　省级

测算并上报全省下一年度的药品需求计划；核对、验收、反馈收到的所有药品的数量和质量；协助有关部门进行抗结核药品的招标、采购；按时分发、调剂药品，避免药品短缺；按规定存储药品；保持合理库存量；及时填写药品出入库记录，保证账物相符；收集、核对并汇总市（州）级的报表，并按时上报；对全省的药品情况进行分析；定期对药品管理工作进行督导；培训下级药品管理人员。

2.2　市(州)级

测算并上报全市（州）药品需求计划；核对、验收、反馈收到的所有药品的数量和质量；及时分发药品；按规定存储药品；保持合理库存量；及时填写药品出入库记录，保证账物相符；收集、核对并汇总县（区）级的报表，并按时上报；对本市（州）及所辖县（区）的季度报表中药品的报告情况进行分析；定期督导；培训县（区）级药品管理人员。

2.3　县(区)级

测算并上报全县（区）药品需求计划；核对、验收、反馈收到的所有药品的数量和质量；按规定存储药品；保持合理库存量；保证患者药品供应；及时填写药品出入库及药品发放登记本，保证账物相符；按时上报药品季报表。

3　工作内容

3.1　药品管理的工作内容包括四个方面：选择、采购、分发和使用。

3.2　药品选择包括挑选高质量的抗结核药品和适当的剂量、剂型。

3.3　药品采购包括确定需要的抗结核药品数量、选择采购方法、招标管理、制定合同条款、确保药品质量、保证合同履行。

3.4　药品分发包括办理交割手续、库存控制、库存管理、药品运输到药品库房。

3.5　药品使用包括诊断、开具处方、分发药品和患者正确服药。

4 供应系统

4.1 我国免费抗结核药品的供应与管理主要涉及国家级、省级、市（州）级和县（区）级。

4.2 每年各级逐级上报下一个年度的药品需求计划，上级审核下级上报的年度需求计划后，国家级和省级按照计划分别组织招标采购。

4.3 市（州）级和县（区）级根据当地实际情况定期向上级单位申请发放药品，上级单位审核后，每年分批次向下级供应药品。患者根据治疗情况按期从县（区）级结核病防治机构领取免费抗结核药品。

5 采购

各省（自治区、直辖市）要按照国家要求按时完成年度抗结核药品采购任务。

5.1 药品的选择

5.1.1 我国目前广泛使用的为各种类型的板式组合包装药品，能够满足各类肺结核患者不同阶段治疗的需要。

5.1.2 固定剂量复合制剂（Fixed-dose Combination，FDC）按照患者的体重选择合适的用药剂量，有助于减少错误服药，避免不适当的单一药物治疗，防止继发耐药的产生，有条件的地区可以推广使用。

5.2 药品需求测算

5.2.1 抗结核药品需求的测算要根据往年肺结核患者发现情况和药品消耗情况，结合各年度肺结核患者发现任务与指标，充分考虑上年度药品的剩余数量和下年度可能影响患者发现的因素来进行综合测算。

5.2.2 测算药品需求时，要在实际需求数量的基础上增加20%～25%的缓冲量。各类肺结核患者使用板式组合免费抗结核药品需求数量计算公式与系数详见《中国结核病防治规划实施工作指南》。

5.3 药品采购质量

5.3.1 所有采购的抗结核药品，都必须对药品的技术规格和药品生产企业的资质进行详细的审核，只有符合标准才能进行采购。

5.3.2 积极与药品监督管理部门所属的各级（省、市、县）药品检验机构合作，定期或不定期地对采购和库存的药品进行抽检，加强药品质量监督，保证药品质量。

6 运输和储存

6.1 在运输过程中要防止药品的丢失、挤压、破损和被雨水淋湿。严禁与易燃易爆物品一起运输。

6.2 药品接收入库

6.2.1 根据上级单位的“药品发货通知 ”或“药品出库单”，重点核对药品的名称、数量、包装、批号和剩余有效期等。同时要检查药品的质量：片剂应注意是否有压碎、变色的情况；胶囊应注意是否有泄漏；链霉素应保持干燥且没有杂质；注射用水应注意安瓿是否有破裂；注射器需注意包装是否有漏气的情况。

6.2.2　如果药品符合要求则登记入库，同时将未通过验收的药品单独摆放，并上报相关领导。

6.2.3　各级结核病防治机构的药品交接手续必须齐全，上级单位应开具“药品出库单”，下级接收单位应开具“药品入库单 ”（详见《中国结核病防治规划实施工作指南》）。

6.3　药品的储存

6.3.1　库房的设置要求

保证房顶不漏雨，库房内墙壁和顶棚表面光洁，地面平整、无缝隙，门窗结构严密。

库房内有温度计、湿度计和必要的调节温度、湿度的设施，使温度保持在0～30 ℃之间，相对湿度应保持在 45%～75%。保证库房的清洁，定期打扫卫生，防水、防火、防鼠、防虫、防盗、照明和避光等设施齐全。

6.3.2　药品存储摆放的要求

药品存储宜设立专库或专区，要与机电设备、办公用品（如登记本）、易燃易爆易挥发物品分开存放。保持药品与地面的间距不小于 10厘米，可用适当材料做成药品底垫，以防止药品受潮或被水浸泡。药品堆垛间应留有一定距离，药品与墙、屋顶（房梁）、库房散热器或供暖管道的间距不小于 30厘米。药品堆放不宜超过 2米，以防止压垮底部的纸箱，也有利于人员搬运并减少可能造成的伤害。不同批号的同种药品分开摆放，储存药品时要把标签和有效期显示在外面，以便于先发放近期失效的药品。

6.3.3　库房管理的要求

建立健全药品存储管理的规章制度，明确药品管理人员及其职责，并悬挂在库房显著位置。省、市（州）和县（区）级结核病防治机构在做免费抗结核药品的接收、发放和库存调整时，都要在“免费抗结核药品出入库登记本”上进行登记。同种药品不同批号要分开登记，详细记录药品的发放情况，做到日清月结，并定期盘库。严格执行“先到期先发放”的原则，杜绝药品过期情况的发生。国家发放的免费抗结核药品，任何单位或个人不得出售或挪用。

保证药品存储安全，不进行药品出入库时锁上库房，钥匙由库房管理人员保管。

7　库存控制

7.1　库存控制

库存控制指合理地控制库存药品数量，在保证药品持续不间断供应的前提下，避免药品的过期浪费，降低药品储存、申领和调剂所需的费用。各级结核病防治机构要建立药品库存预警机制，根据本地区患者发现水平、到上级单位领药所需的时间（运输时间）和费用等因素，合理设置本单位药品供应周期、最大库存量和最小库存量。

7.2　药品的申请和发放

7.2.1　药品的申请分为常规申请和紧急申请两种。在每个药品供应周期的最后一天，向上级单位提出常规药品申请，申请数量为最大库存水平和现有库存水平的差值。药品管理人员在药品供应周期期间定期检查库存，当发现库存水平低于最小库存水平时，应及时向上级单位提出紧急药品申请。

7.2.2　上级单位收到下级单位提出的“药品领取（调出）申请单”后，应根据其现有库存、患者发现情况评价申请的数量、决定发放的数量并尽快回复。

8　药品发放程序

县（区）级结核病防治机构必须严格按照国家规定的化疗方案向患者发放药品。

（1）医生对已确诊为免费治疗的患者开具专一（不与其他药品混开）的免费抗结核药品处方单。

（2）患者持医生处方单到药房取药，药房管理人员核对处方上的患者姓名、需发放的药品，登记在“免费抗结核药品发放登记本”上。

（3）患者在登记本中的“取药人签字栏”签名或盖私章（手印）后，再将药品发放给患者（家属可代签）。

（4）免费抗结核药品处方单及“免费抗结核药品发放登记本”必须保存完整，以备药品发放统计、审计和上级督导检查。

（5）每日汇总患者处方，填写“门诊药房明细账”，做到日清月结。

（王铂编写，姚琴华审）

（本章约8千字）

第六章　健康促进

1　目的

通过健康促进活动，提高各种目标人群对结核病防治政策和防治知识的认识，改变他们陈旧的和错误的观念和认识，使不同目标人群采取相应的正确行动或改变不正确的行动；有助于政府和卫生机构实施有效的现代结核病防治策略，有效控制结核病的流行，提高人民健康水平。

2　主要任务

2.1　疾病预防控制中心

2.1.1　省级

确定全省结核病防治工作健康促进活动计划；制作、下发结核病防治健康促进材料；培训市（州）、县（区）级结核病防治健康促进工作人员；开发动员有关部门和/或社会力量合作开展健康促进活动；通过省级媒体开展多种形式的健康促进活动；对市（州）、县（区）级开展的健康促进活动进行监控与评价。

2.1.2　市(州)级

确定本市（州）结核病防治工作健康促进活动计划；制作、下发结核病防治健康促进材料；培训县（区）级结核病防治健康促进工作人员；开发动员有关部门和 /或社会力量合作开展健康促进活动；通过媒体开展多种形式的健康促进活动；对县（区）级开展的健康促进活动进行监控与评价。

2.1.3　县(区)级

确定本县（区）结核病防治工作健康促进活动计划；制作、发放结核病防治健康促进材料；使用结核病防治健康促进材料开展活动；开展针对就诊患者和家属的宣教；开发动员有关部门和 /或社会力量合作开展健康促进活动；通过媒体开展多种形式的健康促进活动；对乡、村级开展的健康促进活动进行监控与评价。

2.2　基层医疗卫生机构

2.2.1　乡(镇)卫生院(社区卫生服务中心)

在门诊等患者就诊场所张贴结核病防治宣传材料；定期利用宣传栏（板报）等宣传结核病控制政策和基本知识；利用乡村医生例会宣传结核病控制政策与新知识；通过乡镇级电视广播站开展结核病宣传活动；对村级开展的结核病防治宣传活动进行监督。

2.2.2　村卫生室(社区卫生服务站)

在患者就诊场所张贴上级下发的结核病防治宣传材料；向就诊的患者宣传结核病基本知识；定期利用宣传栏（板报）等宣传结核病控制政策和基本知识；向村（社区）领导和村民（社区居民）宣传结核病控制政策与新知识；通过村（社区）广播站开展结核病宣传活动。

2.3　医疗机构

2.3.1　推行结核病防治服务新体系建设县(区)

2.3.1.1　定点医院：在患者就诊场所张贴结核病防治宣传材料；定期利用宣传栏（板报）等宣传结核病控制政策和基本知识；对治疗的结核病患者宣传结核病基本知识；对患者的密切接触者宣传结核病防治知识；对医院的医务人员进行结核病防治政策与措施的宣传。

2.3.1.2　其他医疗机构：在患者就诊场所张贴结核病防治宣传材料；定期利用宣传栏（板报）等宣传结核病控制政策和基本知识；对医院的医务人员进行结核病防治政策与措施的宣传；将就诊的肺结核患者及疑似肺结核患者转诊到结核病定点医院。

2.3.2　未推行结核病防治服务新体系建设县(区)

医疗机构：在患者就诊场所张贴结核病防治宣传材料；定期利用宣传栏（板报）等宣传结核病控制政策和基本知识；对医院的医务人员进行结核病防治政策与措施的宣传；将就诊的肺结核患者及疑似患者转诊到辖区疾病预防控制中心。

3　工作内容和方法

3.1　各级领导

各级领导是政府政策的制定和执行者，他们既是提供结核病防治人、财、物的关键人物，也是结核病防治工作的组织领导者。针对他们的结核病健康促进目的十分明确，就是要获得政策和经费的支持。针对各级领导的健康促进活动主要包括：

3.1.1　定期召开领导小组会议或部门协调会议。

3.1.2　定期汇报《甘肃省结核病防治规划》进展及障碍。

3.1.3　出席“世界防治结核病日 ”活动并讲话。

3.1.4　参加《甘肃省结核病防治规划》的督导并深入患者家庭，访视患者。

3.1.5　参加《甘肃省结核病防治规划》检查、总结、座谈会，签署新的政策或责任书等活动。

3.1.6　在适当的政府会议、卫生工作会议上提倡和部署结核病防治工作等。

3.2　医务人员

医务人员负责肺结核可疑症状者的接诊，同时是疫情报告和转诊的责任人，也是发现患者和督导化疗管理的实施者。他们只有掌握最准确的知识，才能做到正确诊断和自我防护，才能向患者及相关人员开展正确的健康教育活动。针对医务人员的健康促进活动主要包括：

3.2.1　对各级各类医疗单位的肺科、传染科和防保科医生及基层专职或兼职结核病防治医生进行培训。

3.2.2　为医务人员分发结核病健康教育手册、宣传提纲或举办讲座。

3.2.3　在医疗卫生机构张贴结核病防治的宣传画。

3.3　肺结核患者

对肺结核患者的宣传主要内容是：肺结核是可以治愈的；规律治疗是治愈的关键；国家对肺结核患者实行免费抗结核治疗；结核病治疗后很快就能消除传染性，但在治疗痰菌没有阴转前，不要向周围人群大声说话、咳嗽或打喷嚏。针对肺结核患者的健康促进活动主要包括：

3.3.1　当肺结核患者确诊时，医生要对患者及其家庭成员进行耐心、细致、正确的门诊宣传及健康教育。根据不同患者的具体情况，如是否排菌、不同病史及病程、不同化疗疗程等，进行有针对性的教育。

3.3.2 医疗机构、疾病预防机构要在患者门诊候诊时采用口头宣传、黑板报、图片、手册、传单等方式进行健康教育。

3.3.3 举办患者座谈会，交流治疗经验，征求改善服务的意见。

3.3.4 加强医务人员与患者的交流：督导医生督导患者服药时的交流；乡镇医务人员督导访视时的交流；上级督导访视时的交流；门诊复查时的交流等。

3.3.5 患者住院时的健康教育有助于患者在住院期间配合治疗，也有利于提高患者出院后继续接受治疗管理的依从性。

3.4 肺结核患者密切接触者

对肺结核患者密切接触者宣传的主要内容是：涂阳肺结核患者有传染性，与涂阳肺结核患者密切接触易感染和发病。因此一旦有肺结核可疑症状就要及时到疾病预防控制中心或结核病定点医院就诊检查。针对肺结核患者密切接触者的健康促进活动主要包括：

3.4.1 陪伴患者前来就诊的密切接触者，在患者就诊时，医生应当对其进行面对面的讲解。

3.4.2 通过患者为其密切接触者发放适合密切接触者阅读的结核病防治宣传材料。

3.4.3 在对患者进行现场督导时，主动对患者周围的人进行结核病防治知识的宣传。

3.5 普通公众

对普通公众宣传的主要内容是：肺结核对人体的危害；结核病的主要症状；有症状后要到疾病预防控制中心或结核病定点医院去就诊；国家对肺结核患者的免费政策等。在条件允许的情况下，对这部分人群可以进一步细分，如按性别、年龄、民族等进行更有针对性的宣传工作。针对普通公众的健康促进活动主要包括：

3.5.1 采用针对不同人群的宣传画、布告、标语、橱窗、报纸、广播、电影、电视、黑板报、知识问答、知识竞赛等形式进行宣传。

3.5.2 在村里制作有关结核病知识的墙体广告。

3.5.3 对社区医生及社区干部进行有关结核病基本知识的培训。

3.5.4 对不去就诊的肺结核可疑症状者要了解其具体困难和心理障碍，劝说其及时就诊。

3.5.5 结核病防治医务人员和社区干部要共同关心患者，为生活贫困的肺结核患者申请扶贫救助或城市低保待遇。

3.6 学生

学生是一个特殊的群体，正处于身心发育阶段，学习压力大，居住比较集中，容易发生学校结核病暴发。另外，通过学生对家长进行结核病基本知识的宣传，向家庭和社区辐射，可以提高当地结核病防治知识的知晓率，促进不良行为的改变，对预防结核病的发生可产生较大的影响。针对学生的宣传内容与针对普通公众的内容相同。针对学生的健康促进活动主要包括：

3.6.1 对学校医务室医生和卫生课老师进行结核病知识培训，发放适合学生使用的宣传材料，如连环画、动画片等。

3.6.2 在卫生课中讲解结核病防治的有关知识。

3.6.3 利用班会、知识竞赛、同伴教育、校园广播、墙报板报等多种形式开展预防结核病的健康促进活动。

3.6.4 在初中、高中等高年级学生中，与相关学科教育结合，将有关预防结核病的知识渗透到思想品德、生物、体育与健康、综合实践活动等课程中。

3.6.5　通过“教师—学生—家长—社区”链，将国家免费诊治结核病的政策、结核病防治的科普知识向家庭和社区辐射，使更多人了解结核病防治知识，以提高全社会的结核病防治意识。

3.6.6　学校医务室医生一旦发现学生有肺结核可疑症状要及时转诊到疾病预防控制中心或结核病定点医院就诊检查。

3.7　流动人口

流动人口通常来自结核病疫情较高的农村地区，是结核分枝杆菌感染率高的群体。目前城市中的许多流动人口，由于劳动强度大、生活条件差，结核病发生机会大大增加。对他们宣传的主要内容除与普通公众的相同外，还应告知其在居住拥挤的条件下，要保持居住环境的卫生，注意通风。针对流动人口的健康促进活动主要包括：

3.7.1　将流动人口健康宣传纳入整个结核病健康教育的计划当中。

3.7.2　开展交通工具及公共场所农民工健康教育。在春节返乡及麦收季节等农民工流动比较集中的时期，在铁路、公路等港站及交通工具上开展健康教育工作。

3.7.3　开发流动人口结核病健康教育传播材料，发放到城市社区卫生服务中心（站），并由城市社区卫生服务中心（站）组织开展辖区内流动人口结核病健康教育活动，做到健康教育传播材料发送到工地、厂矿企业及农民工手中，倡导健康的生产生活方式。

3.7.4　在流动人口聚集的场所张贴结核病防治宣传画。

3.7.5　编排有关结核病防治信息的文艺节目，为流动人口集中的单位进行宣传。

3.7.6　流动人口一旦发现有肺结核可疑症状应及时到当地疾病预防控制中心或结核病定点医院就诊检查。

3.8　考核指标

3.8.1　市(州)级

3.8.1.1　制定年度结核病防治工作计划和总结。

3.8.1.2　微博发布结核病防治相关信息 1条 /天。

3.8.1.3　向中国结核病防治网（www.chinatb.org）发布结核病防治相关信息至少 2条 /年。

3.8.1.4　培训县级健康促进人员 1次 /年。

3.8.2　县(区)级

3.8.2.1　制定世界防治结核病日工作计划和总结。

3.8.2.2　微博发布结核病防治相关信息 1条 /天。

3.8.2.3　向中国结核病防治网（www.chinatb.org）发布结核病防治相关信息至少 2条 /年。

3.8.2.4　结核病防治门诊备有结核病防治宣传材料至少 2种。

3.8.2.5　培训乡、村级结核病防治人员 1次 /年。

3.8.2.6　结核病防治知识知晓率达 80%。

（王铂编写，王雯审）

（本章约8千字）

第七章　督导

结核病预防控制工作是党和政府为民办实事、办好事的民心工程、德政工程。结核病防治工作只有在党和政府的领导下建立政府主导、部门合作、全社会参与模式，才能有效控制结核病的流行。因此，必须建立有效的督导工作机制，才能使整体结核病防治工作机制正态运行。

1　总则

1.1　督导目的和要求

结核病防治工作所谓的督导是指上级对下级结核病防治工作进行督促、检查和指导的过程，帮助被督导单位和人员提高认识水平和工作技能，进一步完善和改进工作，纠正错误，弥补不足，充分发挥其潜在能力，规范结核病控制工作各项策略措施，评价定点医疗机构、疾病预防控制机构和基层医疗卫生机构工作，高质量完成各项结核病防治工作，全面推进结核病防治工作健康发展的一项措施。本《规范》是结核病防治工作监控与评价体系的重要组成部分，供各级结核病防治机构在对各类医疗卫生机构进行督导时使用。结核病督导工作涉及整个结核病控制工作的不同层次、不同级别、不同领域的方方面面，所以督导工作要遵循平衡、规范、科学、有效的原则，达到全面推进工作的目的。

1.1.1　制度化

各级结核病防治机构要按国家要求和本《规范》要求制订督导计划，定期开展督导工作，使督导工作形成常规，形成制度。

1.1.2　规范化

各级各类督导均应按本《规范》要求开展督导工作，保证督导工作方法、标准统一和规范。

1.1.3　均衡性

对辖区内所有开展结核病防治工作的相关单位进行合理和均衡的督导。在保证督导覆盖面的同时，可对重点单位和重点项目进行专题督导和特别督导。

1.1.4　科学性

督导是上级对下级工作正确性的判定和指导。所以督导工作要做到科学、合理和本身工作的规范。督导工作遵循深入基层、实事求是的原则，要求督导者深入现场，亲身观察和体会，避免走马观花和听信他说，保证现场督导中收集信息的可靠性和问题分析方法的正确性，保证督导工作的质量，注重问题的一般性、特殊性、偶然性、系统性及其内在联系，反对弄虚作假。

1.1.5　政策与技术并重

结核病防治是政府行为，政府承诺是《规划》目标实现的根本保证，技术策略是《规划》目标实现的技术手段。督导中应由政府相关部门组织、协调相关部门人员参加，共同完成督导，但要以各级各类专业技术人员为主要成员。

督导应贯穿《规划》实施全过程，《规划》实施的不同阶段根据工作重点确定和突出督导工作重点。

1.2　督导对象

市（州）级疾病预防控制机构和定点医疗机构；县（区）级卫生计生行政部门、疾病预防控制机构、定点医疗机构、非定点医疗机构和基层医疗卫生机构。

1.3　督导频度

1.3.1　省级对所辖各市（州）每年督导2次，每次督导时抽查该市（州）所辖的2～3个县（市、区）和部分乡（镇）、村，并现场访视2～5名肺结核患者。

1.3.2　市（州）级对所辖各县（市、区）每季度督导1次，每次督导时抽查该县（市、区）所辖的乡（镇）、村，并现场访视2～5名。

1.4　督导依据

《传染病防治法》《全国结核病防治规划（2011—2015年）》《结核病防治管理办法》《中国结核病防治规划工作实施指南（2008版）》《耐多药肺结核防治管理工作方案》、原卫生部下发的《结核病门诊诊疗规范和临床路径》等。

1.5　督导形式

结核病督导工作内容多，工作量大，费时费力。所以要求单独开展督导，不能以单位综合督导中派人参加的形式开展督导，避免走形式。随着《规划》实施的进展，督导工作的形式也在不断发展。各级《规划》管理部门可根据实际情况，按分级管理、分类指导为主的原则，选择不同的督导形式。

1.5.1　高层督导

由人大、政府、政协或《规划》领导小组成员实施，旨在检查《规划》实施情况，促进政府承诺和实施保障，以及消除《规划》实施中的重大障碍。

1.5.2　行政督导

由各级行政部门领导实施，主要是组织协调、促进政府职责的落实。

1.5.3　技术督导

由专家或技术人员实施，主要是督导技术策略和措施。

1.5.4　专题督导

由专家或技术人员实施，旨在调查和指导解决某个突出问题。

1.5.5　联合督导

由《规划》执行部门及各个项目联合组织督导。由项目合作单位实施，督导不同独立项目的实施情况。

1.5.6　延伸督导

督导过程中抽取一定量的下一级机构进行督导，如督导市（州）级时抽取一定数量的县（市）进行延伸督导。

1.5.7　回访督导

对重点地区和工作中存在问题较多的地区和单位间隔一段时间重返督导一次，主要评价整改情况。

1.5.8　督导会议

根据对部分地区的督导结果，召开全部相关地区的有关人员参加会议，旨在指导、培训、评价规划实施中的共性问题和个性问题，研讨解决问题的途径和方法。

1.6　督导程序和方法

1.6.1　督导前准备

做好督导前的准备是保证督导质量的前提。每次督导前必须明确督导的目的和内容，确定被督导单位，制定督导方案。具体包括：

1.6.1.1 收集和了解被督导单位的背景资料：收集的相关资料包括结核病管理信息系统相关资料、《规划》进展报告、结核病防治相关项目进展报告、《规划》季报和既往督导报告等，并对收集到的相关资料进行系统分析，了解和掌握各《规划》执行单位在结核病防治的政府职责的落实、机构能力建设、患者发现、治疗管理、统计监测等方面的工作现状，对取得的成绩和存在的不足做到心中有数，了解和分析存在的问题及解决办法，有目的、有针对性地开展督导工作。

1.6.1.2 确定督导地区和内容：根据已掌握的资料，确定督导方式、内容和工作侧重点。

1.6.1.3 制订督导计划：每次督导前必须制订详细的督导计划，包括背景、目的、地点、对象、方法、内容、日程、人员及分组等，列出督导检查清单，设计督导记录单。

1.6.1.4 下发督导通知：督导方案确定后，应及时与被督导单位取得联系，确认被督导单位接受此次督导。然后及时下发正式督导通知，详细告知被督导单位需要准备的材料和督导实施方案，要求联系相关人员及时到位，准备所需车辆和交通工具等，做好接受督导的准备工作，同时双方互通联系方式等相关事宜，保证督导工作的顺利进行。

1.6.1.5 召开督导前准备会：在开展督导前，召开督导准备会开展督导要点工作的相关培训，向督导组成员介绍相关的背景情况，详细介绍督导计划和方案，共同讨论与本次督导有关的事宜，征求修改意见，进一步充实和完善督导方案，统一思想，统一方法，统一标准，规范、科学、有效地开展督导工作。

1.6.2 现场督导

1.6.2.1 督导人员介绍本次督导的目的和方法：督导组长要向被督导单位介绍督导组成员、督导目的、主要内容和侧重点，同时介绍日程安排等，以便安排人员和交通工具等。

1.6.2.2 召开督导汇报会，听取被督导单位的工作汇报，阅读书面汇报材料，针对汇报提出问题，询问、咨询和补充相关信息，以获得汇报中未提及或不详细的、关系督导重点的重要信息。

1.6.2.3 现场收集资料和信息：通过查阅相关正式文件和日常工作记录（包括病案、登记本、表、册、卡等）收集与督导内容相关的资料。必要时可召开各类座谈会和个别访谈，了解被督导单位领导和专业技术人员对相关知识和技能的掌握情况、熟练程度和意见建议。

1.6.2.4 沟通与交流：在现场督导的整个过程中，应与被督导的相关人员进行讨论，核实各种重要信息，对被督导人员的成绩、优点和经验予以肯定和鼓励；与被督导人员共同分析问题和商讨可行的解决办法，同时给予现场指导、示范和培训。

1.6.3 分析总结

对现场督导过程中的所见和收集到的一手资料和信息等，结合督导前已经对二手资料分析的结果进行综合分析，形成本次的督导结果报告，对被督导单位的结核病防治工作做出符合实际情况的判定。分析结果应客观、真实地反映事实，特别要对被督导人员做得好的方面给予肯定和鼓励，同时直面问题，不回避矛盾，一针见血地指出存在的问题与不足，提出改进意见。

1.6.4 结果反馈

1.6.4.1 现场反馈：提炼出督导反馈意见现场进行反馈，反馈意见要简单明了，条理清晰，分析透彻，重点突出，并尽可能采用多媒体反馈，可用图、表、照片等生动形象地展现。

依据反馈提纲，政策性与技术性内容分别叙述，侧重点视反馈时参与对象而定。根据不同层次进行有重点的反馈，如有政府或卫生行政部门领导参与时，重点反馈有关政策性问题；仅有专业技术人员参与时，则重点反馈技术性问题。

现场反馈后要听取被督导单位领导或负责人的表态，也要尊重和倾听他们的意见和建议，能够现场澄清或答复的最好现场解决，如现场不能解决，应尽可能在督导报告中给予澄清或答复。也可以座谈会的形式让参加反馈的人员广泛开展讨论，互相沟通和交流，改进和提高工作质量。

1.6.4.2 督导报告：现场督导完成后，应及时撰写正式督导报告，向主管部门和上级单位报告督导工作开展情况，同时抄送或下发给被督导单位及其同级卫生行政部门。

1.7　督导内容

1.7.1　政府承诺落实情况

1.7.1.1　结核病控制工作规划、工作计划的制定及组织实施。

1.7.1.2　上级下拨结核病防治经费的拨付和到位情况。

1.7.1.3　本级财政结核病防治专项经费的预算和拨付情况。

1.7.1.4　政策开发和实施情况，包括结核病防治人员的休假、津贴、体检等特殊政策；耐药结核病纳入大病保险及相关医保，单病种门诊费用报销等惠民政策。

1.7.2　结核病防治服务体系建设

1.7.2.1　疾病预防控制中心结核病防治机构的建立、人员编制、房屋、设备配置等情况。

1.7.2.2　定点医院结核病控制机构的建立、人员编制、房屋、设备配置等情况。

1.7.2.3　综合医疗机构结核病防治工作机构和工作机制的建立情况。

1.7.2.4　基层医疗卫生机构（乡、村）结核病防治工作机制的建立情况。

1.7.3　规划工作实施进展及主要指标完成情况

1.7.3.1　肺结核患者和疑似肺结核患者初诊就诊率≥300/10万，痰检率≥95%。

1.7.3.2　综合医疗机构结核病人报告率 达100%。

1.7.3.3　综合医疗机构登记报告病人转诊率≥95%。

1.7.3.4　报告肺结核患者和疑似肺结核患者总体到位率≥95%。

1.7.3.5　结核病防治机构追踪到位率≥95%。

1.7.3.6　肺结核病案信息初次录入及时率≥99%，信息完整率≥95%。

1.7.3.7　病案转归完整率≥95%。

1.7.3.8　病人系统管理率≥95%。

1.7.3.9　新涂阳病人治愈率≥ 85%。

1.7.3.10　涂阳病人密切接触者筛查率达 100%，病人检出率≥2%。

1.7.3.11　TB/HIV 双重感染筛查率≥90%。

1.7.3.12　抗结核药品破损率≤3%。

1.7.3.13　督导完成率≥95%。

1.7.3.14　县级实验室 EQA 覆盖率达 100%，实验室现场评估率达 100%。

1.7.3.15　跨区域流动肺结核患者信息反馈率达到 90%，流动人口肺结核患者的成功治疗率达到80%。

1.7.3.16　健康促进结核病核心信息知晓率≥80%。

1.7.3.17　病人发现和登记任务指标的完成率≥95%。

1.7.4　防治工作规范性核查

1.7.4.1　综合医院患者转诊、报告和登记工作质量。

1.7.4.2　定点医院病人发现、诊断和规范化治疗工作质量。

1.7.4.3　基层卫生机构患者治疗管理工作质量。

1.7.4.4　督导、培训、健康促进等规划管理工作质量。

1.7.5　耐多药结核病项目进展情况

1.7.6　规划实施和服务体系建设中的经验、问题和建议

1.8 督导报告的撰写

督导报告是对本次督导工作所获信息的分析和总结，具有报告和通报的双重作用。既要向上一级或派出领导报告情况，又要反馈给被督导单位。因此督导报告既要肯定成绩，又要指出存在的问题与不足，提出改进意见。督导报告要简明扼要，条理清晰，重点突出，层次分明，客观公正、实事求是地反映本次督导所了解和掌握的情况。格式和内容包括以下部分。

1.8.1 标题

突出督导的对象和内容。

1.8.2 摘要

放在报告正文的前面，便于读者（特别是政府及卫生行政部门领导）阅读，对报告全文有一个概括。摘要应简要叙述本次督导的目的、经过、主要发现、存在的问题和相应的建议（特别是向领导提出给予支持与帮助的建议）。

1.8.3 督导日期

指在被督导单位进行督导现场活动的起止日期。

1.8.4 督导地点

指本次督导活动的地点。

1.8.5 督导组成员

逐一列出参加本次督导的全部人员名单。

1.8.6 督导报告正文

1.8.6.1 背景：简单叙述被督导单位所在地的一般情况（包括自然、地理、人口和经济等），结核病防治机构设立、人员和经费，结核病疫情，既往开展结核病防治工作的成就与困难等。

1.8.6.2 活动安排：简要叙述本次督导的全过程，包括听取汇报、进行的活动（其中包括核实了什么资料、进行了什么样的现场观察、与哪些人员进行了什么内容的交谈等）。

1.8.6.3 督导结果：根据“督导检查单”、现场观察、个人访谈的记录来描述，特别要对成绩和经验尽可能全面叙述，以利于对各级人员给予鼓励和今后工作的开展。

1.8.6.4 存在的问题：对问题的描述要把政策性问题与技术性问题分开。向政府或行政部门领导反馈的问题应是概念性的，不必过多描述细节。通报的问题要实事求是，问题的严重性最好量化表示，如相关指标和任务的完成情况和工作进度等应具体化，特别要反映出对上次督导中发现问题的整改情况。

1.8.6.5 建议：建议应针对问题而提出，提出的建议要分轻、重、缓、急。建议的描述不应出现带强迫性的文字。所有的建议必须根据当地的实际情况，具有明显的针对性、可行性，应明确谁来做、怎样做。

1.8.6.6 附件：为突出正文的重点，减少正文篇幅，应将正文中结论性数据的原始资料和相关的内容作为附件分别列在若干个附件中。

2 市(州)级疾病预防控制中心督导

督导对象：市（州）级疾病预防控制中心。

督导科室：市（州）级疾病预防控制中心结核病防治科。

2.1 基本建设

2.1.1 是否设立独立的结核病防治科室。

2.1.2 是否有独立的办公室、实验室、库房等相应房屋。

2.1.3　是否有满足结核病防治工作需求的工作人员。描述现有结核病防治工作人员数，其中专职人员数，兼职人员数，并确认能否满足当前结核病防治工作需求。

2.1.4　是否配备专用电话、电脑、打印机、复印机、传真机和专用网络等办公设施。

2.1.5　结核病防治车辆的使用情况，是否保证督导和菌株运送等工作中保证车辆。

2.1.6　专业人员是否有休假、津贴、体检等优惠待遇。

2.2　工作开展情况

2.2.1　协助卫生行政部门制定规划、工作计划和考核总结评估等管理工作。

2.2.2　数据监测分析报告：按时进行季报、年报分析上报下达。

2.2.3　督导：每季度对县（市、区）独立督导1次，抽查乡级并访视患者；定期对定点医院进行规划督导；定期对非定点综合医院进行规划督导；出现特殊情况进行专题督导。

2.2.3.1　督导计划及完成情况。

2.2.3.2　督导资料是否齐全，查督导通知、督导记录、督导总结报告及影像资料等。

2.2.3.3　是否有延伸督导，如督导市、县中抽取所辖地区乡一级机构进行延伸督导，病人访视情况。

2.2.3.4　对地市级定点医院的规划督导情况：督导次数、督导内容、发现的问题、是否反馈。

2.2.4　培训

2.2.4.1　是否有培训计划（疾病预防控制部门培训、定点医院培训、其他综合医疗机构培训）。

2.2.4.2　培训工作完成情况，如培训通知、授课计划日程、学员注册登记册等资料。

2.2.5　健康促进工作：宣传与健康促进工作是疾病预防控制中心在结核病防治工作中承担的主要任务之一，其目的是全面提高广大人民群众对结核病防治工作相关知识的知晓率，提高就诊率和自我防护意识。要求各级结核病防治机构除在“3·24”结核病主题宣传日搞好宣传工作外，平时更要注重宣传和健康促进工作。

2.2.5.1　主要查看“3·24”结核病主题宣传日宣传与健康促进工作开展情况相关资料，如安排通知、活动开展情况、总结及汇总上报情况等资料。

2.2.5.2　日常宣传工作开展情况，如次数、层次等级等相关资料。

2.2.5.3　宣传品制作情况。

2.2.6　药品物资管理与中转

2.2.6.1　有专人负责药品管理工作。

2.2.6.2　有药品独立库房。药品库房墙壁和顶棚光洁，地面平整，门窗结构严密，有防鼠措施，有防潮防水设施，有消防设施。

2.2.6.3　有药品管理制度并上墙。

2.2.6.4　有年度药品需求计划，保证药品不间断供应，无中断情况。

2.2.6.5　有药品出入库凭单，药品使用遵循“先进先出，后进后出”的原则，药品过期失效报废率控制在3%以内。

2.2.6.6　药品账目清楚，账目与实物库存一致，报表数据信息准确无误。

2.2.6.7　按时上报药品使用消耗报表，并按年度打印装订成册。

2.2.7　耐药监测及耐药患者发现与管理

市（州）级要逐步开展耐药患者的药敏试验和治疗管理工作，督导内容有：

2.2.7.1　是否开展耐药监测和药敏试验工作。

2.2.7.2　将确诊耐多药的结核病患者1周内转到定点医院住院治疗。

2.2.7.3　负责组织落实患者出院后的治疗管理。

2.2.7.4　监控定点医院耐多药肺结核患者的治疗管理，及时掌握耐多药肺结核患者的相关信息，督促定点医院对耐多药肺结核患者按时随访复查。

2.2.8　实验室情况

市（州）级疾病预防控制机构负责对辖区内县（市、区）和定点医院结核病实验室进行质量控制，包括盲法复检和现场评估。督导内容有：

2.2.8.1　有独立实验室，而且结构布局合理。

2.2.8.2　有经过培训的专职工作人员。

2.2.8.3　有开展痰检质控、耐药监测和药敏试验等相关工作的仪器设备、试剂和耗材。

2.2.8.4　实验室生物安全符合本《规范》要求。

2.2.8.5　有实验操作规程和各种规章制度并上墙。

2.2.8.6　对县（市）疾病预防控制中心和定点医院结核病实验室进行质控和实验室评估。

2.3　市(州)级工作经费到位情况

《结核病防治管理办法》规定：市（州）级地方卫生行政部门负责统筹规划辖区内结核病防治资源，对结核病防治服务体系给予必要的政策和经费支持。督导中须定性评价经费到位落实情况。督导前准备携带所督导市（州）疾病预防控制经费分配表对照检查。

2.3.1　国家、省级专项经费拨付到位情况。

2.3.2　本级财政预算及拨付到位情况。

2.3.3　用于结核病防治工作方面支付量。

3　市(州)级结核病定点医院督导

督导单位：市（州）级定点医院。

督导对象：定点医疗机构主管领导、结核门诊主任和医务人员、预防保健（感染）科医务人员、负责医保报销事宜的工作人员、检验科主任和检验人员、病房科室主任和医务人员、放射科相关人员等相关人员。

3.1　职责要求

3.1.1　市（州）级定点医院主要职责是承担耐药结核病的发现、诊断、登记报告和治疗管理。

3.1.2　无区（市）级医院的市（州）级定点医院须承担区（市）级结核病防治相关工作。

3.2　督导内容

3.2.1　是否成立了结核病防治工作领导小组；是否建立健全结核病发现、诊断治疗、登记报告和管理工作机制；是否制订了本院结核病防治工作计划、工作流程和协调配合工作机制。了解从事结核病防治诊疗工作的医务人员工资和奖金情况，是否能够达到或者高于全院的平均水平，是否提供其他激励机制或者补偿措施，如补贴等。

3.2.2　是否内设了独立的结核病防治科室和结核病防治专科门诊、按省级“方案”要求配备了专业人员并进行了培训。

3.2.3　是否分配了满足结核病防治工作需求的办公用房，如门诊、实验室、住院病房等。

3.2.4　是否有满足结核病防治工作需求的辅助科室如影像学诊断设施。

3.2.5　是否有满足结核病防治工作需求的电话、电脑、打印机、专用网络等设施。

3.2.6　是否有结核病专用实验室，开展痰检、耐药监测及药敏试验等工作。

3.2.7　是否按规定纳入医保及报销情况。是否落实耐多药肺结核纳入重大疾病保障的报销政策和新农合政策。

3.2.8　是否争取了结核病防治工作资金补偿。

3.2.9　是否有个人防护、废弃物处理和感染控制工作制度和流程。了解N95口罩使用数量及库存数量和门诊、病房消毒情况。

3.2.10　耐药患者和住院患者是否按“临床路径”规范诊治。

3.3　工作开展情况

3.3.1　耐药防治定点医院

3.3.1.1　本院耐药监测工作开展情况：查看耐药门诊登记本、实验室登记本、耐药患者登记本、耐药病人病案记录、网络报告情况和病人治疗管理情况。

3.3.1.2　其他机构转诊耐药患者的诊断、治疗和管理情况。

3.3.1.3　查看指令性指标的完成情况。

3.3.2　普通结核病防治定点医院

3.3.2.1　查看初诊登记本、痰检登记本、结核病患者登记本、患者病案记录、发药登记本等相关表、本、卡、册和病人随访情况。

3.3.2.2　查看综合医院和其他医疗机构结核病患者和可疑者转诊登记本。

3.3.2.3　查看网络报告情况。

3.3.2.4　查看涂阳患者密切接触者检查登记本。

3.3.2.5　查看实验室痰片保存和质控工作情况。

3.3.2.6　查看指令性指标的完成情况。

3.3.2.7　按时向属地疾病预防控制中心或同级疾病预防控制中心报出工作报表。

4　县(市、区)级督导

县（市、区）疾病预防控制中心是结核病防治工作的管理机构，有协助卫生行政部门制定、组织实施“结核病防治规划”并组织考核的责任。县（市、区）督导单位有县（市、区）疾病预防控制中心、定点医院和综合医疗机构。

4.1　主要任务指标

4.1.1　发现肺结核患者，肺结核患者和疑似肺结核患者初诊就诊率≥300/10万；痰检率95%以上。

4.1.2　非定点的综合医院结核病人报告率达100%，登记报告病人转诊率≥95%，结核病防治机构追踪到位率≥95%，总体到位率≥95%。

4.1.3　肺结核病案信息初次录入及时率≥99%，信息完整率≥95%，病案转归完整率≥95%，病人系统管理率≥95%。

4.1.4　涂阳病人密切接触者筛查率 达100%，病人检出率≥2%。

4.1.5　TB/HIV双重感染筛查率≥90%。

4.1.6　按计划完成“中转项目”病人发现任务指标。

4.1.7　新涂阳病人治愈率达≥85%。

4.1.8　跨区域流动肺结核患者信息反馈率达到90%。

4.1.9　按计划开展耐药监测细菌培养工作。

4.1.10 抗结核药品破损率≤3%。

4.1.11 对基层医疗卫生机构、本级定点医院和本级综合医院的督导完成率≥95%。

4.1.12 流动人口肺结核患者的成功治疗率达到80%。

4.1.13 健康促进：结核病核心信息知晓率≥80%。

4.2 未实施新型结核病防治服务体系建设县（市、区）疾病预防控制机构（结核病防治机构）督导

督导单位：县（市、区）疾病预防控制中心。

督导对象：结核病防治科（独立结核病防治所）。

访谈对象：分管主任、结核病防治科人员。

4.2.1 职责与要求

4.2.1.1 县（市、区）疾病预防控制中心是结核病防治工作的管理机构，有协助卫生行政部门制定、组织实施“结核病防治规划”并组织考核的责任，并为辖区内的结核病防治工作提供技术支持。

4.2.1.2 病人发现、规范治疗和管理工作。

4.2.1.3 负责培训、宣传、督导、药品管理、实验室工作等。

4.2.1.4 信息监测、分析和报告。

4.2.1.5 宣传与健康促进。

4.2.2 督导内容

4.2.2.1 按照《结核病防治管理办法》规定，配备结核病防治人员5～10人。

4.2.2.2 必须配有满足结核病防治工作需求的专用办公室、实验室、库房等房屋设施和电话、传真机、电脑、打印机、网络及桌、椅、柜等必需的办公设备。

4.2.2.3 在督导、访视病人和菌株运输等工作中是否保证车辆。

4.2.2.4 宣传与健康促进工作：宣传与健康促进工作是疾病预防控制中心在结核病防治工作中承担的主要任务之一，其目的是全面提高广大人民群众对结核病防治工作相关知识的知晓率，提高就诊率和自我防护意识，要求各级结核病防治机构除在“3 ·24”结核病主题宣传日搞好宣传工作外，平时更要注重宣传和健康促进工作。督导内容包括：“3·24”结核病主题宣传日宣传与健康促进工作开展情况、相关资料，如安排通知、活动开展情况、总结及汇总上报情况等资料；日常宣传工作开展情况，如宣传活动开展次数、层次等级等相关资料；宣传品制作情况；其他宣传工作开展情况。

4.2.2.5 结核病信息管理：县（市）级督导包括传报卡浏览、病案信息录入及时率、治疗转归信息完整率、病人追踪率、追踪到位率。

4.2.2.6 病人发现和登记治疗情况：包括就诊率、痰检率、涂阳检出率、涂阳病人登记率、新涂阳病人登记率、活动性肺结核患者登记率、新涂阳患者治愈率、初治涂阴患者完成治疗率等。

4.2.2.7 医防合作情况：主要网络报告者的追踪与“县（区）结核病防治机构肺结核患者和疑似肺结核患者追踪情况登记本”填写质量；综合医疗机构肺结核病人的发现、登记、报告、转诊及转诊到位情况，报告病人的追踪率、追踪到位率和总体到位情况符合要求。

4.2.2.8 涂阳患者密切接触者检查率达到95%以上，病人检出率≥2%。

4.2.2.9 门诊工作质量：主要检查包括“初诊患者登记本 ”“结核病患者登记本”“病案记录本”填写质量及其与其他登记本填写内容的一致性和规范性；病人诊断和治疗方案的合理性；病案信息采集与书写的规范情况；患者及家属治疗前开展健康教育情况；病案信息录入的及时率和转归信息录入的完整情况。

4.2.2.10 药品管理：有专人负责药品管理工作；有独立的药房或结核病药品专柜；有防鼠、防盗措施和消防设施；有药品管理制度、需求计划，保证药品不间断供应，无中断情况；有药品出入库凭

单，病案与发药登记本记录信息一致，药品使用遵循“先进先出，后进后出”的原则，药品过期失效报废率控制在3%以内；药品账目清楚，账目与实物库存一致，报表数据信息准确无误。

4.2.2.11　督导：督导范围包括乡镇卫生院、同级综合医疗机构。指导乡镇卫生院开展病人的发现、登记、报告和转诊推荐，落实病人督导员，指导落实直接面视下的督导化疗；指导综合医疗机构病人的发现、登记、报告和转诊等工作。

查看督导计划的完成情况、督导资料的规范管理情况，如督导通知、督导记录、督导总结报告及影像资料等。

4.2.2.12　病人治疗管理情况：督促和指导乡级确定病人督导员，落实病人直接面视下的督导化疗和第2、5、6/8月末的随访复查；抽查随访病人，了解乡、村两级病人管理工作情况和药物不良反应的处理，评价和判定治疗效果。

4.2.2.13　财务管理：建立结核病防治经费及项目专账，准确反映结核病防治专项经费及项目经费拨付情况；检查经费到位情况，是否按照上级工作计划或项目实施方案规定的开支类别合理使用经费，做到专款专用；账目符合财物管理规定；各种激励费的发放及审批程序完善合理；按时完成并上报财务报表等。

4.2.2.14　实验室工作开展情况：有独立实验室，而且结构布局合理；有经过培训的专职工作人员；有实验操作规程和各种规章制度并上墙；有开展痰涂片检查细菌分离培养等相关工作的仪器设备、试剂和耗材；废弃物的无害化处理、消毒等实验室生物安全符合本《规范》要求；“痰涂片检查登记本”填写质量及其与“初诊患者登记本”和“结核病患者登记本 ”吻合一致；按要求规范开展细菌培养工作，及时运送菌株；规范保存痰涂片、培养管；接受上级督导；按要求完成盲法复检工作；按时上报实验室各类报表。

4.2.2.15　培训：对本级综合医疗机构和乡镇卫生院的培训。培训有计划、通知、日程、报到册和影像资料等。

4.3　实施新型结核病防治服务体系建设县(市、区)疾病预防控制机构(结核病防治机构)督导

4.3.1　职责与要求

4.3.1.1　协助卫生行政部门组织管理辖区内的结核病防治工作。

4.3.1.2　除肺结核病人诊断和规范治疗以外的综合防治工作，包括培训、宣传、督导、药品管理、实验室工作及质控等工作。

4.3.1.3　信息监测、分析和报告。

4.3.1.4　宣传与健康促进。

4.3.2　督导内容

根据《甘肃省结核病防治服务体系建设工作实施方案》，已建立新型结核病防治服务体系的县（市、区）疾病预防控制机构（结核病防治机构）督导内容如下。

4.3.2.1　协助制定县（市、区）结核病防治工作规范、工作计划和组织考核。

4.3.2.2　组织开展对本级定点医院、综合医院和基层医疗卫生机构人员进行培训、督导、考核。查相关记录。

4.3.2.3　制定本县（市、区）药品需求计划，根据定点医院需求为其提供免费抗结核药品。按药品管理手册管理药品。查药品先进先出、后进后出记录，药损控制在3%以内。

4.3.2.4　与定点医院建立沟通协作机制，指导和协助定点医院患者发现、登记、报告、转诊、治疗管理和涂阳病人家属筛查等工作规范运行。查相关记录。

4.3.2.5　督促、指导基层医疗卫生机构对患者的追踪、随访及治疗管理工作。基层1～2个月督导一

轮次。查相关记录，要求有督导通知、督导记录和督导报告或通报。

4.3.2.6 负责肺结核患者的督导管理工作，对网络报告但未及时到定点医院就诊的肺结核患者进行追踪，对中断治疗的患者进行随访。查相关记录。

4.3.2.7 定期检查和指导定点医院疫情报告、院内转诊、执行国家对肺结核可疑症状者及患者的免费检查（诊疗）政策落实工作。

4.3.2.8 对定点医院结核病实验室检查结果、实验室质量保证和生物安全按照相关要求进行抽查、复核、评估。

4.3.2.9 组织开展结核病健康促进和宣传工作。查相关记录。

4.3.2.10 协调大疫情网络管理员，给定点医院分配账户权限。

4.3.2.11 定期对结核病防治工作进行分析评价，编制并上报报表和工作总结。

4.4 县(市、区)定点医院督导

4.4.1 县（市、区）定点医院工作职责：定点医院的结核病防治工作须满足本《规范》之总体工作目标。

4.4.1.1 病人发现、诊断治疗、登记报告、网络信息录入和治疗管理。

4.4.1.2 痰检及耐药监测。

4.4.1.3 涂阳病人家属筛查。

4.4.1.4 宣传与健康促进。

4.4.1.5 落实肺结核可疑症状者的免费检查和医保相关政策。诊疗过程符合肺结核临床路径。

4.4.2 督导内容

4.4.2.1 建立主管院长领导下的结核病诊断治疗工作制度，明确各相关部门（结核门诊、结核病房、药房、实验室、放射科、医务科、公共卫生科等）工作职责，建立院内肺结核诊断、治疗、转诊、报告工作机制。

4.4.2.2 设立结核门诊、结核病房、结核病实验室，落实专业人员，配置电话、电脑、打印机等相关办公设施，开通专用网络。按照国家政策为肺结核可疑症状者及患者提供免费检查（诊疗）服务，落实新农合及基本医疗保险政策（包括门诊政策）。

4.4.2.3 建立患者登记、报告、院内转诊工作流程及考核奖惩制度，定期由公共卫生科（或其他指定科室）组织对相关科室督查，并将督查结果进行院内通报。

4.4.2.4 按照《指南》要求建立“三本”（“初诊患者登记本”“结核病患者登记本”“痰涂片检查登记本”）、确诊肺结核患者“病案记录”和“涂阳肺结核病人家属筛查登记本”，负责结核病信息管理系统（专报）信息录入工作，病案信息及时录入率、完整率和系统管理率符合要求，“三本”及病案记录填写规范，保存整齐。门诊诊疗患者使用标准化治疗方案，住院诊疗患者诊疗符合临床路径。

4.4.2.5 消毒及个人防护符合感染控制规范要求。

4.4.2.6 建立结核病免费药品专柜，专人负责，按要求管理结核病免费药品。了解定期向疾病预防控制中心提供剩余药品数量、有无过期药品、有无破损药品等信息。及时到疾病预防控制中心领取免费抗结核药品。为患者提供免费抗结核药品，药品发放出入账物相符。

4.4.2.7 对患者及其家属进行结核病知识健康教育，开展“3·24”结核病宣传活动。

4.4.2.8 定期与疾病预防控制中心沟通，召开医防合作例会，及时将患者信息传递给疾病预防控制中心。

4.4.2.9 接受疾病预防控制中心的业务指导、培训、督导。

4.4.2.10 定期向疾病预防控制中心报工作报表和工作报告。

4.5 综合医疗机构督导

综合医疗机构包括非结核病定点医院的其他综合医院、保健院（站）、民营医院等。

4.5.1 职责与要求

4.5.1.1 建立门诊日志制度，发现活动性肺结核或肺结核可疑症状者首先进行登记，然后进行网络报告，之后开具“结核病转诊三联单”负责将病人转诊到定点医院。

4.5.1.2 按要求参加疾病预防控制中心举办的结核病控制相关培训。

4.5.2 督导内容

4.5.2.1 建立健全分管院长领导下的院内肺结核及可疑症状者报告、转诊工作机制。

4.5.2.2 有公共卫生科（或其他指定科室）每日收集各相关科室的疫情报告卡并进行网络直报，定期将“转诊单”寄或送至定点医院。

4.5.2.3 门诊或病房医生发现病人或肺结核可疑症状者，按规定进行登记、报告，开具三联“转诊单”及时转诊到定点医院，转诊单填写规范。

4.5.2.4 “综合医院肺结核患者和疑似肺结核患者转诊登记本”填写质量规范。

4.6 基层医疗卫生机构督导

基层医疗卫生机构包括乡（镇）卫生院、社区医疗服务中心、辖区内民营医疗机构等。

4.6.1 职责与要求

4.6.1.1 病人发现：发现活动性肺结核或可疑症状者进行登记后推荐到县级定点医院进行进一步诊治。

4.6.1.2 病人治疗管理：接到县（市、区）级定点医院或疾病预防控制中心“肺结核病人治疗管理通知单”，按要求落实督导员进行面对面接交病人，落实DOTS治疗管理。

4.6.1.3 涂阳病人家属筛查：对辖区内涂阳肺结核病人家属进行筛查。

4.6.1.4 对其他医疗机构报告的转诊未到位的辖区内的病人或可疑者进行追踪。

4.6.1.5 对村医或督导员进行培训。

4.6.1.6 对辖区内涂阳病人家属进行筛查。

4.6.2 督导内容

4.6.2.1 有专人负责结核病防治工作。

4.6.2.2 将发现的肺结核或疑似肺结核患者及可疑者进行推荐。查传染病登记本和结核病转诊报告登记本。

4.6.2.3 开展追踪工作。社区卫生服务中心/乡卫生院收到“肺结核患者治疗管理通知单”后，必须在3天内访视村卫生室（社区卫生服务站）医生和患者。查相关登记记录本。

4.6.2.4 对辖区内涂阳肺结核密切接触者进行筛查或推荐或动员就诊。

4.6.2.5 查辖区内患者治疗管理落实情况，是否对每位患者在全疗程中至少访视4次，观察毒副反应；动员患者按时送痰复查。

4.6.2.6 查村医或督导员培训工作相关资料。

4.7 村医/督导员督导

村医及督导员包括村医、家庭督导员、志愿者督导员。

4.7.1 职责与要求

4.7.1.1 具体负责病人的治疗管理，落实直接面视下的督导化疗和记录。

4.7.1.2 动员患者按时送痰复查、取药。

4.7.1.3 观察涂阳病人家属肺结核症状情况，动员家属接受检查。

4.7.1.4 对网络报告的可疑者及时进行追踪，动员他们及时就诊。

4.7.1.5 对村民进行结核病防治知识宣传教育。

4.7.2 督导内容

4.7.2.1 查每季度病人管理人数量，患者是否在直接面视下服药，服药记录是否规范完整。

4.7.2.2 是否动员患者按时送痰复查。

4.7.2.3 是否动员涂阳病人家属接受检查。

4.7.2.4 是否按“追踪通知单”要求及时追踪可疑者。

4.7.2.5 了解村民结核病知识宣传情况及村民知晓率。

（王克俭编写，何钰珏审）

（本章约25千字）

第八章　感染预防与控制

肺结核是呼吸道传染病，主要通过近距离飞沫传播。做好结核病防治机构和医疗卫生机构内的感染预防与控制工作，可以防止和避免交叉感染，从而预防及减少结核分枝杆菌在结核病防治机构和医疗卫生机构内的传播，为结核病防治机构和医疗卫生机构工作人员和患者及其家属提供安全的环境。结核病感染预防与控制措施主要由管理措施、环境控制和个人防护三部分组成。

1　管理措施

管理措施是有效预防与控制结核分枝杆菌传播的第一道防线，是环境控制措施和个人防护措施顺利开展的基础和前提，是最重要的控制措施。它通过应用管理控制措施来阻止飞沫的产生，从而降低医务人员及其他陪护人员暴露于结核分枝杆菌的风险。管理措施包括加强组织领导、开展本单位结核感染危险性评估、制订结核感染预防与控制计划、建立健全感染预防与控制规章制度、落实《传染病防治法》《医院感染管理办法》及其相关技术性标准、规范，对机构中相关工作人员开展感染预防与控制、职业安全防护等技术培训和开展预防结核感染的宣传教育。

1.1　加强组织领导，重视结核病感染预防与控制

医疗卫生机构应当将结核病的感染预防与控制工作纳入本机构感染管理的组织体系，并由业务能力较强的临床医护人员、感染管理人员组成感染控制技术小组，以加强对结核病感染控制的技术指导。

1.2　开展本机构肺结核感染危险性评估

危险性评估的内容包括：统计本机构及机构中特定区域每年发现的传染性肺结核患者数；统计传染性肺结核患者在本机构或机构中特定区域的停留时间；本机构或机构中特定区域是否存在导致空气中结核分枝杆菌浓度上升的因素，如环境通风、中央空调、痰液收集等方面。根据上述内容确定本机构及机构中特定区域的危险级别。易发生结核分枝杆菌交叉感染的高危环境包括：

1.2.1　候诊室和走廊：肺结核患者及其家属所处的候诊室和走廊，人流量较大，人群密集，所有在此驻留过的人员均易感染。

1.2.2　门诊、急诊：该区域空间相对狭小，接诊的医师和护士较易感染。

1.2.3　病房：通风状况不良的结核病病房，除了临床医师和护士外，其他患者以及陪护人员和探视人员等也较易感染。

1.2.4　实验室和放射检查室：该区域相对密闭，较易发生感染，尤其是从事痰涂片和结核分枝杆菌培养的人员更易感染。

1.3　制订本机构的结核病感染预防与控制计划

根据本地区结核病和艾滋病流行情况、本机构的诊疗条件等，制定本机构结核病感染预防与控制计划，并确定专门机构或专人负责计划的实施。结核病感染预防与控制计划应当包括以下内容：

1.3.1　本机构中结核病感染危险区域、危险场合的界定以及危险级别的确定。

1.3.2　采取的结核病感染预防与控制措施。

1.3.3 所需要的基本条件和设备。

1.3.4 涉及的相关工作人员及其职责。

1.3.5 时间安排和经费预算。

1.4 建立健全结核病感染预防与控制的规章制度和工作规范

建立健全结核病防治人员工作制度、接诊制度、卫生管理制度、消毒隔离制度、感染监测制度、污物处理制度和个人防护制度等，并指定专人负责监督和检查各项管理制度的落实。

1.5 开展感染预防与控制、职业安全防护的技术培训，提高自我防范意识

为可能暴露于有结核分枝杆菌环境的结核病防治机构和医疗卫生机构工作人员提供感染预防与控制的培训，使他们理解结核病感染预防与控制工作的重要性，结核病感染预防与控制计划要采取的行动，自己在执行计划过程中的职责以及起到的作用。根据结核病防治机构和医疗卫生机构工作人员的工作性质开展有针对性的培训，培训分为岗前培训和继续培训，对新上岗人员应进行岗前培训，以后每年应进行一次知识更新的培训，培训内容应根据实际情况做适当调整。

1.6 开展预防结核病传播的宣传教育

在接诊肺结核患者和疑似肺结核患者时，应对其进行预防结核病传播的宣传教育，使其掌握减少结核病传播的简单方法，降低飞沫传播感染他人的可能性。这些措施包括：

1.6.1 咳嗽或打喷嚏时应转头，避免正对他人。

1.6.2 咳嗽或打喷嚏时用手或纸巾遮盖口鼻。

1.6.3 使用带盖的痰盂。

1.7 医疗单位结核感染的高危场所的管理措施

1.7.1 门诊的管理措施

1.7.1.1 候诊室应通风良好，并在候诊区域设立标牌，提醒患者“咳嗽时请掩住口鼻”，并提倡门诊为患者提供纸巾或口罩等。

1.7.1.2 高度怀疑为耐药肺结核的患者应使用单独的诊室和候诊室，尤其注意与免疫功能低下的患者（例如 HIV 感染者）或者儿童患者的候诊室应分开。

1.7.1.3 如果不能为肺结核可疑症状者或肺结核患者提供单独的候诊室，应安排这些患者优先诊治，以降低其在门诊停留的时间，从而降低感染他人的风险。

1.7.1.4 检查室中每次只能为一人进行检查，防止患者的交叉感染。

1.7.2 住院患者的管理措施

1.7.2.1 应将肺结核患者安置在单独的病房或隔离病区，病房的通风良好，病床置于病房的下风向。

1.7.2.2 患者应该尽早做痰涂片检查，尽量缩短检查时间，痰涂片阳性患者，结果一出来就开始抗结核治疗。

1.7.2.3 结核病患者不应该与其他患者在同一候诊区等候检查，应该优先安排结核病患者的各种检查，缩短患者在病房外停留的时间。

1.7.2.4 患者离开病房时应该佩戴外科口罩。

1.7.2.5 应该指导患者在咳嗽、打喷嚏时遮住口鼻，即使在自己的病房内也不例外。

1.7.2.6 医务人员应该尽量避免在不必要的情况下进入隔离病房；同样，应该严格控制进入隔离病房进行探视的家属人数，并且每个进入隔离病房的人员都应该佩戴防护口罩（N95）。

1.7.2.7　除非在紧急情况下，隔离病房患者传染期最好不进行手术。

1.7.3　实验室管理措施

1.7.3.1　建造安全防护实验室（BSL Ⅰ—Ⅳ）。

1.7.3.2　使用安全设备和个体防护用品。

1.7.3.3　遵从严格的管理和标准化操作规程等措施。

对社区居民进行宣传教育，增强公众的自我保护意识。要采用宣传画、宣传栏、电视录像、宣传单和告示等不同形式，对来院就诊患者及其陪护人员和探视人员，结核病防治机构和医疗卫生机构周边社区居民进行预防结核病感染知识的宣传。

2　环境控制

环境控制是在医疗卫生机构预防结核分枝杆菌感染的第二道防线，主要作用是降低空气中飞沫浓度。通常情况下，很难消除各类人群暴露于结核分枝杆菌的风险，这就需要在高危区域使用多种环境控制措施以降低空气中的飞沫浓度。这些措施包括自然通风、机械通风、消毒和使用高效微粒空气过滤器等。

2.1　自然通风

自然通风是一种最简单、最低廉的环境控制措施。通过打开的门窗等通路确保室内外空气流动畅通，以降低飞沫的浓度，从而控制结核感染。存在结核病传染危险的机构及机构内的特定区域，应保持良好的通风（最好是通路相对），避免通风不畅、拥挤不堪。对于自然通风不畅的房间，可对房间进行重新设计或改造，以确保有良好的通风条件。应注意的是某一房间的通路应直接通往户外，而不是通往其他病区或候诊室。

2.2　机械通风

机械通风是一种较复杂、较昂贵的环境控制措施。在自然通风不良或不能进行自然通风的条件下，可采取机械通风，以降低飞沫浓度。机械通风采用窗扇、排气扇等加强室内外空气的流动，或应用负压装置造成一定区域负压状态，使空气从邻近区域吸入后直接排放到室外，从而降低区域内飞沫浓度。

2.3　消毒

肺结核门诊、指定的专门实验室和放射检查的病区，可根据实际情况酌情选用下述消毒措施。

2.3.1　空气消毒

空气消毒应当根据实际情况选用，并必须在无人且相对密闭的环境中进行（消毒时关闭门窗），严格按要求操作，消毒完毕后方可打开门窗通风。空气消毒的方法有：

2.3.1.1　紫外灯照射消毒：可选用产生较高浓度臭氧的紫外线灯，以利用紫外线和臭氧的协同作用。一般按每立方米空间装紫外线灯瓦数≥1.5 W，计算出装灯数。考虑到紫外线兼有表面消毒和空气消毒的双重作用，可安装在桌面上方1 m处。30 W的灯有效消毒距离为2 m，一般一间高3 m、面积15 m^2的门诊室需要30 W/支的紫外灯3支。还可采用活动式紫外线灯照射。照射时间一般均应大于30 min，每周1～2次。新灯的辐照强度不得低于90 W/cm^2，使用中紫外线的辐照强度不得低70 W/cm^2，凡低于70 W/cm^2者应及时更换灯管。注意灯管的清洁防尘，以保证杀菌效果。消毒效果还受温度、湿度、光照、距离等因素的影响。最好能对紫外线照度进行测定，紫外灯测量方法：指示卡监测方法及数字式紫外辐射照度计监测方法。

2.3.1.2　熏蒸或喷雾消毒：可采用化学消毒剂熏蒸或喷雾消毒，每周1～2次。常用的化学消毒剂有：

2.3.1.2.1 过氧乙酸：将过氧乙酸稀释成0.5%～1.0%水溶液，加热蒸发，在60%～80%相对湿度，室温下，过氧乙酸用量按1 g/m³计算，熏蒸时间2 h。

2.3.1.2.2 过氧化氢复方空气消毒剂：市售品以过氧化氢为主要成分，配以增效剂和稳定剂等，一般用量按过氧化氢50 mg/m³计算，采用喷雾法，在相对湿度60%～80%，室温下作用30 min。

2.3.1.2.3 季铵盐类消毒液：采用双链和单链季铵盐，配以增效剂和稳定剂制成的空气消毒剂。每立方米喷1.2 ml（折合药物浓度10 mg/m³左右），作用30 min。

2.3.2 地面和物体表面的清洁和消毒

地面、物体表面应当每日定时清洁，有污染时按以下方法消毒：

2.3.2.1 地面要湿式拖扫，用0.1%过氧乙酸拖地或1000～2000 mg/L有效氯消毒剂喷洒（拖地）。

2.3.2.2 桌、椅、柜、门（门把手）、窗、病历夹、医用仪器设备（有特殊要求的除外）等物体表面可用1000～2000 mg/L有效氯消毒剂擦拭消毒。

2.3.3 其他物品消毒及处理

2.3.3.1 每病床须设置加盖容器，装足量1000～2000 mg/L有效氯消毒液，用作排泄物、分泌物随时消毒，作用时间30～60 min。消毒后的排泄物、分泌物按照结核病防治机构和医疗卫生机构生物安全规定处理。每天应当对痰具进行高压灭菌或高水平消毒。

2.3.3.2 患者使用的便器、浴盆等要定时消毒，用1000～2000 mg/L有效氯消毒液浸泡30 min。

2.3.3.3 呼吸治疗装置使用前应当进行灭菌或高水平消毒，尽量使用一次性管道，重复使用的各种管道应当在使用后立即用2000 mg/L有效氯消毒液浸泡，浸泡30 min后再清洗，然后进行灭菌处理。

2.3.3.4 每个诊室、病房备单独的听诊器、血压计、体温计等物品，每次使用前、后用75%的乙醇擦拭消毒。

2.3.3.5 患者的生活垃圾和医务人员使用后的口罩、帽子、手套、鞋套及其他医疗废弃物均按《医疗废物管理条例》及《医疗卫生机构医疗废物管理办法》执行。

2.3.4 终末消毒

患者出院、转院、死亡后，病房必须按照上述措施进行终末消毒。

2.4 高效微粒空气过滤器

高效微粒空气过滤器主要适用于有限患者的较小区域或较小且相对封闭的区域。它可以随意放置或被暂时固定在地板或天花板上，以最大限度地减少室内空间的占用，但此种方式较昂贵且必须及时对过滤器进行清洗和维护。目前认为，只在隔离房间安装空气过滤器是一个较经济有效的措施。这种装置独立于中央空调系统，价格较低，而起到的保护作用可能比对整个建筑物进行过滤还要明显。总之，空气过滤器在控制结核病中的作用仍然是有限的，且受经济条件的影响。

3 个人防护

个人防护是被推荐的第三步控制措施，是管理控制和环境控制的有益补充，是在管理措施和环境控制仍不能有效降低飞沫浓度的情况下，通过让结核病患者佩戴普通口罩、医务人员佩戴防护性面罩（例如：N95）等措施进行防护，保护特定人群。

3.1 结核病患者佩戴普通口罩

合适的口罩能够阻止病原微生物通过佩戴者口鼻扩散到他人，但不能防止佩戴者吸入传染性飞沫。因此，佩戴合适的口罩能减少戴口罩者传染他人的风险。肺结核可疑症状者或肺结核患者在结核病防治机构及医疗卫生机构就诊时，应尽可能戴口罩。疑似或已知传染性肺结核患者在离开隔离室进行必要的医学检查或转诊时，也应佩戴合适的口罩。教会患者正确佩戴合适的口罩，是发挥口罩预防作用的重要前提。

3.2　医务人员佩戴防护性口罩

防护性口罩是一种特殊类型的面罩（例如：N95），具有一定标准的滤过能力，与面部结合更紧密，能更好地覆盖口鼻，能阻止传染性结核分枝杆菌微粒的通过，起到预防和控制感染作用，但价格较高。有条件的机构可为医务人员提供防护性口罩来防止医务人员吸入传染性飞沫。

3.3　消毒方法

3.3.1　物理消毒法

3.3.1.1　煮沸消毒：一般含有结核分枝杆菌的物品，持续煮沸10 min以上。

3.3.1.2　高压蒸气灭菌：在121.3 ℃（0.1 MPa）持续30 min的消毒。

3.3.1.3　紫外线消毒：对结核患者的衣物、被褥等，经过太阳3～4 h的照射，达到消毒效果、结核病诊室、实验室采取紫外线灭菌灯常规消毒。

3.3.2　化学消毒法

3.3.2.1　70%～75%的酒精：用于手的消毒，不能用于痰的消毒。

3.3.2.2　石炭酸液：用5%的石炭酸与等量的痰液混合，需24 h杀灭结核菌。

3.3.2.3　来苏儿液：5%～10%的来苏儿液用于带结核菌的标本和动物尸体的浸泡消毒。

3.3.2.4　甲醛液：对痰内结核分枝杆菌需24 h才杀死。

（辜吉秀编写，葛秀群审）

（本章约10千字）

第九章　结核病实验室检查

1　机构、人员和职责

结核病实验室检查是发现传染源的最主要手段，是结核病确诊、治疗方案选择、疗效考核的主要依据。2011年世界卫生组织（WHO）发布全球结核病控制报告，全球只有64.7%的结核病人和18%的耐多药结核病人得到诊断，结核病的早期发现和耐多药结核病（MDR-TB）的确诊成为结核病控制优先发展的领域，因此，加快全省结核病实验室机构建设，明确职责，配备足够的人力资源，加强实验室能力建设，确保安全和有效地实施新诊断技术，成为当期结核病控制策略有效实施的保证。

1.1　机构

从省到市（州）、县（区）结核病防治机构中都应设立结核病检测实验室，并纳入全国结核病实验室网络服务体系。全省结核病实验室网络架构中，包括各级结核病防治机构的结核病实验室和开展结核菌检查项目的各医疗卫生机构检验科。全国结核病实验室网络框架见图9-1。

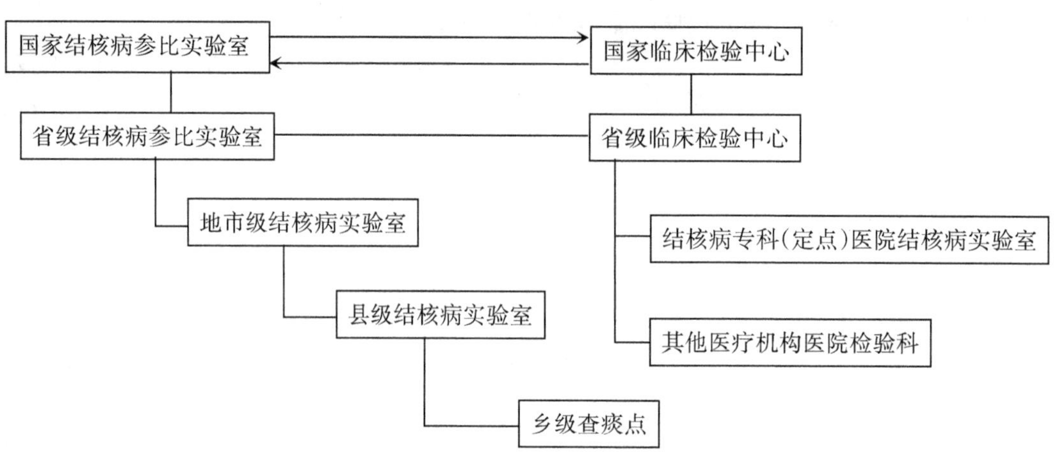

图9-1　全国结核病实验室网络框架

省、市（州）、县（区）级疾病预防控制机构中从事结核病防治工作的专业科（所、室）或卫生行政部门指定的承担相应职能的医疗卫生机构内应设立结核病实验室；乡镇卫生院（社区卫生服务中心）内根据具体情况设立痰检点。

1.2　人员要求

各级疾病预防控制机构或卫生行政部门指定的医疗卫生机构根据其职责、工作任务、所在地域或服务人口、质量控制和其他实验室开展特殊的工作等因素，合理配置结核病实验室相应专业技术人员从事结核菌检测工作，工作人员应清楚工作职责，经过足够的培训，能正确操作所从事的工作。

1.2.1　各级人员配置参考标准

1.2.1.1　省级机构中结核病实验室至少由6名有经验的专业技术人员组成，并根据所辖区人口数量适当增加人员。超过1000万人口的省，每增加1000万人口增加1名工作人员。

1.2.1.2　市（州）级机构中结核病实验室至少由2名有经验的专业技术人员组成，并根据所辖区人口数量多少适当增加。超过100万人口的市（州），每增加200万人口增加1名人员。如果市（州）同时承担县（区）级的防治任务，要按照县（区）级的工作要求，增加相应数量的人员。

1.2.1.3　县（区）机构中结核病实验室至少由1名有经验的专业技术人员组成，并根据所辖区人口数量多少适当增加。超过10万人口的县（区），每增加40万人口增加1名人员。

1.2.1.4　结核病专科（定点）医院中结核病实验室至少由2名有经验的专业技术人员组成，并根据医院开放结核病人床位数多少适当增加。超过100张床位的每增加100张床位增加1名人员。

1.2.1.5　其他医疗卫生机构检验科应设专职或兼职结核病实验室专业技术人员，可根据实验室开展的结核病服务项目和日常工作量的多少适当配置人力资源。

1.2.1.6　乡（镇）卫生院（社区卫生服务中心）中，如果设立痰检点，应设专职或兼职结核病实验室专业技术人员。

1.3　结核病实验室技术人员资质要求

须具备卫生检验或微生物检验相关专业，或经过县（区）级以上卫生行政部门或业务主管部门组织的相关技术培训，考核合格后方可上岗。

1.4　职责

各级结核病参比实验室或医疗卫生机构中结核病实验室须履行下列职责：

1.4.1　省级

1.4.1.1　负责全省结核病实验室工作计划的制订和实施，完善结核病实验室网络建设。

1.4.1.2　开展结核病实验室培训和督导等工作，为全省各级结核病实验室提供技术支持，并接受国家结核病参比实验室的指导。

1.4.1.3　根据国家结核病实验室质量保证体系的要求，组织实施全省结核病实验室的质量保证工作。

1.4.1.4　实施和推广国家结核病实验室临床检验操作规范，按国家统一的标准化操作程序，在常规开展传统结核病实验室检查项目外，开展分子生物学快速检测项目，满足当地疾病预防机构或医疗机构开展结核病诊断、治疗和应急处置等工作的需要。有条件的省级参比实验室可建立符合国家相关规定的分枝杆菌菌株库。

1.4.1.5　开展有关科研活动和应用性研究工作。

1.4.1.6　收集、分析和反馈全省结核病实验室质量控制数据，按有关规定向国家结核病参比实验室上报各类表格和资料。

1.4.1.7　承办上级机构和本级卫生行政部门交办的其他工作。

1.4.2　市(州)级

1.4.2.1　制订本市（州）结核病实验室工作计划。

1.4.2.2　组织实施本市（州）痰涂片镜检的盲法复检和现场评估，并按要求向省参比实验室报告结果。

1.4.2.3　实施和推广国家结核病实验室临床检验操作规程，按国家统一的标准化操作程序常规开展传统结核病实验室检查项目，因地制宜，有条件的市（州）开展分子生物学快速诊断技术，满足当地疾病预防机构或医疗机构开展结核病诊断、治疗和应急处置等工作的需要。

1.4.2.4　负责本地区结核病相关实验室的质量保证和生物安全评估，对县（区）级实验室提供技术支持，培训所辖县（区）结核病实验室技术人员，监督辖区内检验人员培训后上岗制度。

1.4.2.5　定期对本地区结核病专科（定点）医院结核病相关的检查项目的检查结果，按照相关要求进行抽查、复核。

1.4.2.6 负责本地区结核病突发疫情的应急处置工作。

1.4.2.7 接受上级相关实验室的督导、检查和业务指导。

1.4.2.8 承办上级结核病防治机构和本级卫生行政部门交办的其他工作。

1.4.3 结核病定点医院结核病实验室

1.4.3.1 医疗结构结核病实验室开展结核病实验室细菌学检查和分枝杆菌培养，并接受本地区和上级结核病实验室的质量控制。

1.4.3.2 负责门诊和住院患者的结核病相关实验室检查。

1.4.3.3 实施和推广国家结核病实验室临床检验操作规程，按国家统一的标准化操作程序，根据国家有关规定常规开展传统结核病实验室检查项目，因地制宜，有条件的宜开设分子生物学快速诊断新方法，满足当地疾病预防或医疗机构开展结核病诊断、治疗和应急处置等工作的需要。

1.4.3.4 业务上接受同级和上级相关专业实验室的质控。

1.4.3.5 按照相关要求报送资料。

1.4.4 其他医疗机构检验科

1.4.4.1 负责门诊可疑患者的结核病相关实验室检查。

1.4.4.2 实施和推广国家结核病实验室临床检验操作规程，按国家统一的标准化操作程序常规开展抗酸杆菌涂片镜检工作，有条件的医疗机构检验科也可以开展分枝杆菌分离培养工作，满足医疗机构对结核病诊断工作的需要。

1.4.4.3 接受同级和上级结核病实验室的质量控制、技术培训和现场督导。

1.4.4.4 按照相关要求报送资料。

1.4.5 县(区)级结核病实验室

1.4.5.1 制订本县（区）结核病实验室检查的工作计划。

1.4.5.2 实施和推广国家结核病实验室临床检验操作规程，按国家统一的标准化操作程序常规开展痰涂片检查工作，根据实际情况，有能力、具备条件的实验室可以开展分枝杆菌的分离培养，满足当地疾病预防或医疗机构对结核病诊断、治疗和应急处置等工作的需要。

1.4.5.3 定期对本地区结核病专科（定点）医院结核病相关的检查项目的检查结果，按照相关要求进行抽查、复核。

1.4.5.4 负责本地区结核病相关实验室的质量保证和生物安全评估工作。

1.4.5.5 负责本地区结核病突发疫情的应急处置工作。

1.4.5.6 对辖区内结核病专科（定点）医院结核病实验室、其他医疗卫生机构检验科及乡镇卫生院查痰点的工作提供技术支持。

1.4.5.7 接受上级实验室的督导、检查和业务指导。

1.4.5.8 承办上级结核病防治机构和本级卫生行政部门交办的其他工作。

1.4.6 乡级查痰点

1.4.6.1 实施和推广国家结核病实验室临床检验操作规程，按国家统一的标准化操作程序常规开展痰涂片检查工作。

1.4.6.2 接受上级实验室的培训、现场督导和技术指导。

1.5 基本工作条件

根据各级机构的职责和任务，参照医疗卫生机构的相应建设标准提供工作用房，配置相应的仪器设备；参照实验室生物安全通用要求保证实验室用房达到生物安全标准，要有单独的办公用房。

1.5.1 房屋参考标准

根据工作需要，提供用房：

实验室用房参考标准

功能	收集标本登记	涂片镜检	培养	药敏及鉴定	分子生物学检测	培养基制备	储存室	消毒洗刷	培训/会议室
面积/m²	12	15	15	25	60	15	10	10	20

注：除工作区外，还应设置独立于实验区以外的办公区。是否设立4 ℃冷库和37 ℃温室视具体工作而定，不作为基本要求内容。

1.5.2　设施和设备要求

根据我国《病原微生物实验室生物安全管理条例》《实验室生物安全通用要求》和《人间传染的病原微生物名录》的要求，根据实验室开展结核分枝杆菌检查的项目不同，对实验室的设施和设备要求不同，对实验室设施基本要求具体参见各章节。对实验室设备的要求，基于不同的检测项目。

不同实验室检测项目所需基本设备

设备 项目	涂片（BSL-2）	培养（BSL-2）	药敏、鉴定（BSL-2及以上）	分子生物学
必配设备	Ⅱ级生物安全柜、蒸汽高压灭菌器、紫外灯、定时器、双目普通光学显微镜（配油镜头）或LED荧光显微镜、洗眼器、医用冰箱、天平	Ⅱ级生物安全柜、蒸汽高压灭菌器、紫外灯、定时器、恒温培养箱、洗眼器、4 ℃冷藏冰箱、医用冰箱、涡旋振荡器、天平	Ⅱ级生物安全柜、蒸汽高压灭菌器、紫外灯、定时器、恒温培养箱、洗眼器、4 ℃冷藏冰箱、医用冰箱、涡旋振荡器、环形加热炉（灭菌接种环用）、分析天平、加热板、蒸汽凝固灭菌器、酸度测定仪、干烤箱	Ⅱ级生物安全柜、蒸汽高压灭菌器、移动紫外灯、混匀器、微量加样器、洗眼器、4 ℃冷藏冰箱、医用冰箱、水浴箱、加热板、高速台式冷冻离心机、迷你离心机、小型离心机、核酸扩增仪、电泳仪、电泳槽、超声波水浴锅、凝胶成像仪、微波炉等
选配设备		加热板、分析天平、高速台式冷冻离心机、蒸汽凝固灭菌器（若自制培养基）、酸度测定仪、干烤箱（若自制培养基）、分液蠕动泵（自制培养基）、高速台式冷冻离心机	蒸馏水制备装置（若自制蒸馏水）、分液蠕动泵（若自制培养基）、超低温冰柜（菌株保存）	核酸提取仪、杂交仪、扫描仪干燥仪、酶标仪、DNA扩增仪、紫外交联仪、PCR测序仪

1.5.3　实验室设计示意图

实验室设计示意图见图9-2—图9-4。

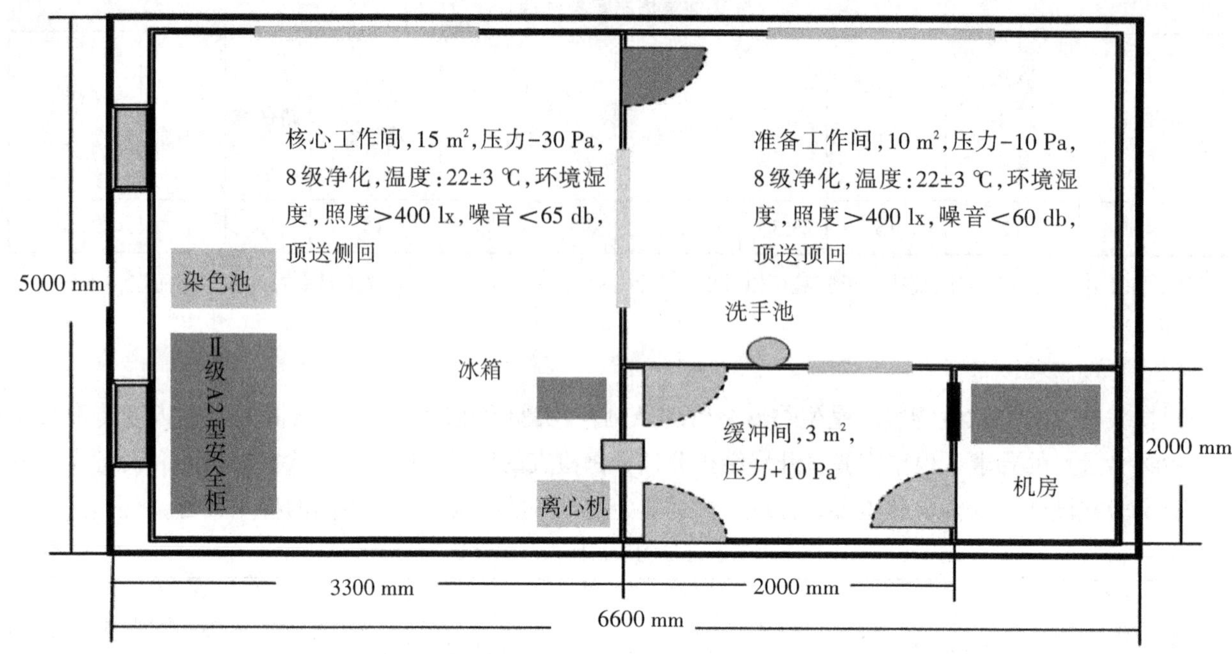

图9-2　涂片实验室设计示意图(要求尺寸：5000 mm×3300 mm×3600 mm×2)

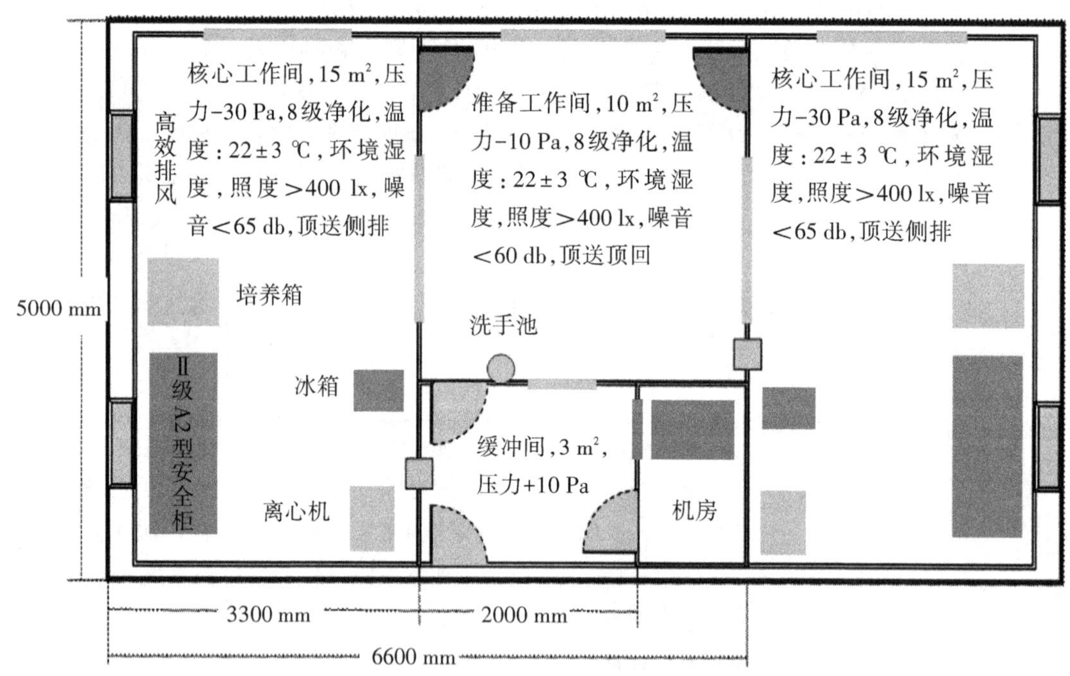

图9-3　分离培养、菌型鉴定及药敏实验室的设计示意图(尺寸要求：5000 mm×3300 mm×3600 mm×3)

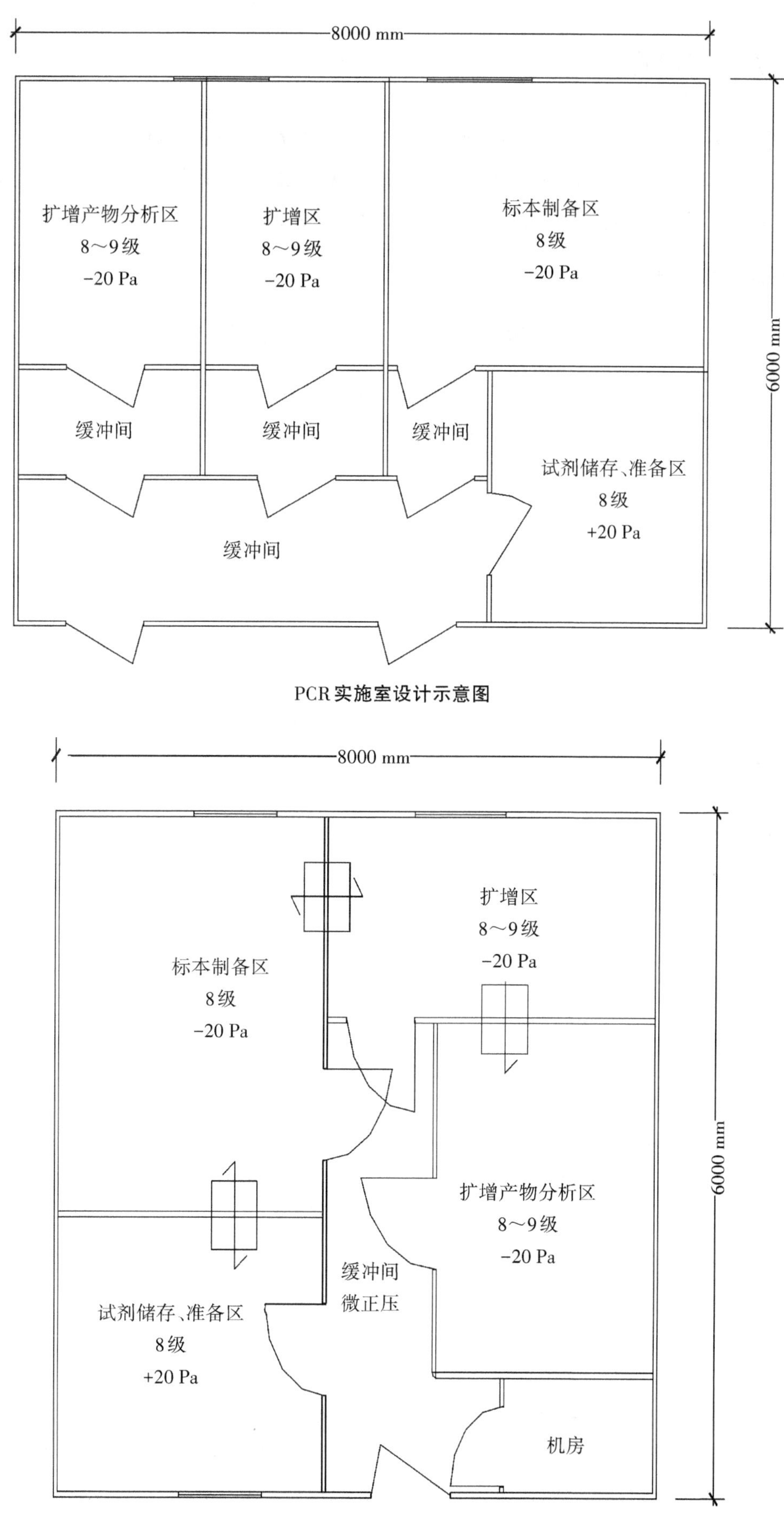

PCR 实施室设计示意图

PCR 实验室设计示意图

图9-4

2 痰涂片实验室检查

直接涂片镜检是诊断肺结核患者的基本实验室手段，因其方法简单、价格便宜而在全世界得到广泛普及和使用。积极引进LED荧光显微镜，以获得诊断肺结核的最大化效益。我国目前的结核病防治规划仍然要求初诊患者留取3个痰标本，包括即时痰、夜间痰和晨痰。

2.1 实验室基本要求

2.1.1 实验室应有明确分区（痰涂片染色区域和读片镜检区域），布局应该符合生物安全二级（BSL-2）防护的要求。

2.1.2 准入规定

2.1.2.1 实验室门上应该标有国际通用的生物危害警告标志。

2.1.2.2 只有经过批准的人员方可进入实验室工作区域，实验室的门应该随时关闭。

2.1.2.3 儿童不允许进入实验室工作区域。

2.1.2.4 动物不能进入实验室。

2.1.3 个人防护

2.1.3.1 实验室人员工作时，应该穿防护服、隔离衣，戴口罩（面具）和手套等。

2.1.3.2 工作人员接触感染性材料后，离开实验室前必须洗手。

2.1.3.3 不允许穿防护服到实验室外面，比如自助餐厅、咖啡馆、图书馆、办公室、卫生间。

2.1.3.4 实验室不能穿漏脚趾的鞋类。

2.1.3.5 禁止在实验室工作区域吃饭、喝饮料、抽烟、化妆和处理隐形眼镜。

2.1.3.6 禁止在实验室工作区域贮存食物或饮料；在实验室穿过的防护服不能和生活服饰放在同一个储物柜或壁橱中。

2.1.4 实验室设计和设施

2.1.4.1 实验室应有足够的空间实施实验室工作的安全行为以及清洁和维护。

2.1.4.2 实验室墙壁、天花板和地板应当光滑，易于清洁，不渗液以及耐化学品和消毒剂的腐蚀，地面应防滑。

2.1.4.3 实验操作台面应能耐热防水，耐消毒剂、酸、碱和有机溶剂的腐蚀。

2.1.4.4 实验室内应保证操作时的照明，避免不必要的反光和闪光。

2.1.4.5 实验室家具应该坚固，实验室台、柜橱和设备之间及下方的开放空间应该便于清洁。

2.1.4.6 实验室应有足够的空间贮存立即使用的物品，预防混乱地放在实验室上和走廊上。实验室也应该有供长期贮存物品的空间，通常位于实验室工作区域外面。

2.1.4.7 实验室也应该提供安全处理和贮存有机溶剂、压缩和液化的气体的空间和设施。

2.1.4.8 实验室工作区域外面应提供贮存外套、个人物品的设施。

2.1.4.9 实验室工作区域外面应提供吃饭、喝水和休息的设施。

2.1.4.10 每个实验室应设洗手池，最好靠近出口的门，如果可能的话，最好是自来水。

2.1.4.11 实验室的门应有可视窗，适当的防火等级，最好可自锁。

2.1.4.12 安全系统应包括消防器材、电力紧急装置、紧急喷淋装置、洗眼装置。

2.1.4.13 实验室应有可以使用的急救区，并配有急救及意外事故处理器材。

2.1.4.14 筹建新的实验室或改造旧的实验室，应该考虑机械通风系统提供没有内循环的内向流动的气流。如果没有机械通风，窗户应该打开，应安装防蚊虫的纱窗。

2.1.4.15 独立供应质量好的水是必要的。

2.1.4.16　实验室应有足够的电力供应和应急照明装置。

2.2　检测方法和流程

2.2.1　方法

在低收入国家或地区，从痰标本中直接涂片进行萋尔-尼尔逊染色镜检是最常用的结核病实验室诊断方法。萋尔-尼尔逊染色方法特异性比较高，在结核病高流行地区，敏感性较低（20%～80%），尤其在肺外结核和人类缺陷病毒（HIV）感染的结核病人中显著性较低。传统的荧光染色方法比萋尔-尼尔逊染色方法敏感性高10%，花费时间短，但是由于汞蒸气光源成本高、设备的日常维护以及需要暗室等原因限制了其临床应用。LED显微镜具有荧光显微镜的优点且不需要特殊的维护费用。2009年，世界卫生组织（WHO）将LED显微镜作为结核的新诊断技术，组织专家对其准确性和有效性进行评估，认为LED显微镜的准确性和国际参考标准相当，较传统的萋尔-尼尔逊染色方法更敏感，推荐在已使用荧光显微镜的地区，使用LED荧光显微镜替代传统的荧光显微镜，在正在使用传统的萋尔-尼尔逊明视野显微镜的地区可以分阶段逐步替代。

2.2.2　试剂

2.2.2.1　商品化试剂必须是经国家或省级食品药品监督管理局注册批准、在有效期内的试剂。

2.2.2.2　自配试剂：其配方必须来自《痰涂片镜检标准化操作及质量保证手册》《全国临床检验操作规程》《美国临床微生物手册（第九版）》或公认的权威书籍、部门。配制染色液应做好配制记录，避光保存，染色液的容器应注明染色液名称、浓度、配制时间、失效日期和配制人。

2.2.2.3　新采购、新配制的染色液：应使用未染色、已知阳性和阴性片进行质量控制，染色方法使用平常使用的程序，在登记本上详细记录试剂的名称、配置日期、失效期、质量控制结果。推荐评价石炭酸复红染色液质量的方法为：使用报告抗酸杆菌菌数的涂片2张染色1次、涂片抗酸杆菌阴性的涂片染色3次。

2.2.3　标本采集

2.2.3.1　以结核病诊断和感染控制为目的的涂片镜检：肺结核患者、疑似患者和可疑症状者，均应进行痰涂片检查，推荐采集3个合格的痰标本。对于住院患者，推荐连续采集2～3个晨痰标本，在结核病防治机构门诊就诊的肺结核可疑者，推荐留取即时痰、夜间痰和晨痰3个标本。不建议使用血标本或血样标本、尿液标本做常规涂片镜检。阳性涂片镜检结果可以通过电话、传真或其他电子方式，尽可能早地发报告，同时，必须保留原始记录。单个痰标本发现抗酸杆菌阳性，可以假定TB诊断，需进一步确定。

2.2.3.2　以结核病评价疗效为目的的涂片镜检：凡已确诊、登记和治疗的肺结核患者，在化疗期间按照国家结核病防治规划实施工作指南要求定期查痰：初治患者2、5、6个月，复治患者2、5、8个月各查痰一次。

2.2.3.3　临床医护人员应通过解释，使患者充分了解标本质量对相应检查项目的重要性，示范并指导其掌握从肺部深处咳痰的方法，如患者识字，可提供宣传材料。

2.2.3.4　建议患者在远离他人的开放空间或带负压的房间中留取标本。

2.2.3.5　标本采集后应在尽可能短的时间送到实验室，一般不超过4天，如果运输大于48小时，标本应冷藏保存运输。当天不能检查的标本，需置4 ℃冰箱内保存。

2.2.3.6　标本处理：涂片镜检试验对从标本采集到标本处理的时间要求不严，但为了更有效地进行结核病防控工作，要求收到标本后24小时内发出抗酸染色涂片报告。

2.2.4　涂片镜检流程

2.2.4.1　涂片制备

2.2.4.1.1　推荐在Ⅰ级或Ⅱ级生物安全柜中制备抗酸杆菌（Acid Fast Bacilli, AFB）涂片，如果需要标本离心后制备涂片，离心杯应在生物安全柜中打开。

2.2.4.1.2 为了保证检验人员的安全，严禁在涂抹痰标本的同时加热固定。

2.2.4.1.3 涂片须在生物安全柜中完全自然干燥。

2.2.4.2 染色：可以采用手工或自动染片仪进行萋尔-尼尔逊染色或荧光染色。

2.2.4.3 镜检

2.2.4.3.1 萋尔-尼尔逊染色镜检需使用生物显微镜，荧光染色法镜检需使用荧光显微镜或LED荧光显微镜。世界卫生组织（WHO）推荐LED镜检可以替代传统荧光显微镜镜检，无论在工作量大的实验室还是在工作量小的实验室，LED镜检都可以替代传统的萋尔-尼尔逊染色镜检，同时实验室要引入LED镜检的内部质量控制和外部质量控制方法。

2.2.4.3.2 萋尔-尼尔逊染色镜检：使用行扫描模式，以10×目镜、100×油镜观察指定数量视野。

2.2.4.3.3 荧光染色镜检：使用行扫描模式，以10×目镜、20×物镜进行镜检，发现疑为AFB的荧光杆状物质，使用40×物镜确诊。

2.2.4.3.4 结果报告：

抗酸染色结果：用双目光学显微镜（目镜10×，油镜100×）镜检，在淡蓝色的背景下，抗酸杆菌呈红色，其他细菌和细胞呈蓝色。按照下列标准报告镜检结果：

抗酸杆菌阴性（-）：连续观察300个不同视野，未发现抗酸杆菌。

抗酸杆菌数 ：1～8条抗酸杆菌/300视野。

抗酸杆菌阳性（1+）：3～9条抗酸杆菌/100视野。

抗酸杆菌阳性（2+）：1～9条抗酸杆菌/10视野。

抗酸杆菌阳性（3+）：1～9条抗酸杆菌每视野；

抗酸杆菌阳性（4+）：≥10条抗酸杆菌每视野。

报告1+时至少观察300个视野，报告2+时至少观察100个视野，报告3+、4+时至少观察50个视野。

荧光染色结果：在暗色背景下，抗酸杆菌呈黄绿色或橙色荧光。荧光染色涂片应在24小时内检查，如需隔夜，置4 ℃保存，次日完成镜检。物镜20×检查结果按下列标准报告：

荧光染色抗酸杆菌阴性 （-）：0条/50视野；

荧光染色抗酸杆菌数：1～9条/50视野；

荧光染色抗酸杆菌阳性（1+）：10～99条/50视野；

荧光染色抗酸杆菌阳性（2+）：1～9条抗酸菌每视野；

荧光染色抗酸杆菌阳性（3+）：10～99条抗酸菌每视野；

荧光染色抗酸杆菌阳性（4+）：100条及以上抗酸菌每视野。

报告2+至少观察50个视野，3+及以上的阳性结果至少观察20个视野。

抗酸杆菌涂片镜检检测流程见图**9-5**。

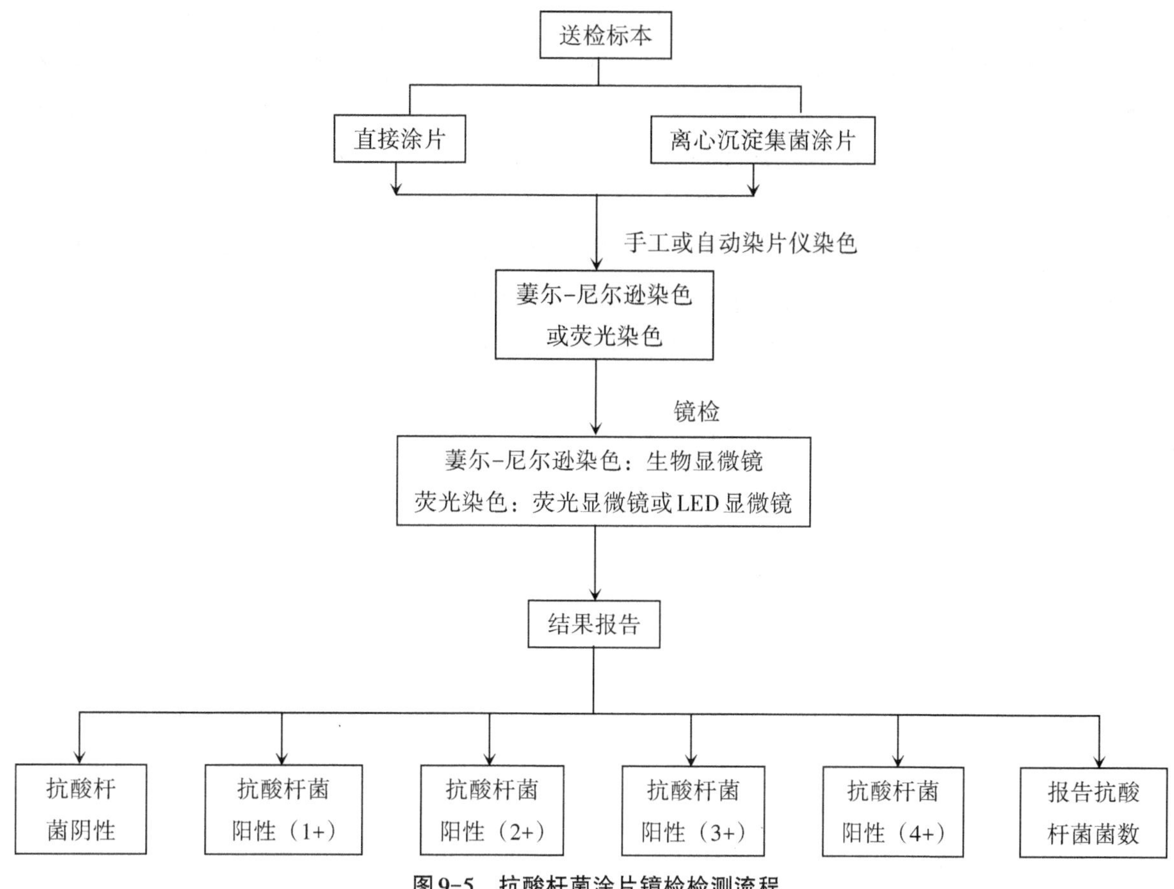

图9-5　抗酸杆菌涂片镜检检测流程

2.3　质量保证

实验室应制订实用和可行的质量控制计划，包括室内质量控制、质量改进和室间质量评价。

2.3.1　室内质量控制

包括实验室布局和管理，实验室的设备，标本的采集和运输，标本的处理，试剂和染色液，涂片镜检方法以及结果的报告。

2.3.1.1　实验室布局和管理：用于抗酸杆菌涂片的实验室应符合二级生物安全实验室的要求。实验室工作区域、设备和供应品的布局应合理，满足工作流程的要求。工作区域应保持清洁，工作台至少每天用消毒液（比如5%苯酚）擦拭一次。

2.3.1.2　实验室设备：设备应按照厂家的声明和技术说明进行安装。建立仪器设备操作、维护与保养程序，登记使用记录，仪器应该常规监测以确保持续准确和精确。

2.3.1.3　标本和申请单：如有条件，可将临床医生和患者需要了解的内容和注意事项编成小册子，指导患者做好检查前准备、护士正确收集标本和标识标本、标本运送人员掌握正确的运送条件和方法。实验室以合同方式提供实验室服务；送检标本时，申请单和标本应分开送检；接收标本时，应评估标本的质量；对渗漏和破损的标本容器，实验室应高压灭菌后丢弃，并要求重新送检新的标本；需登记标本接收时间，当标本运输有延误时，需在报告单上备注说明。

2.3.1.4　试剂和染色液：染色液和试剂的容器上应有收到或配制日期和开瓶日期；如果发现有任何不满意的耗材，应记录并立即拿出实验室；贮存液不应超过6个月，应用液应注意有效期。

2.3.1.5　染色和涂片镜检：实验室应建立涂片镜检的标准操作程序，采用的试验方法应该以国际、区域或国家标准发布的方法，或经同行评议的书刊或杂志发表的方法，或公认/权威教科书发表的方法。实验室应根据日常工作量，每月或每个季度进行一次室内质控，对于镜检日工作量大于20个以上标本的实验室，涂片镜检每批次试验都应包含阳性和阴性质控涂片，只有当质控片子出现预期的结果时，才可以阅读病人片子，同时抽检当日10%阴性片子进行复检；试剂的质量控制结果应登记在试剂配制登记本上；定期统计实验室涂阳培阴率，如果增加或超过了2%或阴性质控涂片变阳，提示可能用于前处理或染色操作的水或试剂被NTM菌污染；全部涂片按实验室登记本序号连续排列、存放于玻片盒内，装满涂片的玻片盒，需用标签注明涂片实验序号区间和日期区间，以便日后盲法复检或现场评价时抽样。

2.3.1.6 报告和管理：收到痰标本24 h内发出检验报告单；每周和每月统计分析镜检涂片结果阳性率。如果连续多个标本涂片阳性，提示在涂片制备或染色过程中发生交叉污染。

2.3.1.7 人员：实验室应配备足够的经过培训并掌握相关专业知识和操作技能、愿意负责任、具有有效沟通能力的工作人员。

2.3.1.8 质量改进：实验室应引进质量改进计划，通过对实验过程持续监控，识别不符合项，对数据进行收集、分析，采取预防措施，持续提高结核病实验室服务的可靠性和有效性。

2.3.2 室间质量评价

即外部质量评价，主要是集中于识别实验室操作过程中存在的严重的问题。AFB涂片镜可参加并有机结合批量测试、盲法复检和现场监督这三种外部质量评价工作，从而评估实验室的操作。

2.3.2.1 批量测试：是指上级参比实验室定期向下级实验室发送已经染色和（或）未染色的涂片，由下级实验室人员来读片，然后由上级参比实验室对读片结果进行评估。一次批量测试的涂片量为10张，内容包括不同等级的阳性涂片和一定数量的阴性涂片。

2.3.2.1.1 实验室收到批量测试片子后，应按照规定要求处理和阅片，并把结果反馈给组织参评机构。组织参评机构应将评价结果反馈给参评单位。

2.3.2.1.2 这种方法是检查实验室技术人员的染色能力和（或）阅片能力，主要评价个人的操作水平，而不是实验室的整体操作水平。批量测试不能核查技术人员所有的操作步骤，比如涂片，因此具有局限性。

2.3.2.1.3 批量测试适用于：培训结束后的现场考评；获得需要培训的信息以及显微镜和染色液的情况；当其他外部质量评价活动不能实施的时候，应该定期组织该项工作；在结核病发病率较低的国家或者实验室涂片阳性率低时，推荐采用此法。如果已经实施有效的盲法复检，不推荐做常规批量测试。

2.3.2.2 盲法复检：是指由高一级水平的实验室对低一级水平实验室的常规涂片进行系统抽样的方法。该方法反映的是实验室日常操作，被认为是评估操作最好的室间质量评价方法。

2.3.2.2.1 原则：抽样要保证随机，需建立解决抽样偏差的程序，确保能代表整个实验室的实际操作水平；复检要保证双盲；所有结核实验室的痰涂片应保存供上一级参比实验室（或质控机构）质量控制检查；对不同的实验室应实施相同的计划方案，对于实验室登记阳性率比较低的实验室，比如5%，采取分层抽样，集中于随访的涂片可能更合适。

2.3.2.2.2 结果：阳性痰涂片符合率应≥98%，阴性痰涂片符合率应≥96%，1+以上的阳性片不允许出现假阴性。盲法复检组织者必须及时将复检结果以书面的形式反馈给接受检查的实验室，必须保证受检实验室留存有反馈报告，受检实验室的实验员能看到反馈报告，以便其了解出现的错误，查找原因并改正。

2.3.2.2.3 缺点：这个方法需要大量的资源，实施起来费用支出比较大，会带给中级或高级水平实验室大量的工作量。

2.3.2.3 现场评价：是指以获得实验室操作的真实情况、帮助解决问题为目的，定期到实验室现场督导评估实验室。该法有助于帮助实验室解决通过其他外部评价方法（批量测试或盲法复检）识别出的问题，同时提供现场培训。

2.3.2.3.1 为了确保现场督导持续而有组织地执行，应设计一个核查标准，在现场督导时供实验室和监督员使用。

2.3.2.3.2　上级实验室对下级实验室进行督导时，应核对以前的督导报告和被评估实验室的实际情况，各级督导报告应保存至少2年。

2.3.2.3.3　缺点：工作时间短，工作强度大，而且花费高，要求现场评价员（督导员）应由经验丰富的实验室技术人员担任，须经过高一级实验室的培训。

3　分枝杆菌分离培养

分枝杆菌的分离培养主要用于传染源的发现、确定诊断、疗效评估、耐药监测以及流行病学调查。有结核病症状和体征以及X射线片异常的临床可疑患者，在开始治疗之前，都应留取标本通过涂片镜检和细菌培养的方法诊断结核病，如果患者怀疑有肾结核，应该留取尿液标本做培养。2011年，世界卫生组织（WHO）发表政策性声明，推荐液体和固体培养方法联合检测以获得提供结核病诊断最优的分枝杆菌分离率。如果资源允许，可以使用自动液体培养系统。

3.1　实验室基本要求

3.1.1　满足国家生物安全二级基本要求。

3.1.2　实验室应使用良好的微生物技术（Good microbiology techniques，GMT），使用的工作方法应使生物危害降到最低。实验室应采取生物安全措施保护工作人员避免暴露于感染性气溶胶。

3.1.3　应根据实验室计划开展的检测项目和工作量、当地结核病和耐多药结核病的流行情况开展生物风险评估，根据风险评估过程中所明确的信息，确定用于结核病诊断实验室的防护水平。所有可能产生气溶胶的操作都应在Ⅱ级生物安全柜中进行。

3.1.4　定期检查实验室工作人员的健康状况，应告知工作人员结核病的症状，一旦出现症状应提供免费的医疗保健。

3.1.5　个人防护装备（personal protective equipment，PPE）：应根据风险评估结果，选择合适的个人防护装备。风险评估应定期审核，必要时须进行修订。

3.1.5.1　呼吸防护用具：针对结核病实验室推荐使用N95口罩，N95口罩连续使用不应超过8小时，使用过的口罩不应保留超过1周。

3.1.5.2　手套：在实验室工作时要保持戴手套状态，选择正确类型和尺寸。生物安全实验室推荐使用乳胶或聚腈类或聚氯乙烯手套。

3.1.5.3　防护服：推荐使用一次性防护服和可重复使用的布制防护服，防护服应为连体式或背开式，袖口应为紧袖，至少每周更换一次；当防护服已被危险材料污染时应立即更换或消毒清洗。

3.1.6　应满足涂片实验室的基本要求，并符合生物安全防护的要求。

3.1.7　实验室主入口的门、放置生物安全柜实验室间的门应可自动关闭。实验室主入口的门应有进入控制措施。

3.1.8　应有足够的存储空间以备方便摆放物品使用，在实验室工作区域外还应当有供长期使用的存储空间。

3.1.9　应在实验室或其所在的建筑内配备高压蒸汽灭菌器或其他适当的消毒灭菌设备，所配备的消毒灭菌设备应以风险评估为依据。

3.1.10　实验室应配备Ⅱ型生物安全柜。

3.1.11　应按产品的设计要求安装和使用生物安全柜。如果生物安全柜的排风在室内循环，室内应具备通风换气的条件；如果使用需要管道排风的生物安全柜，应通过独立于建筑物其他公共通风系统的管道排出。

3.1.12　应有可靠的电力供应。必要时重要设备，如培养箱、生物安全柜、冰箱、自动化分枝杆菌培养仪等应配置备用电源。

3.1.13　实验室出口应有在黑暗中可被明确辨认的标识。

3.2　检测方法和流程

3.2.1　标本采集和运送：应按照实验室要求，正确采集标本，并按照要求及时送检。

3.2.2　方法：用于结核病诊断目的时，常要求快速得到诊断结果，如果条件允许，推荐同时用快速液体培养方法和固体培养的方法；如果为了耐药监测获得分离菌株，推荐采用固体培养方法。

3.2.3　试剂

3.2.3.1　商品化试剂必须经国家、省级食品药品监督管理局注册批准，并在有效期内用完。

3.2.3.2　自配试剂：其配方须来自《结核菌培养标准化操作及质量保证手册》《全国临床检验操作规程》《美国临床微生物手册（第九版）》或公认的权威书籍、部门，配制试剂应做好配制记录。培养基应注明培养基名称、配制时间、失效日期。

3.2.3.3　新采购、新配制培养基质量控制：商品化培养基需进行无菌、生长和选择性试验质量控制。生产厂家应提供质量控制证明，信息包括配置日期、批号、失效期，用于质控的菌株、测试时间和结果。自配培养基，或不能得到厂家提供的证明时，应做如下方面的质控：

培养基：观察颜色、质地、凝固水、匀质性等。

无菌性试验：每一批培养基抽取3%～5%培养管，置于35～37 ℃、5%CO_2培养箱中，48小时后观察是否有细菌生长。

性能评价：测试阳性和阴性质控菌株的生长情况。阳性质控菌株和阴性质控菌株分别接种培养基后，置于35～37 ℃、5%CO_2培养箱中培养21天，观察质控菌株的生长情况。

阳性质控菌株：*M. tuberculosis* H37Ra（ATCC 25177）、*M. kansasii* ATCC 12478、*M. scrofulaceum* ATCC 19981、*M. fortuitum* ATCC 2841在所有培养基上显示生长。*M. intracellulare* ATCC 13950，除选择性培养基含有青霉素和羧苄西林时不生长，所有培养基上都显示生长。

阴性质控菌株：Escherichia coli ATCC 25922在非选择培养基上显示部分抑制，在选择培养基上显示完全抑制。

3.2.4　分枝杆菌的培养流程

3.2.4.1　标本匀质化和去污染

3.2.4.1.1　实验室应制定标本匀质化和去污染程序并严格按照操作规程执行，固体培养基培养污染率应控制在3%～5%，液体培养基培养污染率应控制在5%～10%。

3.2.4.1.2　受污染的标本必须经过去污染处理。肺部标本包括痰、支气管分泌物、支气管肺泡灌洗液、支气管穿刺物和毛刷。肺外标本根据污染程度分为：无菌采集标本，通常不含其他微生物，包括从冷脓肿中抽取脓液、脑脊液、滑膜或其他关节体液，以及外科活组织检查的标本；非无菌采集标本，受污染的肺外标本，通常被正常菌群污染或标本不是无菌采集，包括胃液、喉部抽吸物、尿液、皮肤、尸体解剖取材、子宫黏膜。

3.2.4.1.3　标本的消化、去污染：目前有多种方法，建议实验室根据情况自行选择。现在常用的消化和去污染试剂有氢氧化钠、N-乙酰-L半胱氨酸-氢氧化钠-柠檬酸三钠（NALC-NaOH）溶液。如果欲将经过去污染的标本接种在中性罗氏培养基或液体培养基，通常需要用pH6.8的磷酸缓冲液中和离心后再进行接种。

3.2.4.2　培养基

3.2.4.2.1　根据物理性状，一般可分为液体培养基和固体培养基两大类。根据凝固培养基所使用的固化剂种类，固体培养基可分为鸡蛋培养基和琼脂培养基。固体培养基和液体培养基都被推荐用于生物标本结核分枝杆菌的分离。与液体培养基相比，固体培养基能观察到混合生长的菌株和污染的发生。

3.2.4.2.2 根据培养基对生长细菌的专一程度，可分为分枝杆菌选择性培养基和非选择性培养基两类。选择性培养基中除含有分枝杆菌增殖需要的营养源外，一般还含有针对分枝杆菌以外的杂菌生长有一定抑制作用的苯胺类染料（如对革兰氏阳性细菌生长有抑制作用的孔雀绿、结晶紫）或几种抗生素（如羧苄西林、多黏菌素B、两性霉素B）。

最常用的非选择性培养基有：

鸡蛋培养基：löwensten-Jensen（LJ）培养基和小川（Ogama）培养基。

琼脂培养基：Middlebrook 7H10和Middlebrook 7H11琼脂培养基。

液体培养基：Middlebrook 7H9液体培养基。

常用的选择性培养基：

鸡蛋培养基：Gynft通过把孔雀绿的浓度提高，同时加入青霉素、萘啶酸制备成选择性的改良罗氏培养基，Mycobactosel L-J培养基是在L-J培养基中加入放线菌酮、林可霉素、萘啶酸制备成改良罗氏培养基。

琼脂培养基：在Middle brook 7H11的基础上，通过加上多黏菌素B、羧苄西林C、两性霉素B和三甲氧氨嘧啶即可制备成选择培养基（Mitchison培养基）。

液体培养基：改良的Middlebrook 7H9液体培养基，加上抗生素混合物。可以商品化购买到几种液体培养基：BACTEC MGIT 960 system（BD诊断系统）、ESP培养系统Ⅱ（Trek诊断系统）、MB/BacT（生物梅里埃）。

3.2.4.2.3 培养基的选择依赖于标本的类型。非选择性培养基推荐用于自无菌部位采集的标本（骨髓、组织活检标本、脑脊液和其他体液等），含抗生素的选择性培养基能预防污染的细菌和真菌的生长，推荐用于受污染的标本（痰、脓肿物、支气管洗液、胃液、尿液等）。

3.2.5 培养管接种：所有培养的标本建议实验室都常规做一个显微镜涂片检查，不可重复获得的标本（比如脑脊液和活检组织标本）应同时接种固体培养基和液体培养基。

3.2.5.1 固体培养基：每个样本至少接种2支培养基，中和离心法，标本沉淀物需接种0.2～0.4 mL（2～4滴或4接种环）于改良罗氏培养基；简单法，碱处理后的标本需接种0.1 mL（2滴）于酸性改良罗氏培养基。如分离牛分枝杆菌，需再接种一支丙酮酸培养基。

2.2.5.2 接种液体培养基应严格按照无菌操作，避免标本污染。每个标本接种0.5 mL沉淀物于液体培养管中。

3.2.6 分枝杆菌培养

3.2.6.1 培养温度：所有接种了标本的培养管都须在35～37 ℃条件下培养，每天检查并记录培养温度。来自皮肤和软组织的标本，如果怀疑含有海分枝杆菌、溃疡分枝杆菌、龟分枝杆菌或嗜血分枝杆菌，通常需做双份培养，第二份培养放置于25～33 ℃条件下培养。

3.2.6.2 培养环境：用传统的培养基进行分枝杆菌初次分离时，5%～10%CO_2可以促进分枝杆菌的生长。如果受到空间条件的限制，罗氏培养基可以在第7天～第10天，也就是对数生长期，移至普通培养箱培养。而液体培养系统通常不需要在增加CO_2浓度的条件下培养。

3.2.7 观察与报告结果

3.2.7.1 结核病实验室必须建立培养结果报告程序。实验室检测到结果，尤其阳性结果应尽可能早地通知相关临床医生。为排除实验室污染，建议有条件的地区，对于只有一个培养阳性的结果而涂片阴性的标本进行基因分型分析。如果培养菌株和一周内从不同患者身上分离的菌株指纹图谱相同，认为可能是假阳性。

3.2.7.2 固体培养基观察：菌液接种48小时后观察1次，检查接种液体的吸收情况，拧紧盖子预防培养基干燥，检查早期污染；之后，应每周观察细菌生长情况，或者8周培养时间内至少观察3次。第7天观察、检测快速生长的分枝杆菌，第3～4周观察、检测结核分枝杆菌以及其他慢生长的分枝杆菌，

8周后观察检测生长非常慢的分枝杆菌，包括结核分枝杆菌。

3.2.7.3　液体培养基观察：将培养瓶放入仪器后每天监测，孵育至仪器报警提示它们为阳性。

3.2.7.4　报告结果：固体培养基培养，阳性生长者，需经抗酸杆菌涂片镜检染色确认后随时报告，培养至8周未见细菌生长，报告分枝杆菌培养阴性。液体培养管需通过接种血平板确认是否污染，可报告分枝杆菌培养阳性，如培养至6周仍未见细菌生长，可报告分枝杆菌培养阴性。

3.2.7.5　以药物敏感性测试为目的（包括耐药性诊断和耐药性监测等），不需要对培养物进行涂片检查，首先应进行进一步菌种鉴定，根据菌种鉴定结果判断是否需要进行药物敏感性试验。

3.2.7.6　以培养作为诊断或疗效观察为目的，需要对培养物证实为分枝杆菌，然后立即发出报告。

3.2.7.7　如果标本污染，必须立即发出报告，要求患者重新留标本。

3.2.7.8　实验室报告应该包括所有数据，比如培养方法、培养结果等。培养报告应是定性（分枝杆菌培养阳性或阴性）以及定量（菌落数）。

分枝杆菌培养检测流程见图9-6。

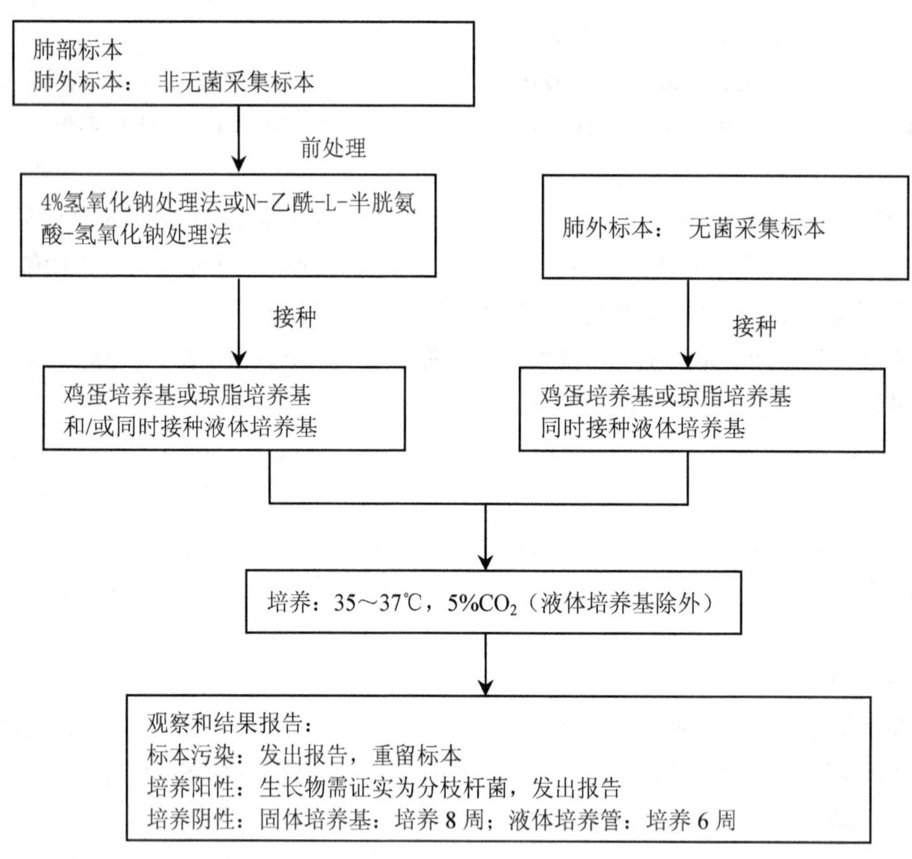

图9-6　分枝杆菌培养检测流程

3.3　质量保证

为了提高分枝杆菌培养服务项目的有效性和可靠性，实验室应制订实用和可行的质量保证计划，包括室内质量控制、质量改进和室间质量评价。

3.3.1　室内质量控制：分枝杆菌培养的质量控制是对实验室开展培养操作的系统质控，需要通过评估标本的质量、去污染的操作、消化和培养的程序、试剂、培养基和仪器的质量；通过回顾培养结果和通过证明培养方法的有效性来完成，同时实验室还应配备足够经过培训的并掌握相关专业知识和操作技能、具有有效沟通能力的有职责感的技术人员。质量控制包括实验室布局和管理，实验室的设备，标本的采集和运送，标本的处理，试剂和培养基，培养方法以及结果的报告。

3.3.1.1　实验室布局和管理：用于分枝杆菌培养的实验室应至少符合二级生物安全实验室的要求。实验室工作区域、设备和供应品的布局应合理，满足高效的工作流程要求。工作区域应保持清洁，工作台至少每天用消毒液（比如5%苯酚）擦拭一次。

3.3.1.2　实验室设备：设备应按照厂家的声明和技术说明进行安装。建立仪器设备操作、维护与保养程序，登记使用记录，仪器应该常规监测以保证设备处于良好状态，确保持续准确和精确。

3.3.1.3　标本和申请单：如有条件，将临床医生和患者需要了解的内容和注意事项编成小册子，以便指导患者做好检查前准备、护士正确收集标本和标识标本、标本运送人员掌握正确的运送条件和方法。

实验室以合同方式提供实验室服务。申请单和标本应分开以防被污染。接收标本时，应评估标本的质量。对渗漏和破损的标本容器，实验室应高压灭菌后丢弃，并要求送检新的标本。需登记标本接收时间，当标本运输有延误时，报告单上需有备注说明。

3.3.1.4　培养方法的选择：实验室采用的试验方法应该以国际、区域或国家标准发布的方法，或经同行评议的书刊或杂志发表的方法，或公认/权威教科书发表的方法，实验室应建立标准操作程序。

3.3.1.5　试剂和耗材：所有用于培养操作的试剂和耗材应保证清洁无菌。配制的试剂应标明配制日期、浓度和有效期，不要使用可疑试剂和过期试剂。配制试剂的水应定期检测以保证没有被分枝杆菌污染。

3.3.1.6　标本的消化和去污染：标本的浓度和消化时间非常重要，如果标本数量较多，应分批处理。应每个月记录实验室培养的污染率，固体培养基的污染率应控制在3%～5%，液体培养基的污染率应控制在不大于10%。

3.3.1.7　培养基：使用7天以内新鲜的、无抗生素的鸡蛋制备罗氏培养基。制备鸡蛋培养基时应控制凝固的时间和温度。丢弃褪色或有气泡的培养基。新制备的培养基应放置于35～37 ℃48小时进行无菌试验，如符合无菌性要求，应冰箱内避光保存，建议在4周内使用。

3.3.1.8　培养接种：严格按照无菌操作，一个标本用一个无菌滴管或一个接种环接种，谨防交叉污染。如果在一批同时处理的标本中，连续出现培养阳性或在一个阳性级别较高的标本后另一标本出现少许菌落，应考虑存在交叉污染。

3.3.1.9　定期检查蒸馏水和自来水是否被抗酸杆菌污染。如果水显示浑浊，取200～250 mL离心，用沉渣制备一张涂片做镜检，也可以用0.22 μm的无菌过滤膜过滤1000 mL水，然后用无菌剪刀把膜剪成碎条，然后置于罗氏培养基上生长。

3.3.2　质量改进

3.3.2.1　实验室应建立识别培养假阳性的程序，比如通过临床发现和实验室质量保证数据评估。

3.3.2.2　实验室应引进质量改进计划，通过对实验过程持续监控，识别不符合项，对数据进行收集、分析，采取预防措施，持续提高结核病实验室服务的可靠性和有效性。

3.3.2.3　实验室应确保工作人员有足够的培训机会并不断提高其业务素质和培养爱岗敬业精神。

3.3.3　室间质量评价（External Quality Assessment, EQA）

3.3.3.1　培养程序的外部质量评价：整个培养过程开展EQA是不可行的，培养的EQA是基于监测预警信号，比如未治疗患者中培养阳性所占的比例不少于90%，涂阳培阴的比例不大于10%，污染率为3%～5%。

3.3.3.2　培养基制作的质量评估

3.3.3.2.1　培养基：（L-J）培养基、小川（Ogawa）培养基，应该每年接受一次质量控制。

3.3.3.2.2　国家结核病参比实验室（National Reference Laboratory，NRL）负责对培养基室间质量控制活动的全部技术进行控制。要求每个制作培养基的实验室从最近制备的一批培养基中随机选取12支培养管，同时收集以下信息：制作培养使用试剂的品牌名称、描述凝固的程序（凝固器的品牌，凝固的温度和时间）、制作培养基的体积、工作量（每个实验室培养标本的数量和标本种类）、使用的培养方法、用于诊断样本的细菌学检查结果或者一定时期（通常指一个季度）内获得的所有样本的细菌学结果。

3.3.3.2.3 评估制备的培养基：应对参评单位送检培养基的每一支培养管都进行随机编号，随机编号的培养管可以通过登记本上的信息溯源到来源实验室和培养基的批次，在整个质控过程中登记本上的信息应该保密。技术人员培养的接种和结果读取采用“双盲”的方式进行。

3.3.3.2.4 每一个批次收集的12支培养管中，10支用于评估培养基的敏感性，其余2支用于监测培养基的以下性质：培养基基本性状，如颜色、均匀性、是否存在气泡、接种斜面的大小；pH值：用一支触点酸度计检测。

3.3.3.2.5 评估培养基的敏感性：H37Rv培养物用于评估L-J和Ogawa培养基。通过预实验，获得用于评估培养基敏感性的接种物的菌悬液浓度：首先配制1个麦氏单位浓度的H37Rv菌悬液，然后系列稀释成几个不同浓度的菌悬液，接种培养基，然后根据每支培养基斜面上形成的克隆数（CFU），估算每一支培养管上接种的菌量，通常需要的接种菌量含20～50 CFU。通常一个麦氏单位的菌悬液稀释10000倍能达到所需要的接种物的菌液浓度，可方便、准确地计算培养基上的克隆数，能鉴定出敏感性显著偏离正常的批次的培养基。

3.3.3.2.6 培养管根据随机的编码按升序排列，以确保随机接种的顺序。每管接种0.2 mL由双蒸水制备的菌悬液。每支接种后的管子，保持盖子稍松一些，离水平15°放置，37 ℃培养，直到肉眼确定培养基上的接种物被吸收。然后拧紧瓶盖，垂直放置，37 ℃培养。

3.3.3.2.7 培养至第20天和第60天，分别由3位实验室技术人员计数所有培养管的菌落克隆数。

3.3.3.2.8 培养结束后，分析读数。培养管编码解盲，同一批次培养管的读数放在一个组。如果同一支培养管计数，有极端值或其中一个技术人员与另外两个技术人员的读数有明显差异，则弃用该管的数据。每批次培养基相应的10支培养管，每支培养管的读数取3个人读数的平均值。因此，用于质控的每批次培养管都能获得第20天和 第60天的菌落数。通过比较20天和60天生长情况，也可以确定培养基批次间的生长延迟。

3.3.3.2.9 绘制所有用于质控的每一种培养基CFU/管平均数分布图。如果结果显示接近正态分布，继续进行统计学计算；如果不是，则应用数据转换因子使近似值成为正态分布。

3.3.3.2.10 对于每种类型的培养基，根据所有批次培养基获得的CFU/管统计计算均值（M）和标准差（SD），每一批的敏感性按以下登记分类：

非常好：平均值CFU/tube$> M + 1\ SD$

好：平均值CFU/tube在$M \pm 1\ SD$之间

差：平均值CFU/tube$< M - 1\ SD$

3.3.3.2.11 如果制作培养基的实验室提供的培养基敏感性不可接受，则要求提交新的样本进而确定问题是否持续存在。应随着时间的推移对每一个实验室的趋势进行监控。

3.3.3.2.12 如果实验室发现制备的培养基两次连续的质控敏感性都低，则要求停止使用或分发培养基直到问题得到解决。培养基需要由外部供应以维持实验室的培养工作。如果需要的话，应该重新培训培养基制作程序。

4 分枝杆菌菌种鉴定

分枝杆菌属包含150余种，包括结核分枝杆菌复合群、麻风分枝杆菌和非结核分枝杆菌。在临床诊断上，结核病和非结核病十分相似，但是在结核病和非结核分枝杆菌病的治疗方法上有较大的差别，此外，不同的非结核分枝杆菌所致疾病的治疗方法也有区别。所以，正确地将分枝杆菌鉴定到具体菌种非常有必要，可以为临床明确区分结核病和非结核分枝杆菌病提供实验室依据，利于临床医生及时对患者实施个体化治疗，有效提高病人的治愈率。

4.1 实验室基本要求

4.1.1 满足国家生物安全二级或以上实验室标准的要求。

4.1.2 满足分枝杆菌培养实验室的基本要求，并符合生物安全防护的要求。

4.1.3 围护结构

4.1.3.1 围护结构（包括墙体）应符合国家对该相关建筑的防火要求。

4.1.3.2 天花板、地板、墙间的交角应易清洁和消毒灭菌。

4.1.3.3 实验室围护结构的所有缝隙和贯穿处的接缝都应可靠密封。

4.1.3.4 实验室地面应防渗漏、完整、光洁、防滑、耐腐蚀、不起尘。

4.1.3.5 实验室的观察窗玻璃应耐撞击、不易破碎。

4.1.4 通风空调系统

4.1.4.1 应安装独立的实验室送排风系统，应确保在实验室运行时气流由清洁区逐步向污染区流动，形成单一气流方向；由清洁区向工作区形成由低向高的负压压力梯度。

4.1.4.2 实验室采用全新风中央式空调处理系统，温度可调可控。

4.1.4.3 实验室送风应经过HEPA高效过滤器过滤，宜同时安装初效过滤器和中效过滤器。

4.1.4.4 HEPA过滤器的安装位置应尽可能靠近送风管道在实验室内的送风出口端和排风管道在实验室内的排风口端。

4.1.4.5 应在实验室送风和排风总管道的关键节点安装生物性密闭阀，必要时，可安全关闭。

4.1.5 供水与供气系统

4.1.5.1 应在实验室工作区邻近门口处设置电动感应式洗手池和洗眼瓶（器）等装置。

4.1.5.2 实验室有供气（液）罐等，应放在实验室易更换和维护的位置，安装牢固，不应将不相容的气体或液体放在一起。

4.1.6 电力系统

4.1.6.1 电力供应应满足实验室的所有用电需要。

4.1.6.2 生物安全柜、培养箱等仪器设备应配备不间断备用电源。

4.1.7 自控、监控系统

4.1.7.1 进入实验室的门应有门禁系统，应保证只有获得授权的人员才能进入实验室。

4.1.7.2 实验室入口处应有指示工作间工作状态的装置。

4.1.7.3 启动实验室通风系统时，应先启动实验室排风，后启动实验室送风；关停时，应先关闭生物安全柜等安全隔离装置，再关实验室送风及密闭阀，后关实验室排风及密闭阀。

4.1.7.4 当排风系统出现故障时，通风系统将自动关闭，保证实验室不会出现正压状态。

4.2 检测原则

4.2.1 如果有可能，分枝杆菌都应鉴定到种水平。

4.2.2 如果基于培养和生化反应鉴定分枝杆菌，所有进行菌种鉴定的临床菌株，必须经过传代增菌，菌龄为2周～3周且生长良好。

4.2.3 所有试验使用的培养基、试剂必须符合规定的使用期限。

4.2.4 通常通过生物特征（生长速度、色素产生）初步进行鉴定，可以指导选择关键性生化试验进一步进行菌种鉴定。

4.2.5 所有需要有对照菌株的鉴别试验，在实施时对照菌株的结果应符合相应的预期标准后方可判定待测菌株的结果。

4.2.6 推荐表型和基因型试验相结合进行分枝杆菌菌种鉴定。目前可替代传统的分枝杆菌鉴定试验方法包括：高效液相色谱法，DNA探针、DNA测序。

4.3 检测方法和流程

4.3.1 标本：经抗酸染色镜检确定是抗酸菌的培养阳性菌株。

4.3.2 试剂

4.3.2.1 商品化试剂必须是经国家或省级食品药品监督管理局注册批准、在有效期内的试剂。

4.3.2.2 自配试剂：其配方必须来自《结核病诊断实验室检验规程》《全国临床检验操作规程》或公认的权威书籍、部门。配制试剂应做好配制记录，容器上应注明试剂名称、浓度、配制时间、失效日期和配制人。

4.3.2.3 新采购、新配制好的培养基：改良罗氏培养基的质量控制同《分枝杆菌培养》。鉴别培养基应根据试验本身的要求选择阳性和阴性对照菌株进行质量控制。

4.3.3 分枝杆菌菌种鉴定

4.3.3.1 分枝杆菌菌群鉴定试验：通过生物特征试验区分结核分枝杆菌复合群还是非结核分枝杆菌（NTM）。

4.3.3.2 结核分枝杆菌复合群（MTBC）菌种鉴定：通过噻吩-2-羧酸肼（TCH）生长试验、硝酸还原试验和烟酸试验进行结核分枝杆菌和牛分枝杆菌鉴定。

4.3.3.3 非结核分枝杆菌菌群（NTM）：通过进行生长特征和生化特征鉴定试验，进一步将NTM鉴定到种的水平。

分枝杆菌菌种鉴定流程见图9-7。

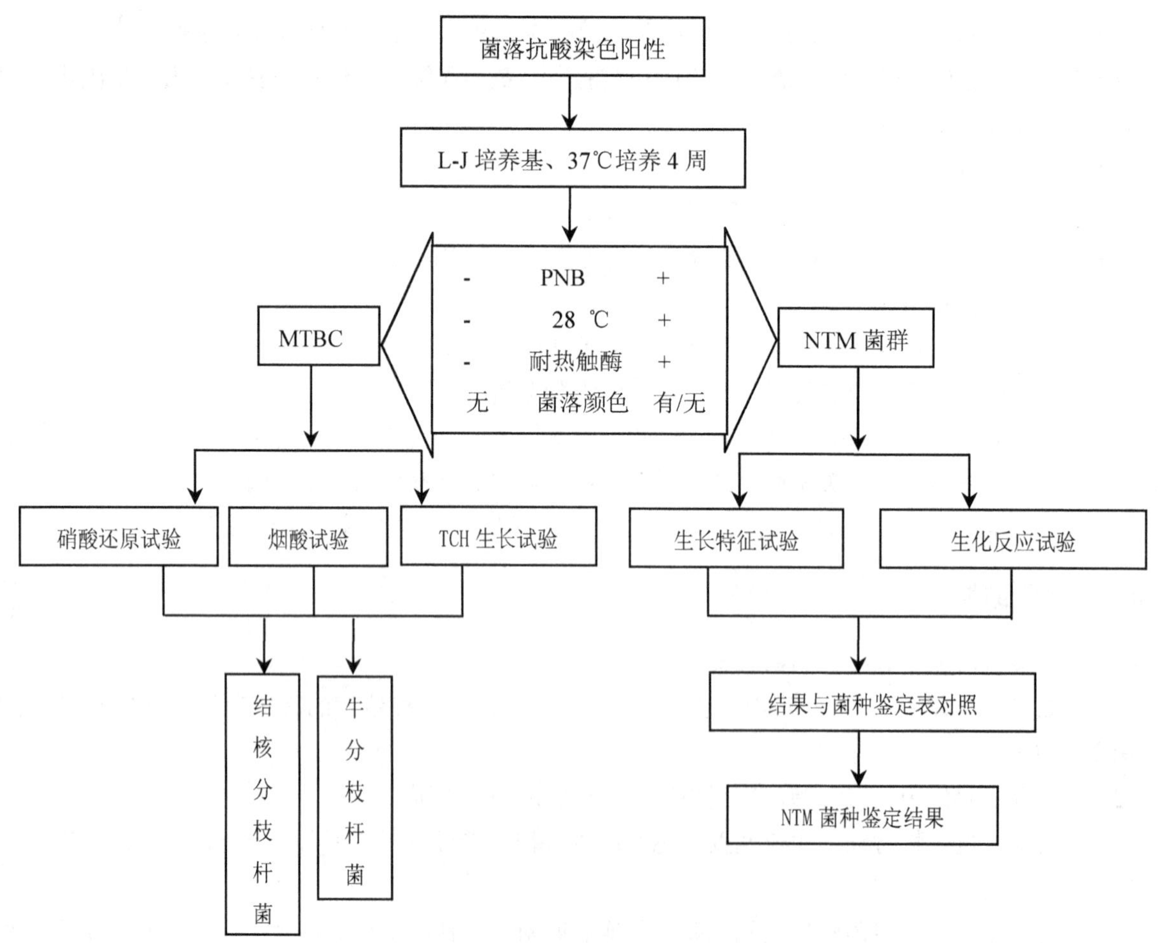

图9-7 分枝杆菌菌种鉴定流程

4.4　质量保证

为了提高分枝杆菌菌种鉴定服务项目的有效性和可靠性，实验室应制订实用和可行的质量保证计划，包括室内质量控制、质量改进和室间质量评价。

4.4.1　室内质量控制：实验室应制订实用和可行的质量控制计划，从以下五个方面开展室内质量控制：实验室布局和管理；实验室的设备；培养基、试剂和耗材；试验方法；结果的登记和报告。每批试验都应加阳性对照和阴性对照菌株，只有质控菌株结果和预期结果相吻合时，才能报告试验结果，并做好详细记录。

4.4.1.1　实验室布局和管理：用于分枝杆菌菌种鉴定试验的实验室应至少符合生物安全二级的要求。实验室工作区域、设备和供应品的布局合理，满足高效的工作流程要求。工作区域应保持清洁，工作台至少每天用消毒液（比如5%苯酚）擦拭一次。

4.4.1.2　实验室的设备：设备应按照厂家的声明和技术说明进行安装。建立仪器设备操作、维护与保养程序，登记使用记录，仪器应该常规监测以保证设备处于良好状态，确保持续准确和精确。

4.4.1.3　培养基、试剂和耗材：所有用于分枝杆菌菌种鉴定试验的试剂和耗材应保证清洁无菌。配制的试剂应标明配制日期、浓度和有效期，不要使用可疑试剂和过期试剂。配制试剂的水应定期检测以保证没有被分枝杆菌污染；所用的培养基和试剂应在有效期内用完，并按照要求进行存放，所用的试剂和培养基应用标准菌株对照试验合格后方可应用。

4.4.1.4　试验方法：实验室采用的试验方法应该是国际、区域或国家标准发布的方法，或经同行评议的书刊或杂志发表的方法，或公认/权威教科书发表的方法。实验室应建立标准操作程序，操作时严格按照无菌操作，谨防交叉污染；每次试验均应设立阳性对照和阴性对照，并根据对照试验结果判断试验是否有效。

4.4.1.5　登记和报告：每次试验都应做好实验记录，试验原始数据应至少保存2年；结果判读时，技术人员应首先判读对照试验的结果，合格后方可进行试验结果分析、报告，实验室主管技师以上的人员负责结果审核，并尽快报告结果。

4.4.2　质量改进

4.4.2.1　实验室应引进质量改进计划，通过对实验过程持续监控，识别不符合项，对数据进行收集、分析，采取预防措施，持续提高结核病实验室服务的可靠性和有效性。

4.4.2.2　实验室确保工作人员有足够的培训，提高业务素质和培养爱岗敬业精神。

4.4.3　室间质量评价：分枝杆菌菌种鉴定的室间质量评价包括现场评价和熟练度测试。

4.4.3.1　熟练度测试：上级参比实验室定期向下级实验室发送已知结果的菌株，由下级实验室人员对这些菌株进行分枝杆菌菌种鉴定试验并报告结果，由上级参比实验室对检测结果进行评估。这种方法是菌种鉴定试验实验室间质量评估的重要手段，检测实验室技术人员的菌种鉴定试验操作的整个过程，包括培养基的制备、药物的贮存和配制、细菌传代、菌种鉴定试验操作、结果报告。开展分枝杆菌菌种鉴定的实验室应参加国家参比实验室或省级参比实验室组织的室间质量评价。

4.4.3.1.1　测试菌株：每套熟练度测试的菌株不少于30管培养物，测试菌株中包括结核分枝杆菌和不同数量的非结核分枝杆菌。

4.4.3.1.2　受检实验室收到菌株后，应首先核对成套菌株的数量、保存的完整性，之后将细菌在罗氏培养基上传代，按照要求的方法进行分枝杆菌菌种鉴定试验，在收到菌株4个月内报告结果。

4.4.3.1.3　结果的评价和反馈：控方实验室收到受控实验室报告后，与标准结果进行比对，计算：测试成功率和总符合率，并给予评价，将结果反馈给受控实验室。

4.4.3.1.4　现场评价：现场评价是促进质量改进最有效的方式。定期到实验室现场督导、评估实验室的操作，目的是获得实验室操作的真实情况，帮助解决问题，这种外部评价方法有助于帮助实验室解决通过其他外部评价方法（熟练度测试）识别出的问题，同时提供现场培训。

4.4.3.1.4.1　为了确保现场督导持续而有组织地执行，应设计一个核查的标准，在现场督导时供实验室和TB监督员使用。

4.4.3.1.4.2　上级实验室对下级进行督导时，应核对以前的督导报告和被评估实验室的实际情况，各级督导报告应保存至少2年。

4.4.3.1.4.3　实施现场督导的缺点是工作时间短，工作强度大，而且花费高，要求现场评价员（督导员）应由经验丰富的实验室技术人员担任，须经过高一级实验室的培训。

5　结核分枝杆菌药物敏感性试验

结核菌耐药问题是我国结核病控制规划有效实施的主要限制因素之一，2007—2008年全国结核病耐药性基线调查数据结果显示，涂阳肺结核患者结核分枝杆菌总耐药率为37.79%，总耐多药率为8.32%，广泛耐多药率为0.68%，因此，开展药物敏感性试验和耐药性监测，对了解结核分枝杆菌的耐药情况，有效指导临床实施个性化治疗，提高患者的治愈率，有效控制耐药结核病的流行具有非常重要的意义。

5.1　实验室基本要求

同分枝杆菌的菌种鉴定实验室基本要求。

5.2　检测原则

5.2.1　确诊的结核病例（结核分枝杆菌复合群培养阳性或没有培养结果但痰抗酸杆菌涂片阳性）：患者首次分离的结核分枝杆菌，开始治疗之前，都应做一线药物的药物敏感性试验，有助于临床合理用药和监测药物敏感性；MDR-TB、曾有二线药物治疗史的结核病例和感染的严重疾患（如播散性结核病和结核性脑膜炎）以及来自高耐药流行区的患者，推荐做二线药物的药物敏感性试验。

5.2.2　已经确诊的结核病例：经过5个月抗结核治疗后，结核分枝杆菌培养仍然阳性，须重做药物敏感性试验；如果经济条件允许，经过3个月正规抗结核治疗后，标本分离培养仍为阳性患者，推荐做药物敏感性试验；大多情况下MDR-TB患者，推荐每6个月重复一次药物敏感性试验。

5.2.3　一线药物全部敏感的病例不需做二线药物的药物敏感性试验；为确保二线药物的药物敏感性试验结果的准确性，推荐在有经验的和能胜任开展一线药物的药物敏感性试验的实验室开展二线药物的药物敏感性试验。

5.2.4　分枝杆菌培养物在做药物敏感性试验之前须进行菌种鉴定。

5.2.5　实验室应使用可靠的MTBC药物敏感性试验方法。在实验室已建立有效质量控制和标准化操作程序的前提下，绝对浓度法、比例法和抗性比率法能提供准确的结果。

5.2.6　实验室应有熟练操作药物敏感性试验方法的技术人员。

5.3　检测方法和流程：结核杆菌药敏的检测流程

5.3.1　标本

直接法药物敏感性试验：经过去污染处理浓缩后的沉淀物，涂片镜检确认结核杆菌阳性的临床标本；间接法药物敏感性试验：经抗酸染色镜检确定是抗酸菌的纯MTBC培养物（阳性的液体肉汤或固体培养基上的菌落）。

5.3.2　药物

5.3.2.1　一线药物包括异烟肼（Isoniazid, H）、利福平（Rifampicin, R）、乙胺丁醇（Ethambutol,

E)、链霉素(Streptomycin, S);二线药《世界卫生组织(WHO)药物耐药结核病人的管理指南》中包括:氨基糖甙类(卡那霉素和阿米卡星)、多肽类(卷曲霉素、紫霉素、结核防线菌素B、恩维霉素)、氟喹诺酮类(氧氟沙星、环丙沙星)、D-环丝氨酸 (苯环丝氨酸)、乙硫异烟胺、丙硫异烟胺、对氨基水杨酸。鉴于同一类药物之间存在完全交叉耐药,因此只需要做一种药物的药物敏感试验即可。2001年,世界卫生组织(WHO)针对DOTS-PLUS策略制订了《二线抗结核药物药物敏感性试验指南》,推荐比例法做卷曲霉素、环丝氨酸、卡那霉素、氧氟沙星、对氨基水杨酸、乙硫异烟胺的药物敏感性试验,并推荐了需使用的药物浓度。鉴于部分二线药物,比如环丝氨酸和乙硫异烟胺,药物敏感性试验结果可重复性差,因此,二线药物的药物敏感性试验本规范只推荐阿米卡星、卷曲霉素、卡那霉素、氧氟沙星。

5.3.2.2　用于做药物敏感性试验的药物不能使用临床的药物,可以从厂家获得纯粉。

5.3.2.3　浓度:以L-J比例法药物敏感性试验的临界浓度为例(建议用世界卫生组织2008版的表)

表9-1　比例法药敏试验药物临界浓度、溶剂和稀释液

药物	材料	1%耐药百分比(μg/mL)	溶剂	稀释
异烟肼	异烟肼	0.2	无菌蒸馏水	无菌蒸馏水
利福平	利福平	40	二甲基亚甲砜	无菌蒸馏水
乙胺丁醇	盐酸乙胺丁醇	2	无菌蒸馏水	无菌蒸馏水
链霉素	硫酸双氢链霉素	4	无菌蒸馏水	无菌蒸馏水
卷曲霉素*	硫酸卷曲霉素	40	无菌蒸馏水	无菌蒸馏水
阿米卡星	硫酸阿米卡星	40/30	无菌蒸馏水	无菌蒸馏水
氧氟沙星	氧氟沙星	2	0.1 mol/L氢氧化钠	无菌蒸馏水

备注:* 卷曲霉素每次使用都需要新鲜配制。其他药物贮存液原液浓度至少为1000 μg/mL,可以4 ℃冰箱保存1个月,-20 ℃贮存6个月,-70～-80 ℃贮存1年。计算药物量的时候需要考虑分子式和效价,含有药物的培养基可以4 ℃冰箱保存1个月。

5.3.3　方法

药物敏感性测定的方法可分为直接法和间接法两大类。直接法是指涂片镜检确认阳性的临床标本,经前处理后直接接种在含药培养基的药物敏感性试验方法;间接法是指对临床标本分离培养后得到的纯培养物进行药物敏感性试验的方法。当已知或怀疑抗结核药物耐药时可以使用直接法。间接法通常认为是药物敏感性试验的金标准,直接法药物敏感性试验结果需要直接法进一步证实。两种药物敏感性试验方法,接种物都必须是纯的培养物,应特别注意避免过量接种或接种量不足。

直接法接种物是液化、去污染后的临床标本,或者是未治疗的无菌体液涂片抗酸杆菌阳性。为了确保避免过量接种,根据临床标本涂片结果进行稀释。直接法有两个优点:一是理论上接种物更能代表宿主病灶部位结核杆菌菌群;二是收到标本后3周能报告试验结果。直接法药物敏感性试验失败率比较高,可达15%或更高。直接法不推荐常规用于液体培养的方法。

间接法接种物是初始纯的分离培养物或传代培养物。应特别注意挑取克隆的时候,确保有代表性使潜在的耐药和敏感菌达到平衡。液体药物敏感性试验,接种物可以是液体培养阳性培养物,或者是L-J培养基上分离的菌株。当用液体培养物时,一定要确保是纯的培养物。

最常用的基于结核杆菌生长的抗结核药物敏感性试验方法(DST)是绝对浓度法、比例法、抗性比率法和BACTEC法。这些方法已得到了广泛认可,是耐药结核病诊断的金标准。目前国内应用的主要有两种方法:比例法和绝对浓度法。《中国结核病防治规划实施工作指南(2008)》中,推荐药物敏感性试验方法为比例法。对于一线抗结核药物,这4种方法的DST结果没有差别,具有很高的可靠性和可重复性。二线药物的DST比例法较为可靠，而绝对浓度法和抗性比率法不确定。其他的在固体培养基上进行的药物敏感性试验方法有：噬菌体生物扩增法、硝酸还原酶测定法（NRA）、薄层琼脂法等。快速液体培养与药敏检测法：BACTEC法、显微镜直视下药物敏感性（MODS）法、呈色氧化还原抗药性检测法（CRI）等。2009年，世界卫生组织组织专家评估了这些非商品化方法的准确性以及对患者和公共卫生的影响。结果显示针对薄层琼脂法和噬菌体生物扩增法，目前还没有足够的证据能够推荐使用这两种方法，相反，世界卫生组织推荐：参比实验室在具有了明确计划和实施条件的情况下，严格按照操作程序执行，推荐使用CRI方法、MODS方法和NRA方法，作为正在扩展能力建立基因型或自动化液体培养方法期间的作为一种过渡方法。

5.3.3.1　基于L-J培养基的比例法：比例法是由法国的G. Canetti和J. Grossete于1963年首先提出的。此方法可用于直接或间接药物敏感性试验，被认为是评估其他常规药物敏感性试验的参考标准方法。比例法是通过比较接种在含药临界浓度的药物培养基和无药培养基上各生长的菌落形成单位（Colony-Forming Unit，CFU）来判定其对药物的敏感程度，一般认为，若耐药菌占整个菌群1%时，菌株就分类为耐药；反之，菌株就分类为敏感。

5.3.3.2　绝对浓度法：绝对浓度法是由G. Meissner（德国）于1964年首先提出的，是我国30多年来一直沿用的药物敏感性试验方法。此方法可用于直接或间接药物敏感性试验，由于该方法设定高、低2个药物浓度，所以在一定程度上反映了耐药的程度和水平。绝对浓度法对接种量（10^{-3} mg）要求十分严格，既要避免过量接种由于自然突变带来的假耐药的可能，又要保证对照培养基上菌落生长旺盛。在对照培养基生长旺盛的前提下，低浓度含药培养及菌落生长1+以上可提示耐药。

5.3.3.3　抗性比率法：只用于间接法药物敏感性试验。通过计算测试患者菌株测试的最低抑菌浓度（MIC）和敏感菌株H37Rv的MIC的比值，也可以用4株已知药物敏感的结核杆菌替代标准质控菌株作为模拟质控MIC。每一次试验过程当中都使用参考菌株，这不仅是实验室采取一种质量控制的措施，考虑到试验的变化同时也标化试验的结果，这也使这种方法更准确。但是鉴于每次使用大量的培养基，增加了工作量。

抗性比率=测试标本MIC/模拟质控MIC

临床分离的对数生长期的纯结核杆菌培养物（L-J培养基上生长的菌株）可用于间接法药敏试验。

5.3.3.4　液体培养基（MGIT 960）药物敏感性试验：在发达国家，液体培养系统是结核病诊断和病人管理的标准，2007年世界卫生组织推荐可以在低收入国家或地区使用液体培养和药物敏感性试验方法，使用液体培养和药物敏感性试验系统可以提高耐多药结核病人和AFB涂片阴性肺结核病人的诊断。利用Bactec 960培养和检测系统进行药物敏感性试验，采用的是比例法，在进行结核分枝杆菌的药物敏感性检测时，判断的临界值是1%。它是通过结核杆菌代谢产物检测可快速指示结核杆菌活菌数量，比较加和未加抗结核药物处理的样本的检测值的差异，可作为结核分枝杆菌耐药检测方法。基本原理是液体培养瓶底部的硅胶中包埋有氧-淬灭荧光染料，当细菌生长时，消耗氧，产生二氧化碳。随着氧的消耗，荧光染料不被抑制，产生荧光，可以手工或仪器自动检测MGIT管内有无分枝杆菌的生长。临床分离的对数生长期的纯结核杆菌培养物（L-J培养基上生长的菌株）或阳性的液体培养物（MGIT管）都可用于间接法药物敏感性试验。MGIT960系统4天～21天之内报告试验结果。

5.3.3.5　呈色氧化还原抗药性检测法（Colorimetric Redox Indicator, CRI）：呈色氧化还原抗药性检测法是间接药物敏感性试验，用于筛查MDR-TB患者。标本是传统培养方法分离的结核分枝杆菌菌株。快速显色法是基于氧化还原指示剂能被活细胞线粒体中脱氢酶还原而产生可见的颜色变化，在结核菌培养出来后，加入抗结核药物，以刃天青、Alamar blue或Tetrazolium Salts、MTT氧化还原试剂呈色反应，若有细菌生长代表有抗药性。呈色氧化还原抗药性检测法又称为Microplate Alamar Blue Assay（MABA）或Tetrazolium Microplate Assay（TEMA）。此方法可以在7～14天内出结果，但受限于培养所需要的时间（2～6周）。此方法检测利福平的敏感性是98%，特异性是99%；检测异烟肼的敏感性是97%，特异性是

98%。该方法已建立了标准化的操作程序，在制备菌株的过程中容易产生气溶胶，因此应至少在生物安全二级水平的实验室中操作。该方法检测MDR-TB的时间，并不比使用商业化液体培养或分子线性探针方法快，该方法适合在参比实验室中开展，不推荐按比例扩大和在低一级水平的实验室中开展。

5.3.3.6　镜检抗药性检验法（Microscopic Observation Drug Susceptibility，MODS）：此方法是2004年由秘鲁开发的，可以用于直接或间接药物敏感性试验，可快速筛查MDR-TB患者，报告时间可缩短至7天～9天。镜检抗药性检验法是利用结核菌在液体培养基产生典型绳索状外观，然后通过倒置显微镜镜检确定，可以与培养同步做药物耐药性检测。目前该方法推荐在经济不发达国家应用。MODS方法检测利福平的敏感性达到98%，特异性是99%；检测异烟肼的敏感性是91%。改良的MODS平板增加了一个含有PNB药物的微孔，结核分枝杆菌在含有PNB药物培养基的微孔中不生长，其优点是可以同时进行初步菌种鉴定，同时又避免了重新打开平板，减少了生物安全危险。MODS已经建立了标准化的试验程序，使用改良的MODS平台相关的生物危险与在固体培养基上的传统培养相似，生物安全二级水平的实验室即可开展。MODS方法适合于在参比实验室水平的实验室中使用，不推荐扩大和在低一级水平的实验室开展。

5.3.3.7　硝酸盐还原法（Nitrate Reductase Assay，NRA）：该法可用于直接法或间接法，用于快速筛查MDR-TB可疑者。可以直接用痰涂片阳性的痰标本或间接用固体培养基上生长分离的结核杆菌菌株。基于结核杆菌能还原硝酸盐，通过显色反应进行检测。硝酸盐还原法检测利福平耐药性的敏感性是97%，特异性是100%，而检测异烟肼耐药性的敏感性是97%，特异性是99%。硝酸盐还原法已建立标准化的操作程序。该方法适合于在参比实验室开展，如果低一级水平的实验室固体培养操作熟练，可以考虑开展。

5.3.4　试剂

5.3.4.1　商品化试剂必须是经国家、省级食品药品监督管理局注册批准、在有效期内用完。

5.3.4.2　用于药物敏感性试验的抗结核药物：抗结核药物统一使用原料制剂，药物应2～8 ℃冰箱内低温保存，利福平应在-20 ℃以下保存，所有药物应在有效期内使用。每购进一批新的抗结核药物都应做质量控制试验，并应有纯度（每毫克含多少微克）、有效期、批号以及抗结核药物的稳定性和溶解度等信息。未开封的药瓶需按厂家要求保存，开封的药瓶应贮存在厂家推荐的干燥器中。大多数抗结核药物贮存液（1000 μg/mL）-20 ℃可贮存6个月，-70 ℃或-80 ℃可贮存1年。

5.3.4.3　商品化培养基：含药和不含药改良罗氏培养基，4 ℃冰箱保存；MGIT培养管，2～25 ℃保存。购买的商品化培养基不需进行无菌、生长和选择性质量控制，需要生产厂家提供质量控制证明。信息应包括配置日期、批号、失效期，使用的测试菌株、测试时间和结果。

5.3.4.4　自配培养基：含药和不含药改良罗氏培养基配方必须来自《结核菌药物敏感性试验标准化操作及质量保证手册》《全国临床检验操作规程》《美国临床微生物手册（第九版）》或公认的权威书籍、部门，自配培养基应做好配制记录，包括培养基名称、配制时间、失效日期和配制人。通常新鲜配制的含药和不含药培养基6±2 ℃可以保存1个月。

5.3.4.5　质量控制：自制罗氏培养基，或不能得到厂家提供的无菌、生长和选择性证明时，应做如下质控：

培养基外观观察：颜色、质地、凝固水、匀质性。

无菌性试验：采用同一批次的不含药培养基随机抽取5%进行无菌试验，置于35～37℃，5%CO_2环境中，48小时后观察是否有细菌生长。

性能评价：测试阳性质控菌株的生长情况。用结核分枝杆菌*M. tuberculosis* H37Ra（ATCC 25177）作为质量控制菌株，这个菌株对所有的抗结核药物都敏感。

购买的SIRE检测的药物和MGIT培养管：用结核分枝杆菌*M. tuberculosis* H37Rv（ATCC 27294）作为质量控制菌株，仪器应在4～13天内报告实验结果，所有的药敏结果都是敏感的。药物敏感性试验结果以定性结果表示：耐药；敏感。涂片阳性肺结核和所有MDR-TB病例都应该优先报告给主管病人的临床医师。常规报告应该包括试验方法、试验结果、试验开始的日期和报告的日期。

结核杆菌药物敏感性检测（固体培养法）流程见图9-8；结核杆菌药物敏感性检测（液体培养法）流程见图9-9。

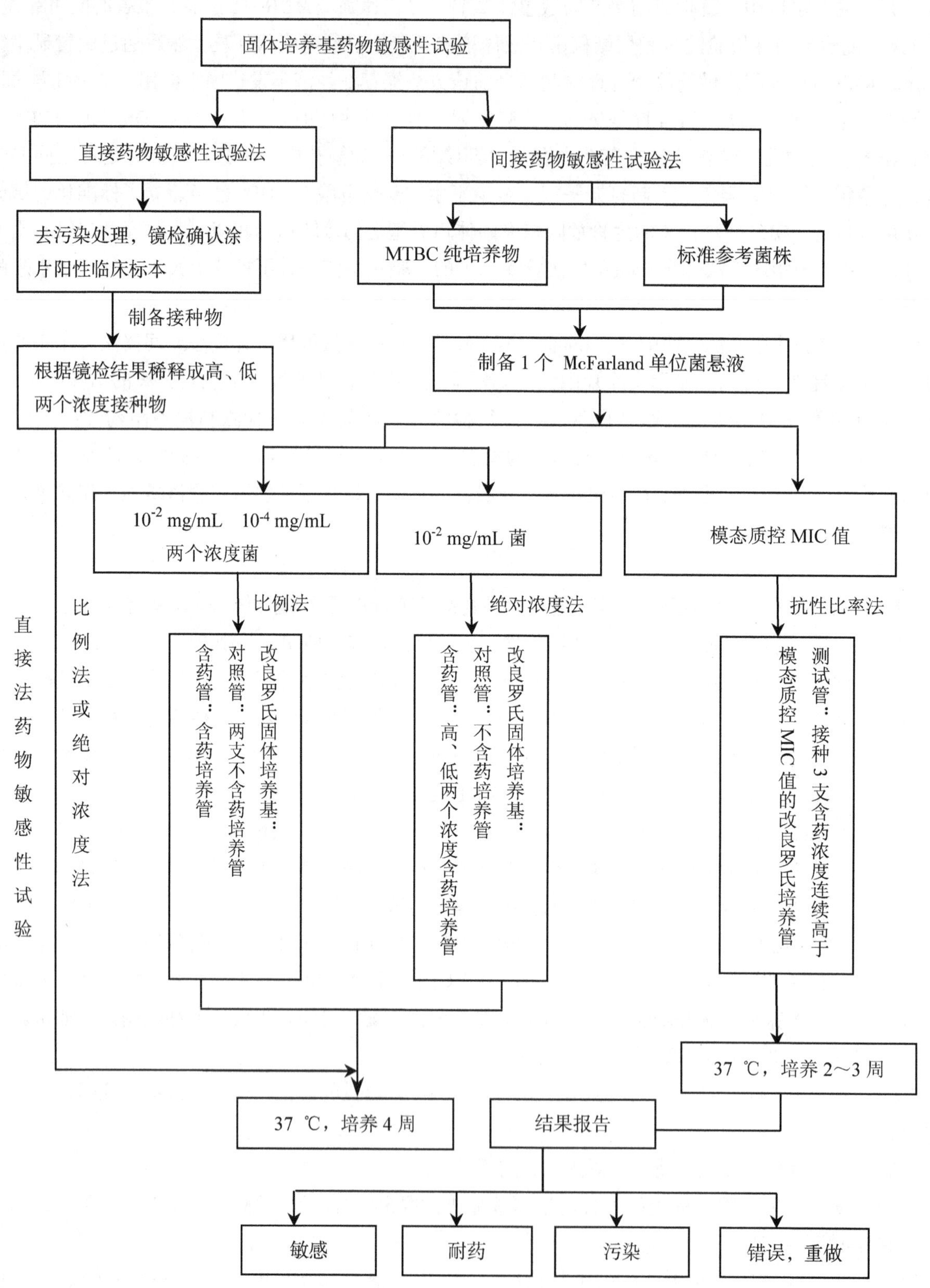

图9-8 结核杆菌药物敏感性检测(固体培养法)流程

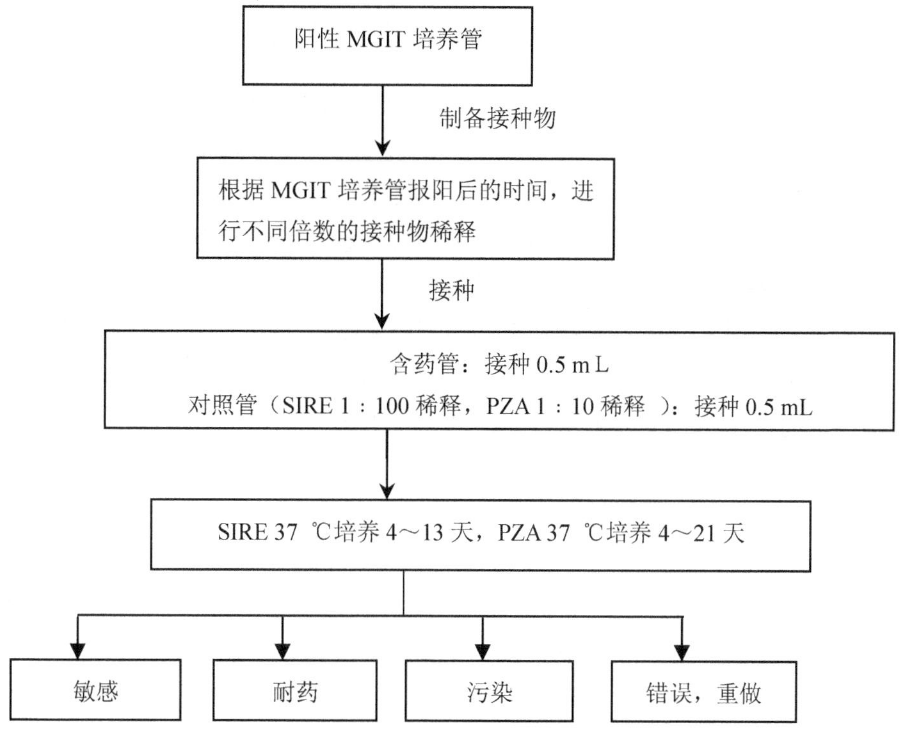

图9-9 结核杆菌药物敏感性检测(液体培养自动监测系统)流程

5.4 质量保证

为了提高结核分枝杆菌药物敏感性服务项目的有效性和可靠性，实验室应制订实用和可行的质量保证计划，包括室内质量控制、质量改进和室间质量评价。

5.4.1 室内质量控制：结核分枝杆菌药物敏感性试验的质量控制是对实验室开展药物敏感性试验操作的系统质控，需要通过评估菌悬液的制备、接种培养基的操作、试剂、培养基和仪器的质量；通过回顾药物敏感性试验结果和通过证明药物敏感性试验方法的有效性来完成，同时实验室还应配备足够经过培训的并掌握相关专业知识和操作技能、具有有效沟通能力的有职责感的技术人员。质量控制包括实验室布局和管理，实验室的设备，菌悬液的制备，试剂和培养基，药敏试验方法以及结果的报告。

5.4.1.1 实验室布局和管理：用于结核分枝杆菌药物敏感性试验的实验室应至少符合生物安全二级的要求。实验室工作区域、设备和供应品的布局合理，满足高效的工作流程要求。工作区域应保持清洁，工作台至少每天用消毒液（比如5%苯酚）擦拭一次。

5.4.1.2 实验室设备：设备应按照厂家的声明和技术说明进行安装。建立仪器设备操作、维护与保养程序，登记使用记录，仪器应该常规监测以保证设备处于良好状态，确保持续准确和精确。

5.4.1.3 试剂和耗材：所有用于药物敏感性试验的试剂盒耗材应保证清洁无菌。配制的试剂应标明配制日期、浓度和有效期，不要使用可疑试剂和过期试剂。配制试剂的水应定期检测以保证没有被分枝杆菌污染。每进一批试剂都要进行质量控制，比如SIRE检测药物、OADC等，质控合格后方可使用。

5.4.1.4 培养基：

固体培养基：从外观（包括颜色、质地、凝固水、匀质性）、无菌性试验、性能评价3个方面进行评估，评估符合要求后，应在冷藏环境下避光保存，保存期限不超过4周，过期的培养基应丢弃。

液体培养基：每进一批MGIT培养基都要进行质量控制，质控合格后方可使用。

5.4.1.5 药敏试验方法和药敏接种：实验室采用的试验方法应该是国际、区域或国家标准发布的方法，或经同行评议的书刊或杂志发表的方法，或公认/权威教科书发表的方法。实验室应建立标准操作程序（SOP），并严格执行，操作时应无菌操作，一个标本用一个无菌滴管或一个接种环接种，谨防交叉污染。

5.4.2 质量改进

5.4.2.1 实验室应引进质量改进计划，通过对实验过程持续监控，识别不符合项，对数据进行收集、分析，采取预防措施，持续提高结核病实验室服务的可靠性和有效性。

5.4.2.2 实验室确保工作人员有足够的培训，提高业务素质和培养爱岗敬业精神。

5.4.3 室间质量评价：药物敏感性试验的室间质量评价包括实验室现场评估、药物敏感性试验复检及熟练度测试。三者应该有机结合来评估实验室的操作。

5.4.3.1 熟练度测试：是上级参比实验室定期向下级实验室发送已知结果的菌株，由下级实验室人员对这些菌株进行药物敏感性试验测试并报告结果，由上级参比实验室对检测结果进行评估。这种方法是药物敏感性试验实验室间质量评估的重要手段，检测实验室技术人员的药物敏感性试验操作的整个过程，包括培养基的制备、药物的贮存和配制、细菌传代、药物敏感性试验操作、结果报告。

5.4.3.1.1 测试菌株：每套熟练度测试的菌株不少于30管培养物，测试菌株中包括不同耐药谱的菌株和一定数量的敏感菌株。

5.4.3.1.2 受检实验室收到菌株后，应首先核对成套菌株的数量、保存的完整性，之后将细菌在罗氏培养基上传代，按照要求的方法进行药物敏感性试验，在收到菌株4个月内报告结果。

5.4.3.1.3 结果的评价和反馈：控方实验室收到受控实验室报告后，与标准结果进行比对，计算：测试成功率、敏感符合率、耐药符合率、总符合率、重复性，并给予评价，将结果反馈给受控实验室。

5.4.3.2 药物敏感性试验复检：上级实验室对下级实验室药物敏感性试验菌株的复核不作为常规的室间质控活动，应根据具体情况选择药物敏感性试验复核，比如熟练度测试结果不佳的实验室或特殊项目的要求。

5.4.3.2.1 抽样要保证随机，保证抽出的样本具有真实的代表性。从药物敏感性试验登记本上随机抽取10株MDR菌株和20株非MDR菌株。

5.4.3.2.2 药物敏感性试验复检实验室收到菌株后，应首先核对菌株的数量、保存的完整性，之后将细菌在罗氏培养基上传代，按照要求的方法进行药物敏感性试验，在收到菌株4个月内报告结果。

5.4.3.2.3 结果的评价和反馈：异烟肼和利福平复检符合率不低于90%，将结果反馈给受控实验室。

5.4.3.3 现场评价：定期到实验室现场督导、评估实验室的操作，目的是获得实验室操作的真实情况，帮助解决问题，这种外部评价方法有助于帮助实验室解决通过其他外部评价方法（批量测试或盲法复检）识别出的问题，同时提供现场培训。

5.4.3.3.1 为了确保现场督导持续而有组织地执行，应设计一个核查的标准，在现场督导时供实验室和TB监督员使用。

5.4.3.3.2 上级实验室对下级进行督导时，应核对以前的督导报告和被评估实验室的实际情况，各级督导报告应保存至少2年。

5.4.3.3.3 实施现场督导的缺点是工作时间短，工作强度大，而且花费高，要求现场评价员（督导员）应由经验丰富的实验室技术人员担任，须经过高一级实验室的培训。

6 体液免疫学检测

卫生部新发布的《肺结核门诊诊疗规范（2012版）》中将结核抗体检查作为临床诊断结核病的依据之一。对于通过相关检查无法确诊的结核病患者，尤其是对于痰菌检查阴性的少量肺结核、不易获取临床标本的儿童结核及肺外结核以及临床表现不典型的结核病患者，可通过进行结核抗原、抗体检测等其他辅助检查以协助诊断及鉴别诊断。结核病体液免疫诊断包括三个方面：结核抗体测定；结核抗原测定；循环免疫复合物测定。本规范主要介绍目前应用比较广泛的结核抗体的检测。

6.1　实验室基本要求

结核抗体的检测因属于不涉及活菌的非感染性材料的试验，可在符合生物安全一级实验室要求的环境中进行。

6.2　检测原则

6.2.1　鉴于血清学试验的敏感性（和涂片镜检的敏感性相似）、特异性和阳性结果的解释（非活动性残存的结核病和其他非典型分枝杆菌感染的疾病），该方法不推荐成为结核病人诊断的常规标准使用的方法。

6.2.2　在下列情况下血清学试验在结核病的诊断中是有价值的：涂片阴性的肺核病、肺外结核和儿童结核病，但是结果解释需要结合患者的临床症状和体征。

6.2.3　选用试验方法和试剂盒时，推荐选用更敏感的技术和更特异纯化的抗原。从技术层面，酶联免疫吸附试验（Enzyme-linked Immunosorbent Assay, ELISA）具有快速、可以自动化、提供可重复的结果以及最佳灵敏度性能。最有名和最广泛使用的纯化抗原主要是蛋白和脂质性质的抗原。

6.2.4　检测标本：血清、脑脊液、胸腹水、灌洗液等。

6.2.5　试剂：以临床诊断为目的的检测，使用检测结核抗体的试剂，实验室必须使用经国家食品药品监督管理局注册批准的试剂。目前通过国家食品药品监督管理局（SFDA）批准的结核分枝杆菌核酸检测试剂盒（进口和国产）至少有26种，可登录国家药品食品管理局网站（http://appl.sdfa.gov.cn/）查询；推荐使用临床评估质量好、结果稳定的试剂，选用的试剂盒，应尽量采用理想抗原，具有种特异性及强免疫原性。

6.3　检测方法和流程

目前常用的检测方法主要有酶联免疫吸附试验、斑点免疫渗透试验、斑点免疫层析试验和蛋白芯片技术。抗原试剂有PPD、阿拉伯甘露糖（LAM）、38KDa、Rv3621c（结核杆菌PPE家族）、Rv3618（结核杆菌单加氧酶）、重组抗原（Ag85-HBHA复合物，38kDa-ESAT-6）等。临床上有成套的试剂盒，可按试剂盒说明书要求操作。

6.3.1　酶联免疫吸附试验（Enzyme-linked Immunosorbent Assay, ELISA）

6.3.1.1　原理：间接法酶联免疫吸附试验是结核抗体检查常用的方法。用纯化的结核分枝杆菌抗原包被微孔板，制成固相抗原，与样品中抗结核抗体温育后，加入生物素标记的抗IgG抗体，再与链霉素和辣根过氧化物酶（HRP）结合，利用辣根过氧化物酶催化其底物联苯二胺（OPD）呈色，利用酶标仪在450 nm波长下测定吸光度，判定标本中人抗结核抗体的存在。

6.3.1.2　操作程序

6.3.1.2.1　加样：加入经样本稀释液稀释的被检样品，样品中的结核抗体与抗原结合，形成固相抗原抗体复合物。

6.3.1.2.2　洗涤：固相载体上只留下抗结核抗体，其他免疫球蛋白及样品中的杂质由于不能与固相抗原结合，在洗涤过程中被洗去。

6.3.1.2.3　加酶：加入酶标记的抗抗体与固相复合物中的抗体结合，从而使该抗体间接地标记上酶。

6.3.1.2.4　显色：洗涤后，加底物显色及终止液，利用酶标仪等仪器分析结果。

6.3.2　斑点金免疫渗滤法（Dot Immunogold Filtration Assay, DIGFA）

6.3.2.1　原理：是在斑点免疫渗滤测定法基础上，改用胶体金标记物代替酶，省去底物显色的步骤。将结核分枝杆菌蛋白衍生物纯化抗原包被在硝酸纤维素膜的膜片上，加待检样品后，其与待检样品中的结核抗体形成复合物，然后加入胶体金标记IgG或海藻酸多糖与复合物结合，形成肉眼可见的红色斑点。反应时间在10分钟以内。有效试验的质控点必须显色。

6.3.2.2 操作程序

6.3.2.2.1 加样：膜上结核抗原捕获人血清样品中的结核分枝杆菌抗体。

6.3.2.2.2 洗涤：洗去其他免疫球蛋白及样品中的杂质。

6.3.2.2.3 加金标记抗体：被捕获的结核IgG抗体可与金标记抗体特异性结合，形成红色斑点。

6.3.2.2.4 目测结果：根据是否出现红色斑点即可判断阴、阳结果，从而判断是否存在结核分枝杆菌抗体。

6.3.3 金标斑点免疫层析法（dot immunogold chromatographic assay, DICA）

6.3.3.1 原理：用胶体金标记技术和蛋白质层析技术结合的、以硝酸纤维素膜为载体的快速的固相膜免疫分析技术。胶体金标记已知抗原包被在膜上，加入待检标本后，利用毛细管作用使标本中的抗体与膜上包被的抗原结合，形成的复合物富集在层析条上的特定区域，阳性结果在膜上抗原部位显示出有色条带。有效试验的质控线必须显色。

6.3.3.2 操作程序：有商品化试剂盒，严格按操作说明书操作，5～20分钟内观察结果。

6.3.4 蛋白芯片技术

6.3.4.1 原理：芯片以微孔滤膜为载体，同时将结核菌的特异性细胞壁脂多糖抗原LAM和经基因工程重组DNA技术生产纯化的结核菌16 kDa和38 kDa特异性抗原固定在特制的载体上，利用微孔滤膜的渗透、浓缩、凝集作用，捕获被检样品中的特异性抗体，使抗原抗体反应在固相膜上快速进行，复合物再与胶体金标记的兔抗人IgG作用，在膜上形成紫红色的斑点，如一种抗体阳性，则判断该患者抗结核分枝杆菌抗体阳性。阳性质控点必须显色。

6.3.4.2 操作程序：首先在芯片窗口滴加0.5 mol/L Na_2EDTA，然后依次加入待检样品，饱和$(NH_4)_2SO_4$溶液、1%牛血清白蛋白，反应完毕30分钟内，将芯片放入芯片阅读系统进行分析。

6.3.5 结核抗体检测流程图和结果判读：结核抗体检测，结果呈阴性反应，报告“结核抗体阴性”；结果呈阳性，报告“结核抗体阳性”；对于灰区样本，应对同一血清进行重复试验，重测以确定其阴阳性，如仍落在灰区范围内（1.0≤样本的吸光值/临界对照吸光值≤1.2），则报告阳性或是对同一患者2～4周后再采集标本进行检测。

结核抗体检测流程见图9-10。

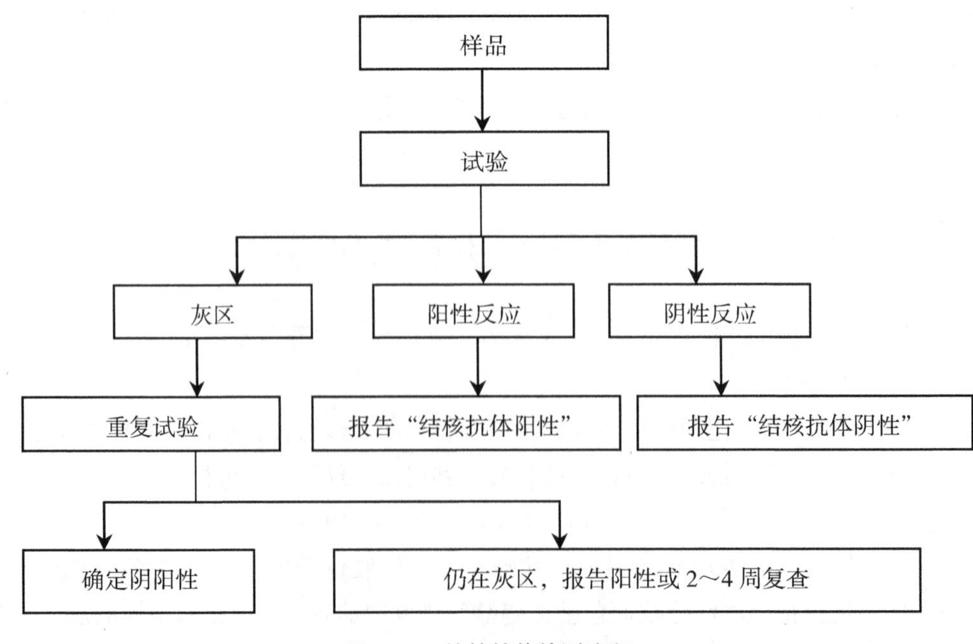

图9-10 结核抗体检测流程

6.4　质量保证

6.4.1　室内质量控制

6.4.1.1　检验前：应制定标本拒收标准。标本接收时，确认标本标记清晰并附有相应的申请单，两者信息须一致，标本运送时需分开放置，以免污染。标本应在规定的时间内，按照检测项目要求运输到实验室。

6.4.1.2　检验中：试验所用的试剂应在有效期内用完，并按照试剂盒的要求贮存试剂；新批号试剂，应与旧批号试剂做平行试验，至少平行检测10个样本，结果在受控范围内方可使用；仪器应定期校准；每批次试验都应设立阳性对照和阴性对照；操作时应严格按照标准操作程序执行。

6.4.1.3　检验后：实验室应根据检验中加入的质控品，对照比对检验结果是否符合预期范围，当质控品检测产生可信赖的结果时，试验有效，所有的试验条件有效，所有的试验结果可靠，这时可判读测试标本的结果；每次试验做好实验记录。

6.4.2　室间质量控制

6.4.2.1　现场评价：通过现场评价发现问题，并提出有效的建议和整改方案，提高免疫学检测的工作质量。每次现场评价时，应事先准备好现场监督评价的项目清单。

6.4.2.2　熟练度测试；用于确定实验室进行检测或测量的能力以及监控实验室的持续能力。识别实验室中的问题并制定相应的补救措施。

6.4.2.2.1　频次：参加上级实验室组织的熟练度测试，1年2次。

6.4.2.2.1　测试标本数量：每套熟练度测试标本包括10个血清标本，分装到不同的管中，标记编号。

6.4.3　质控品以邮寄的方式寄送。收到质控品后，认真核查核对所有邮寄的质控品有无破损、缺失或标本编号错误，应填写《被测物品接收状态确认表》。

6.4.4　检验人员依据调查机构的建议测定日期，如同病人标本一样进行检测。

6.4.5　认真填写汇报结果，在回报截止日期前以调查机构要求的形式报告结果，通过电子形式网上回报或原件寄出（复印件备档）或通过传真回报。

6.4.6　每次的质评成绩应有专人负责，实验室主任监控外部质量评价结果。返回的质评结果无论有无超出范围，都必须进行评价。如果返回的质评统计结果中有超出范围的结果，必须和相关室员做例行讨论并评价，实施纠正措施，最后存档。

7　结核菌素皮肤试验

结核菌素皮肤试验（Tuberculin Skin Test, TST）广泛用于结核分枝杆菌感染筛查、流行病学调查、结核病辅助诊断以及检测卡介苗接种是否成功等领域。TST对儿童结核病有重要的诊断价值，尤其对于未接种卡介苗者。但TST往往难以区分卡介苗接种和结核分枝杆菌感染。TST的操作和结果的阅读都需要工作人员经过标准化操作的培训、指导和练习。

7.1　检测原则

作为卡介苗纯蛋白衍生物或结核菌素纯蛋白衍生物，必须是经过国家食品药品监督管理局批准，并在有效期内的试剂。患者感染结核分枝杆菌3～8周后可产生致敏淋巴细胞，当皮肤再次接触到结核分枝杆菌抗原后则出现红斑、硬结反应，这是由于体内致敏的淋巴细胞因结核菌素的刺激，释放出淋巴因子中的发炎因子、趋化因子和移动抑制因子等，使单核细胞和巨噬细胞聚集在结核菌素试验局部，出现阳性反应，如机体从未受过结核菌感染，则出现阴性反应。

7.2 检测方法及检测程序

常用结核菌素皮试液5IUPPD（0.1 mL）注入左前臂掌侧中下1/3交界处皮内，使之形成直径6～10 mm的皮丘。试验后48～72 h观察和记录结果，以硬结纵横径记录反应范围，以平均直径（即横径+纵径）/2大小来判断反应强度，具体标准如下：

阴性：硬结直径≤5 mm；

阳性：硬结直径为6～9 mm；中度阳性：硬结直径为10～19 mm；

强阳性：硬结直径≥20 mm，或硬结直径虽不足20 mm但有水疱、坏死、淋巴管炎、双圈反应等，接种者如在3岁以下，硬结直径≥15 mm。

7.3 质量保证

7.3.1 结核菌素应保存于冰箱中（2～8 ℃）内，接种前应查验结核菌素试剂的有效期，出现混浊、沉淀和变质、安瓿有裂纹等不宜使用，安瓿开启后在30分钟内使用完。

7.3.2 注射时深度要合适，切忌注入皮下，剂量要准确即0.1 mL。

7.3.3 测量时应轻轻触摸硬结周围皮肤，确定硬结边缘。按照先测量横径（垂直于被注射手臂方向的硬结直径），再测量纵径（平行于被注射手臂方向的硬结直径）。

8 γ-干扰素释放试验

8.1 实验室基本要求

8.1.1 实验室设施：满足国家生物安全二级基本要求；同涂片镜检实验室的基本要求。

8.1.2 实验室设备：根据开展试验方法的不同，配置相关的试验设备。开展T-SPOT试验时，实验室内应配备生物安全柜、低温冷冻离心机、CO_2培养箱和平板阅读器等，开展QFT-G试验时，实验室应配备微型板块阅读器等。

8.1.3 实验室安全

8.1.3.1 实验室在开展试验之前应该进行风险评估，建立标准操作程序并不断更新。

8.1.3.2 人血液标本和血浆均应被视为有潜在的传染性，试验过程中应使用个人防护用品，比如手套、实验室工作服、防护镜或防护罩。

8.1.3.3 血液样本和试剂的处理、使用、贮存和处置应遵守国家或地方的生物危害和安全指南或法规的要求。

8.2 检测原则

8.2.1 在结核病低负担地区：商品化γ-干扰素释放试验（Interferon-gamma Release Assay，IGRA）需要结合危险评估、X射线片和其他医疗和诊断评估作为诊断结核感染的间接和辅助试验。最近几年，IGRA使用指南的出台主要是在已建立起潜伏结核感染者筛查方案的高收入国家，大多数国家倾向于推荐两步法，尤其是在卡介苗接种的群体中展开密切接触者调查：首先使用TST筛查，如果可能的话，对于TST阳性者（TST结果可能不可靠），进一步做IGRA，证实TST的阳性结果。下面列出了指南中在不同患者群体中推荐使用IGRA的说明：

8.2.1.1 TST和IGRA可辅助用于判断是否存在结核分枝杆菌感染。

8.2.1.2 TST和IGRA均不推荐用于在感染或感染后进展成活动性结核的低风险人群中筛查潜伏结核感染者，除非该人群在未来风险性会增加。

8.2.1.3 在职工查体和学校普查时，推荐使用特异性更好的IGRA试验。

8.2.1.4 可用TST来辅助诊断结核感染的所有情况，都可用IGRA方法来替代，但在严重的免疫力低下或非常年轻的患者中使用应慎重。

8.2.1.5 对于低返回判读TST结果的人群，对接受抗TNF-α治疗的群体，目前倾向于优先使用IGRA。

8.2.1.6 对于结核杆菌感染高风险的免疫功能低下的个体，为了提高敏感性，推荐TST和IGRA都使用。

8.2.1.7 <5岁儿童，建议使用TST。对TST效果不理想的临床病例（先天疾病、HIV合并感染的年幼者或营养不良或两者皆有）推荐使用IGRA。

8.2.2 在结核病高负担和/或HIV高负担的地区：目前还没有在低收入和中等收入国家或地区IGRA的应用指南，世界卫生组织于2011年发布政策声明：在低收入和中等收入的国家IGRA和TST不能准确预测感染者进展成活动性结核病的风险，都不能用于活动性结核病的诊断；考虑到IGRA和TST操作烦琐程度相当，但成本增加，在资源有限地区，不推荐IGRA代替TST进行公共卫生干预，IGRA不能替代目前的涂片镜检和培养方法。

8.2.3 基本的流行病学资料：进行IGRA之前，应该记录被检查者的基本流行病学数据：姓名、详细地址、接触史、性别、职业、出生日期、旅行史、卡介苗接种史、TST结果和临床资料等。

8.2.4 实验室需建立标准操作程序。

8.2.5 实验室需配备经过培训的实验室技术人员。

8.2.6 检测标本：患者全血、胸腹水等。

8.2.7 检测试剂：以诊断结核感染为目的的检查，应使用经中国药品生物制品监督管理局注册批准的商品化试剂，并在有效期内用完。

8.3 检测方法和流程

8.3.1 原理：γ-干扰素释放试验（IGRA）是应用早期分泌抗原靶6（ESAT-6，*Rv*3875）和相关的培养滤液蛋白10（CFP-10，*Rv*3874）刺激外周血单个核细胞，然后用ELISA技术检测释放IFN-γ的含量或通过ELISPOT检测产生IFN-γ的细胞。商品化的IGRA试剂主要在体外检测细胞介导的对分枝杆菌特异肽抗原的免疫反应。这些抗原包括ESAT-6、CFP-10和TB7.7等（仅在QFT-GIT中使用）在所有的卡介苗和除堪萨斯分枝杆菌、苏尔加分枝杆菌、海分枝杆菌外的大多数非结核分枝杆菌中缺失。感染结核分枝杆菌复合群者（结核分枝杆菌、牛分枝杆菌、非洲分枝杆菌、田鼠分枝杆菌、卡氏分枝杆菌）血液中含有能识别这些特异抗原的单核细胞。利用这些特异结核分枝杆菌抗原刺激全血或外周单核细胞，通过检测IFN-γ的表达来判断是否有结核分枝杆菌感染。

8.3.1.1 ELISA技术检测程序

8.3.1.1.1 标本采集及处理：使用肝素锂抗凝采血管采集待检者静脉血，标本采集后16小时内标本应放入37±1 ℃培养箱内。

8.3.1.1.2 标本孵育和收集血浆：37±1 ℃培育16～24小时，2000RCF（g）离心15分钟，取出血浆后可以直接加到ELISA板上。

8.3.1.1.3 用ELISA方法检测IFN-γ的量：加样，洗涤，加入基质液显色，读取OD值。

8.3.1.1.4 结果报告：QFT-G结果的预测值依赖于被检测群体结核感染的流行程度。每一个试验结果和解释都应该结合其他的流行病学信息、病史、身体检查情况和诊断。被测试的IFN-γ的大小与结核感染的阶段和程度、免疫反应水平、进展成活动性疾病的可能性没有相关性，具体的检测数据不能报告给临床，而应该按如下报告：

阳性：对TB抗原管IFN-γ反应阳性，提示可能MTB感染。

阴性：对TB抗原管IFN-γ反应阴性，提示不可能MTB感染。

不确定：对有丝分裂原反应低（<0.5 IU/mL），血样本检测对TB抗原反应阴性，提示不确定的结果。这种情况发生可能是由于淋巴细胞不足，或者淋巴细胞能力降低（由于标本运输延误或不恰当标本的处理，包括血管子的混匀，或病人的淋巴细胞无能力产生IFN-γ）。

8.3.1.2　ELISPOT技术检测程序

8.3.1.2.1　样本的采集与制备：用肝素锂抗凝采血管采集待检者静脉血，用Ficoll人淋巴细胞分离液分离外周血单个核细胞（PBMC）。

8.3.1.2.2　细胞计数与稀释：用AIM-V培养液调节离心管中细胞浓度为2.5×10^5个细胞/100 μL。

8.3.1.2.3　培养板设置及孵育：取已调整浓度到250万/mL的细胞100 μL，加入到各检测孔中，然后分别加入细胞刺激物，将培养板放入37 ℃、5% CO_2培养箱孵育16～24小时。

8.3.1.2.4　斑点形成及计数：加入新鲜配制的酶标抗体2～8 ℃避光孵育，洗涤后加入显色液显色，使用显微镜或自动计数仪进行斑点计数。

8.3.1.2.5　结果报告

阳性：如果孔A形成的斑点数减去空白对照和/或孔B减去空白对照形成的斑点数≥6，空白对照形成的斑点数<10，提示标本含有对结核分枝杆菌反应的效应T细胞。

阴性：如果孔A形成的斑点数减去空白对照和/或孔B减去空白对照形成的斑点数<5（包括值小于0），空白对照形成的斑点数<10，阳性质控形成的斑点数计数>20（或饱和），提示标本不含有对结核分枝杆菌反应的效应T细胞。

不确定：不管A孔和B孔形成的斑点数，空白对照形成的斑点数>10，或如果孔A形成的斑点数减去空白对照和孔B减去空白对照形成的斑点数≤5，阳性质控形成的斑点数<20。

由于潜在生物或系统变异，当两个测试孔（panel A和B）的斑点数减去空白对照孔的斑点数是5、6、7时，试验结果不能确定（borderline），虽然结果有效，建议测试者再留取一个标本重新测试，如果结果还不能确定，则需结合其他诊断试验结果和/或流行病学信息，来判断测试者是否TB感染。

8.4　检测流程

IGRA检测流程见图9-11。

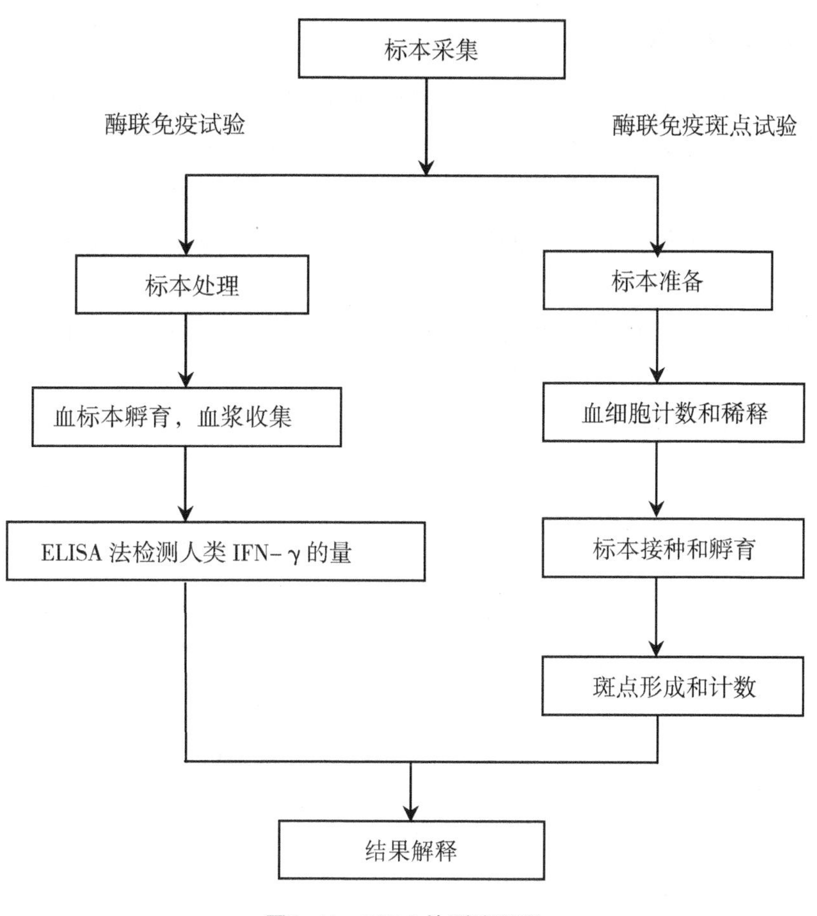

图9-11　IGRA检测流程图

8.5　质量保证

8.5.1　每个实验室每年都应该制订、改进和实施质量保证计划，包括室内质量控制和室间质量控制。

8.5.2　详细记录试剂盒开启和用完的时间，试剂批号。

8.5.3　做好冰箱和冰柜温度记录。

8.5.4　通过ELISA检测产生IFN-γ细胞数量的方法：实验室应常规开展标本的双盲测试。

目前还没有开展此项目的室间质量评价，建议实验室在以前经验的基础上建立并实施。

8.5.5　用ELISA技术检测释放IFN-γ含量的方法：试验准确性依赖于准确标准曲线的绘制。标本检测结果解释之前必须确认标准品的试验结果。每一个实验室都应该确定质控品的类型和质控频次。目前还没有开展此项目的室间质量评价，应该尽快在以前经验的基础上建立并实施。

9　结核病分子生物学检测

随着分子生物学技术在医学领域的飞速发展，国内外学者已不断从分子水平上获得结核分枝杆菌基因组、结核分枝杆菌致病机理以及耐药性机制等领域的研究成果。在这些研究成果的基础上，研究人员相继开发了多种针对结核分枝杆菌的检测、分枝杆菌菌种鉴定和耐药性检测等方面的结核病分子生物学诊断技术。这些技术相对传统的结核病实验室诊断技术而言具有快速、准确的特点，为早期实现结核病患者的个性化治疗提供了依据。这些技术方法目前主要为加强结核病诊断提供支持，但不能完全替代目前世界卫生组织（WHO）推荐使用的检测分枝杆菌和确定药物耐药性的标准方法。

9.1 实验室设施和环境条件

9.1.1 临床基因扩增检验实验室是指通过扩增检测特定的DNA或RNA，进行疾病诊断、治疗监测和预后判定等的实验室。需经省级卫生行政部门临床基因扩增检验项目登记后，方可开展临床基因扩增检验工作。

9.1.2 结核病分子生物学检测实验室的设施和环境条件应严格按照我国临床基因扩增检验实验室的设置要求进行。

9.1.3 应符合BSL-2防护的要求，并按照《医疗机构临床基因扩增检验工作导则》的有关规定，开展临床基因扩增检验工作。

9.1.4 实验室区域设计原则：

原则上分为四个分隔开的工作区域：

试剂贮存和准备区：用于贮存试剂的制备、试剂的分装和扩增反应混合液的准备，以及离心管、吸头等消耗品的贮存和准备。

标本制备区：用于核酸（RNA、DNA）提取、贮存及其加入至扩增反应管。对于涉及临床样本的操作，应符合生物安全二级实验室防护设备、个人防护和操作规范的要求。

扩增区：用于cDNA合成、DNA扩增及检测。

扩增产物分析区：用于扩增片段的进一步分析测定，如杂交、酶切电泳、测序等。

如使用自动分析仪（扩增产物闭管检测），扩增区和扩增产物分析区可合并。上述每个区域应有充分空间以保证：样本处置符合分析前、后样本分区放置；仪器放置符合维修和操作要求；标本制备区放置生物安全柜、离心机和冰箱等仪器设备；打印检验报告时交叉污染的控制。

9.1.5 空气流向：可按照试剂储存和准备区→标本制备区→扩增区→扩增产物分析区进行，防止扩增产物顺空气气流进入扩增前的区域。

9.1.6 各区独立：各工作区域应有明确的标记，不同工作区域内的设备、物品不能混用。

进入各工作区域应按照单一方向进行，即试剂贮存和准备区→标本制备区→扩增区→扩增产物分析区。

不同的工作区域宜使用不同的工作服（如不同的颜色）。工作人员离开各工作区域时，不能将工作服带出。

9.1.7 各分区应配置固定和移动紫外线灯，波长为254 nm。照射时离实验台的高度一般为60～90 cm。标本处理区应配置二级生物安全柜。

9.1.8 应依据所用分析设备和实验过程对环境温、湿度的要求，制定实验室温、湿度控制的目标，有效地实施控制，并提供温、湿度监控记录。应依据用途（如：RNA检测用水），制定适宜的水质标准（如：应除RNase），并定期检测。

9.1.9 应有限制进入实验室的标志和措施。

9.1.10 应有足够的、温度适宜的储存空间（如冰箱），用以保存临床样本和试剂，设置目标温度和允许范围，并记录。应有温度失控时的处理措施，并记录。

9.1.11 应有指定的内务管理人员（如保洁人员），应有地面、台面的维护、清洁和消毒计划及相关的记录。

9.1.12 以科研为目的的基因扩增检验项目，不得向临床出具检验报告，不得向病人收取任何费用。

9.2 操作人员要求

9.2.1 基因扩增实验室（以下简称“实验室”）操作人员应经过有资质的培训机构培训合格取得上岗证后方可上岗。实验室技术人员须严格按照PCR实验操作程序进行。严格执行《医疗机构临床基因扩增检验实验室管理办法》中的有关规定。

9.2.2　实验室负责人至少应具有中级职称，医学相关专业背景，基因扩增工作至少3年。

9.2.3　应制定员工能力评审的内容和方法，每年评审员工的工作能力；对新进员工在最初2个月内应至少进行2次能力评审（间隔为30天），保存评审记录。当职责变更时，或离岗6个月后再上岗时，应有政策规定对员工进行再培训和再评审。没有通过评审的人员应经再培训和再评审，合格后才可继续上岗，并记录。

9.2.4　应提供工作人员对患者隐私及结果保密的声明及签字。

9.3　实验室设备

9.3.1　实验室应根据检测项目配置服务所需的全部设施和设备。如从事RNA的检测，应配备高速冷冻离心机。在使用PCR-ELISA方法检测扩增产物时，应配置洗板机并使用洗板机洗板。一次性的加样器吸头应带有滤芯。

9.3.2　各区域的设施和设备为分区专用。

9.3.3　制定设备预防性保养与校准制度。对计量设备，属于法定强制检定的计量设备应按照国家计量所要求进行检定。对检测仪器，应每年进行一次全面保养和校准，校准的基本项目至少包括加样系统、监测系统和温控系统。需进行外部校准的设备，可按制造商校准程序进行；应内部校准的辅助设备，实验室应制定内部校准程序。在使用过程中，应对其进行期间核查或质量控制，以维持其校准状态的可信度。

9.3.4　应保存与检验质量有关的设备管理记录。应提供对试剂和耗材检查、接收或拒绝、贮存和使用的记录，包括批号、效期、实验室接收日期、接收人和使用日期等。

商品试剂记录包括使用有效期和启用日期。自配试剂记录包括试剂名称或成分、规格、储存要求、制备或复融的日期、有效期和配制人。

9.3.5　PCR扩增仪应配备稳压电源。

9.3.6　设备故障修复后，应对该设备的性能进行评价，确认其可以使用。

9.4　实验室安全

9.4.1　实验室的安全工作制度或安全标准操作程序均应符合《实验室生物安全通用要求（GB19489—2008）》。

9.4.2　DNA提取前处理痰样本和细菌培养物时，易产生气溶胶，应在有足够和适当生物安全防护措施的实验室中进行。去污染处理后的痰标本或阳性培养物通过加热灭活后，标本中的结核杆菌失去了活性，后续试验可以在生物安全柜外操作。

9.4.3　废弃物的处理应按照国家《医疗废物管理条例》和《医疗卫生机构医疗废物管理办法》执行。

10　结核分枝杆菌分子检测

为了规范核酸扩增试验（Nucleic Acid Amplification Tests, NAAT）在临床上的使用，美国疾病预防控制中心先后分别于1996年、2000年和2009年三次更新了核酸扩增试验在结核病诊断中的应用指南，推荐有肺结核症状和体征的可疑患者都应该使用至少一个痰标本进行NAAT。为了提高诊断结核病的准确性，NAAT应与痰涂片镜检以及分枝杆菌培养同步进行，临床医生需要结合患者的临床症状和体征进行综合判断。如果NAAT阳性，涂片镜检阳性，或NAAT 2次结果阳性，涂片镜检阴性，临床可以确诊肺结核。如果涂片镜检阴性，2次NAAT阴性，可以初步判断阴性结果。

10.1 检测样本

可疑结核病患者留取的痰液标本、血液、体液（胸水、腹水、脑脊液、关节腔积液等）、支气管肺泡灌洗液、尿液、脓液、组织等。

10.2 检测试剂

以临床诊断为目的的结核分枝杆菌检测试验，必须使用经国家食品药品监督管理局（SFDA）注册批准的试剂。目前通过国家食品药品监督管理局（SFDA）批准的结核分枝杆菌核酸检测试剂盒（进口和国产）至少有9种，可登录国家药品食品管理局网站（http://appl.sdfa.gov.cn/）查询；推荐使用临床评估质量好、结果稳定的试剂；应根据试剂说明书规定的目的和范围选择使用试剂。

10.3 检测方法

常用的结核分枝杆菌分子生物学检测方法可依据扩增模式的不同分为：PCR为基础反应、转录介导扩增反应技术（Transcription-mediated Amplication, TMA）、反转录环介导等温扩增技术（Reverse transcription Loop-mediated Isothermal Amplification, RT-LAM）、链置换扩增技术（Strand Displacement Amplification，SDA）以及同时扩增和检测技术（Simultaneous Amplification and Testing）。商品化试剂应严格按使用说明书操作。

10.4 PCR为基础反应

10.4.1 标本处理，DNA提取：目前商品化结核分枝杆菌PCR检测试剂盒中模板制备均使用较为简便的高温裂解法。

10.4.2 PCR扩增：按试剂盒说明书要求进行PCR扩增。PCR扩增体系内通常含有5′端带有检测标记引物，4种脱氧核苷酸，TaqDNA聚合酶、PCR反应缓冲液、UNG酶和DNA模板。扩增由高温变性、低温退火、适温延伸组成一个周期，循环进行。

10.4.3 PCR扩增产物检测：根据不同的目的选用不同的扩增产物分析法。

10.4.3.1 PCR-固相核酸探针杂交技术；

10.4.3.2 PCR-荧光探针杂交技术；

10.4.3.3 PCR-液相核酸杂交技术。

10.5 转录介导扩增反应技术（Transcription-mediated Amplication, TMA）

10.6 链置换扩增技术（Strand Displacement Amplification, SDA）

10.7 基于核酸序列扩增检测技术（Nucleic Acid Sequence-based Amplification，NASBA）

10.8 同时扩增和检测技术（Simultaneous Amplification and Testing）

10.9 检测流程及结果报告

分子生物学方法检测结核分枝杆菌，进行定性NAAT，结果阳性者，报告结核分枝杆菌阳性，结果阴性者，报告结核分枝杆菌阴性。检测流程见图9-12。

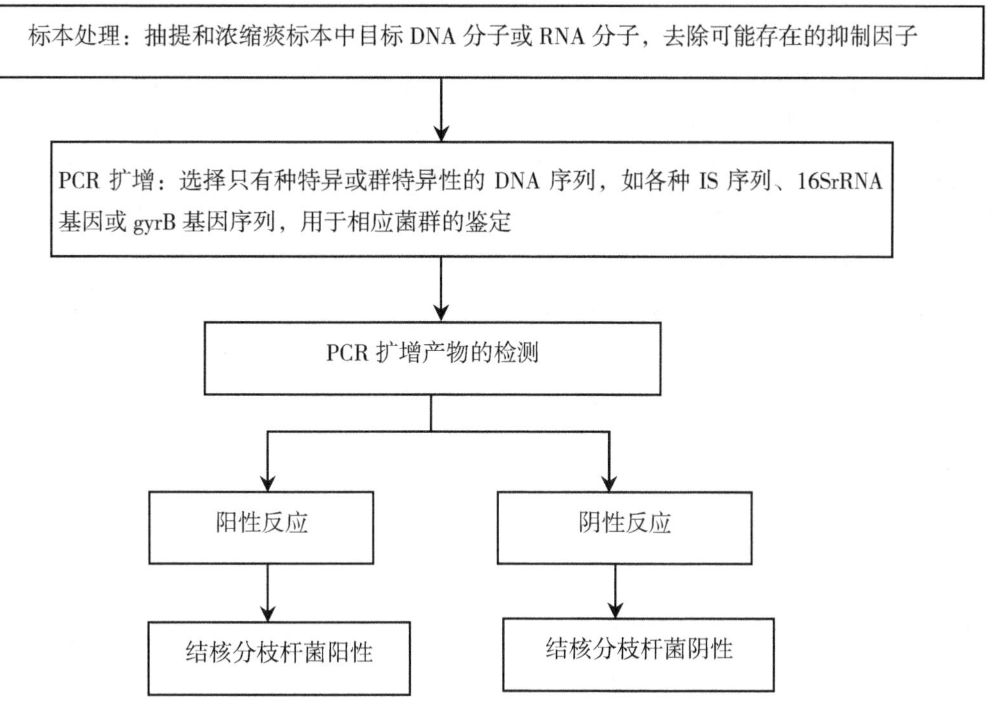

图9-12　分子生物学方法检测结核分枝杆菌流程

11　分枝杆菌菌种分子鉴定

11.1　检测样本

临床疑似结核病和非结核分枝杆菌病患者培养标本，或涂片镜检抗酸杆菌阳性的临床标本。

11.2　检测试剂

以临床诊断为目的的分枝杆菌菌种鉴定试验，实验室必须使用经国家食品药品监督管理局注册批准的试剂；推荐使用临床评估质量好、结果稳定的试剂；应根据试剂说明书规定的目的和范围选择使用试剂。

11.3　检测方法和流程

随着分子生物学技术的不断发展，越来越多的分子鉴定技术应用于分枝杆菌菌种鉴定，目前常用于分枝杆菌菌种鉴定的分子生物学方法主要有PCR技术、PCR-核酸探针杂交技术和DNA直接测序技术等。

11.3.1　PCR方法

用各种分枝杆菌特异性引物对标本DNA进行扩增，根据扩增产物所产生的特异性片段进行鉴定。

11.3.1.1　应用常规PCR技术：反应体系内仅含一对特异引物，根据目的基因扩增分枝杆菌属或群，一般仅能鉴别到属或群，临床上多采用实时荧光定量PCR进行结核分枝杆菌复合群的鉴定。比如PCR-荧光探针杂交检测法用于结核分枝杆菌复合群的检测。

11.3.1.2　应用多重PCR技术：反应体系内含2对及以上种、亚种或群特异性引物，同时扩增多条基因片段，对多种靶基因进行检测。比如同时选用16SrDNA和IS6110作为靶序列，16SrDNA序列含有分枝杆菌属特异性位点，作为分枝杆菌属的鉴定靶基因，IS6110仅存在于结核分枝杆菌复合群菌种中，具有群特异性，利用这两个特异性基因序列可以同时完成结核分枝杆菌复合群和非结核分枝杆菌的鉴定。

11.3.2 PCR-核酸探针杂交法：临床常用的方法主要是以聚合酶链反应技术（PCR）和反向核酸探针杂交技术相结合进行靶核酸基因检测，包括PCR-线性探针技术和PCR-基因芯片技术。采用分枝杆菌属菌种共有的靶基因序列设计分枝杆菌属特异引物，PCR扩增含有菌种变异区的基因片段，以菌种变异区设计一系列种特异性探针，按一定顺序固定于硝酸纤维膜上或将高密度探针排列固定在玻璃等基质上，与碱性磷酸酶标记链亲和素或荧光标记的PCR扩增产物进行反向核酸探针杂交进行菌种鉴定。

11.3.2.1 PCR-线性探针技术

11.3.2.1.1 Hains lifescience GenoType CM, AS AND MTBC tests GenoType 系列是基于DNA条带技术进行分枝杆菌菌种鉴定。Hain CM试剂盒用于鉴定常见的13种分枝杆菌和结核分枝杆菌复合群，检测试剂条包含一个标记物质控（CC）、通用质控（UC，23S sRNA）和分枝杆菌属质控（GC），如果属特异性探针鉴定其他分枝杆菌存在，在这种情况下，推荐用AS试剂盒进一步鉴定。AS试剂盒用于进一步鉴定其他16种非结核分枝杆菌菌种。GenoType MTBC试剂盒用于鉴定结核分枝杆菌复合群中的菌种，是基于*gyrB*靶基因序列进一步鉴定结核分枝杆菌复合群以及基于BCG-特异性探针（RD1）鉴定BCG。检测试剂条内设置内部质控，包括：标记物质控（CC），通用质控（UC），结核分枝杆菌复合群特异性探针（TUB，23S sRNA）。将结核分枝杆菌复合群进一步鉴定为：结核分枝杆菌、非洲分枝杆菌、田鼠分枝杆菌、牛分枝杆菌、卡介苗、山羊分枝杆菌。这3个试剂盒只能用于检测分枝杆菌培养物，而不能用于直接检测患者的标本。实验包括3个步骤：DNA提取、PCR扩增和PCR扩增子和Hain检测试剂条杂交。每批次试验都应设置阳性对照品和阴性对照品，阳性对照用于质控PCR扩增和杂交过程。阴性对照用于监测环境及操作过程中的污染情况。

11.3.2.1.2 INNO-LiPA MYCOBACTERIA v2（Innogenetics NV, Ghent，Belgium）试剂盒：INNO-LiPA MYCOBACTERIA v2试剂盒是比利时Innogenetics公司开发的产品，基于不同分枝杆菌16S～23S rRNA基因间隔区特异性的线性探针分析方法，仅限于分枝杆菌阳性培养物，可同时检测和鉴定结核分枝杆菌复合群与其他16种分枝杆菌。实验包括三个步骤：核酸自动或手工提取，DNA扩增和扩增产物反向杂交，可以采用自动化杂交仪（automatic blooting system）或手工杂交。检测试剂条内设置内部质控，包括：标记物质控（CC），分枝杆菌属特异性质控（Mycobacteria），结核分枝杆菌复合群特异性探针（MTBC）,每一次PCR扩增均包含一个阴性质控（蒸馏水）。

11.3.2.2 PCR-基因芯片技术：该方法利用反向核酸探针杂交技术，将荧光标记PCR产物与固定在玻璃基质上的高密度探针杂交，用特定仪器进行扫描检测、数据处理、结果判定。扩增靶核酸通常是分枝杆菌属菌种共有的既高度保守又有高度多态性的16SrRNA基因、16SrRNA和23SrRNA之间的插入序列（ITS）基因、rpoB基因或热休克蛋白（hsp65）基因等。国内已有获得SFDA批准的商品化试剂盒，是基于hsp65基因基础上开发的一种分枝杆菌菌种鉴定产品，可同时检测和鉴定结核分枝杆菌复合群和其他16种分枝杆菌。每一个检测样本芯片内，检测探针和对照探针各重复5个点，芯片内设置内部质控，包括芯片制备质控、芯片杂交质控、空白对照质控、阴性对照质控、分枝杆菌属质控。每批次试验都需设置阳性对照品和阴性对照品，其中阳性对照用于质控PCR扩增和杂交过程。阴性对照用于监测环境及操作过程中的污染情况。检测灵敏度为10^2～10^3菌/mL。

11.3.2.3 DNA直接测序法：选用热休克蛋白编码基因、ropB基因、16SrDNA可变区片段序列和16S～23S rDNA ITS全序列测序，通过与分枝杆菌菌种标准核苷酸序列比对，能将分枝杆菌鉴定至种。该方法被认为是鉴定所有细菌的金标准，能快速、特异和准确地鉴定出已知和新的分枝杆菌，但相对工作量大，成本高，菌种鉴定仅适用于阳性培养物。以最广泛应用的16S rDNA测序为例，检测步骤包括：核酸手工或自动提取，PCR扩增，然后上机自动化检测扩增产物核苷酸序列，测序结果利用软件和数据库的序列进行比对，比较其核苷酸的差异来鉴定菌种。数据库有RIDOM、MicroSeq（应用生物系统，加利福尼亚）、GenBank或内部开发的数据库，其中RIDOM是准确的、有质量保证的16S rRNA序列分枝杆菌数据库，可以从网上免费获得。每次检测样本同时需设置阳性对照（大肠杆菌）和阴性对照（去离子水）。该方法技术要求高，需昂贵的仪器设备，因而难以推广。

11.4　检测流程及结果报告

分子生物学方法进行分枝杆菌菌种鉴定，根据所用试剂盒的检测方法不同，直接报告为结核分枝杆菌复合群，或非结核分枝杆菌，或具体分枝杆菌菌种。检测流程见图9-13。

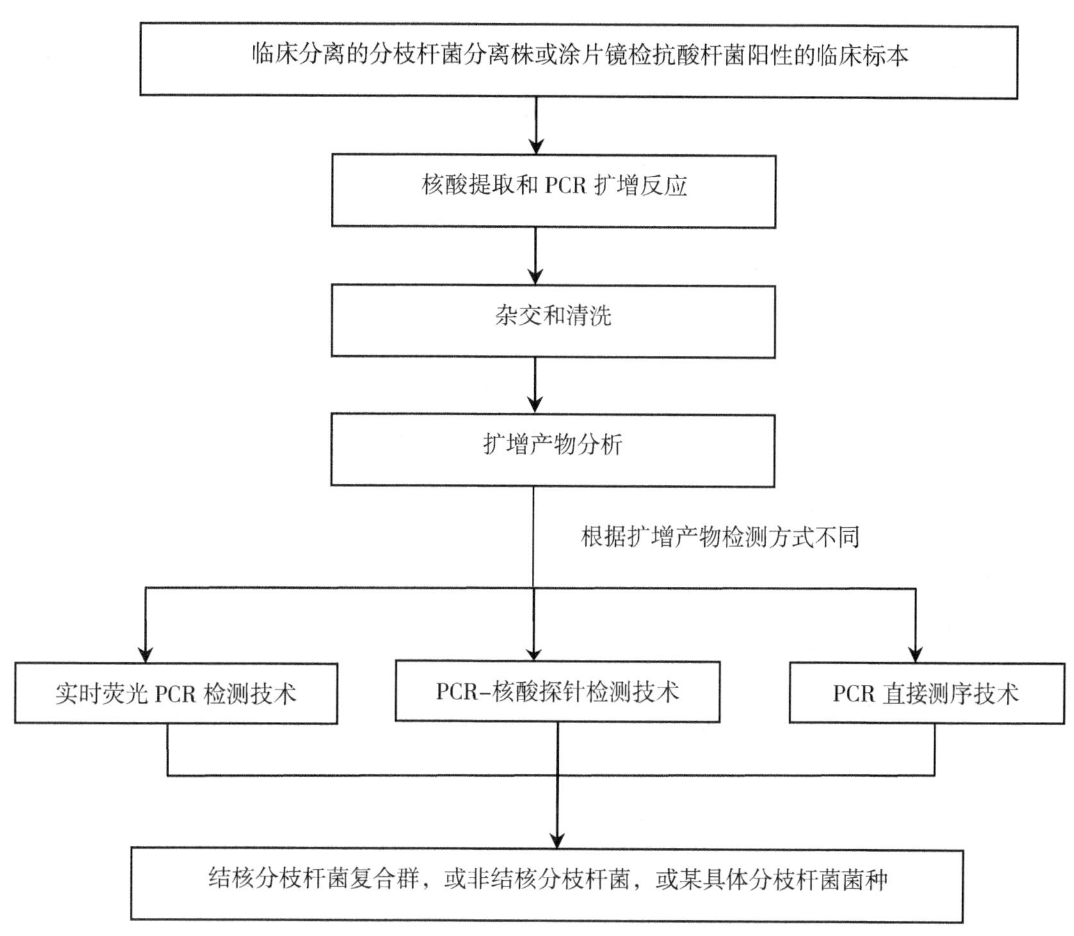

图9-13　分子生物学方法用于分枝杆菌菌种鉴定的流程图

12　结核分枝杆菌分子耐药性检测

随着国内外学者对结核菌分子基础的深入理解和药物耐药性基因的发现，已研发出了快速的、以DNA为基础的分子药物耐药（DR）检测方法。美国疾病预防控制中心组织专家对目前快速诊断药物耐药性试进行了评估，推荐疾病预防控制中心建立区域性实验室提供分子药物耐药性试验的服务，对所有的结核病患者或结核病可疑者，通过分子DR试验检测AFB涂片阳性或NAA阳性的痰标本，或结核杆菌培养物，筛查耐药结核病，以减少传播和预防进一步获得药物耐药。

12.1　检测原则

12.1.1　所有的临床医生、公共卫生结核病控制项目都可以通过使用分子DR试验帮助诊断、治疗和控制结核病。

12.1.2　如果条件允许，每一个结核病患者或结核病可疑者都应用一个AFB涂片阳性或NAA核酸扩增试验阳性的痰标本或结核杆菌培养物做分子DR试验。

12.1.3 分阶段逐步开展分子DR试验，同时优化并实施一个可行的、适用的、通用的分子DR试验服务。比如最初的服务，可以主要关注以下人群：

12.1.3.1 药物耐药性试验结果将指导改变病例的管理模式（比如患者在用标准一线药物化疗方案治疗时，效果没有好转者）；或当源病例怀疑是药物耐药时，需要开展暴发或密切接触者调查；免疫功能缺陷的密切接触者需要进行预防治疗。

12.1.3.2 药物耐药结核病的高危人群：比如有MDR-TB暴露史，或来自MDT-TB高流行地区，一线抗结核药物治疗失败的患者。

12.1.3.3 用传统的药敏方法不易检测的痰标本或菌株：比如培养物中含有混合生长的结核杆菌，或结核杆菌和其他的分枝杆菌混合生长，或者标本只含有不能生长的结核菌株。

12.1.3.4 分子DR试验适用于检测菌株和经处理和未经处理的标本。常规测试标本是痰标本，其他的标本可以优先考虑脑脊液或组织标本。

12.1.3.5 分子DR试验应该在收到标本后2个工作日内完成。

12.1.3.6 分子DR试验检测出利福平耐药，应尽快用传统的以培养为基础的药物敏感性试验方法或使用可以获得的其他分子方法进一步做一线和二线药物敏感性试验。

12.1.3.7 实验室应制定程序鉴别分子和传统方法检测结果不一致的情况，在不一致的问题解决之前，临床医生应根据患者的临床情况和传统药敏试验方法的试验结果做出临床判断。

12.1.3.8 实验室应编写程序评估分析分子DR试验和传统方法检测结果不一致的情况并组织实施。

12.1.3.8.1 用原始标本剩余的部分或从患者标本分离的培养物重做分子DR试验。

12.1.3.8.2 评估初始分子DR试验结果，比如是否存在非正常扩增或混合细菌的证据（低百分比的耐药菌可能导致分子试验假敏感）。

12.1.3.8.3 评估传统药敏试验结果，比如污染可能产生假阴性结果。

12.1.3.8.4 重做传统的药物敏感性试验；患者培养物送到仲裁实验室（比如疾病预防控制中心）进行进一步分子（比如测序）和传统的试验。

12.1.3.9 实验室应建立内部质量控制和外部质量控制程序，制订质量保证计划。

12.1.3.10 实验室应使用有效的分子DR试验方法检测利福平和异烟肼耐药性。引入何种分子DR试验应综合评估试验成本、工作量、周转周期。

12.1.3.11 国家参比实验室应开发分子DR试验的外部质量保证、熟练度测试和盲法复检。

12.2 检测样本

临床疑似结核病和非结核分枝杆菌病患者培养标本，或涂片镜检抗酸杆菌阳性的临床标本。

12.3 检测试剂

以临床诊断为目的利用分子生物学方法检测结核分枝杆菌药物耐药性，实验室必须使用经国家或省级食品药品监督管理局注册批准的试剂；推荐使用临床评估质量好、结果稳定的试剂；应根据试剂说明书规定的目的和范围选择、使用试剂；商品化试剂盒应使用其配套的试剂。

12.4 检测方法和流程

MTB耐药性的分子生物学检测方法都是建立在结核杆菌耐药分子机制基础上，根据细菌已知的耐药性靶基因信息，设计和合成相应的引物，并以此进行PCR扩增，最后对扩增产物进行耐药基因突变分析。操作步骤包括自培养阳性的菌株（固体/液体培养基）或临床标本（涂阳痰标本或去污染处理后的痰标本离心沉淀物）中提取DNA，然后进行PCR扩增，PCR扩增产物检测。不同的试验方法是基于检测PCR扩增产物的方法进行分类，包括DNA测序、焦磷酸测序、电泳检测的方法（比如单链构象多态性)、检测杂交双联不相匹配的方法（比如温度梯度HPLC分析法，分子移动抑制）和杂交试验（比如分子信标、微阵列或线性探针分析法）。目前市场上可获得的结核菌药物耐药性检测商品化试剂盒有线性探针分析法（比利时Innogenetics公司的INNO-LiPA RFP.TB试剂盒，德国Hain LifeScience公司GenoType MTBDR *plus* 试剂盒和GenoType MTBDR *sl* 试剂盒）、基因芯片分析法（北京博奥生物责任有限公司）和实时PCR方法（美国Cepheid公司Xpert MTB/RIF试剂盒）。

12.4.1 线性探针技术：2008年7月，世界卫生组织发表政策性声明：推荐使用商品化的线性探针分析方法快速筛查耐多药结核病人并提出指导原则，建议卫生部应在MDR-TB管理的国家规划中决定使用线性探针方法筛查MDR-TB，并建立国家特异的MDR-TB筛查流程和及时获得有质量保证的二线抗结核药物。世界卫生组织在2011年发布的全球结核病控制报告显示，至2010年我们国家利用线性探针技术筛查利福平耐药性的实验室<0.1/500万人口，国家还没有把该技术纳入我们国家耐多药结核病防治规划中。2011年，德国的线性探针试剂盒获得了我国SFDA批准。国家正在逐步推广该技术在临床的应用，但应按照以下原则开展工作：

12.4.1.1 线性探针分析方法只适合用于痰涂片阳性的标本和临床分离培养的菌株，不推荐直接检测涂阴的临床标本。

12.4.1.2 线性探针分析方法不能完全替代传统培养和药物敏感性试验方法。

12.4.1.3 分阶段推广，优先在国家/中心参比实验室或已证明有能力开展分子生物学检测的实验室开展，然后，结合人力资源情况、标本运输系统质量以及一旦MDR-TB患者诊断后有能力提供合适的治疗和规范管理而进行扩展。

12.4.1.4 应该具备足够的和适当的实验室基础设施和设备，确保能满足对生物安全需要的预防措施和污染的预防。

12.4.1.5 实验室工作人员应培训实验室操作，尤其PCR扩增和结果解释。

12.4.1.6 应严格执行标准操作程序，实施和加强实验室室内质量控制，建立外部质量评估计划。

12.4.1.7 实验室应建立快速报告检测结果的机制。

12.4.1.8 INNO-LiPA Rif.TB试剂盒

12.4.1.8.1 原理：比利时Innogenetics公司开发的体外诊断试剂，基于聚合酶链反应和反向杂交的方法，可同时检测固体培养基上分离的结核分枝杆菌、结核分枝杆菌复合群和利福平耐药。PCR扩增产生生物素标记DNA，扩增产物与平行固定在膜上的特异寡核苷酸探针杂交，然后加入碱性磷酸酶标记的链亲和素，与形成的生物素标记的杂交体结合，加入BCIP/NBT显色底物和基质一起孵育，形成紫色/褐色沉淀物，结果肉眼可以判读。主要检测固体培养基上分离出的菌株。

12.4.1.8.2 操作步骤：从固体培养基上分离出的菌株提取DNA；用生物素标记的引物进行PCR扩增利福平耐药决定区ropB基因；生物素标记的扩增子与膜杂交，然后洗涤；加入显色底物和基质，产生颜色；肉眼判读信号模式，结果解释。

12.4.1.8.3 质量控制：每一次试验都要做一个阴性质量控制，如果是实验室新开项目，推荐同时做阳性质控和阴性质控，直到实验室操作非常熟练，有能力正确操作试验程序。每条试剂条上都设置有：显色底物控制线（Conj.control），监控检测过程中加入反应显色底物和基质液；结核分枝杆菌复合群特异性探针，监控加入扩增产物后杂交过程。

12.4.1.8.4 结果判读：在判读患者测试标本结果前，应首先确认阴性质控和阳性质控是否获得预期的结果，对于阴性质控结果，应是除显色底物质控带有信号外，膜上其他任何条带都应该没有信号，但是同一个膜上不同条带之间的颜色密度可能彼此之间有差异。然后查看膜上最上面的标记线（marker line）。显色底物控制线（Conj. control）结果应始终是阳性，并且同一批次试验中不同膜上的染色密度相似。而对于结核分枝杆菌复合群带（MTB），如果结核分枝杆菌复合群DNA扩增子存在，MTB带应是阳性，如果是其他的微生物类群，则MTB带应是阴性。

12.4.1.9 GenoType MTBDR检测法

12.4.1.9.1 原理：是利用聚合酶链反应和反向杂交技术，从结核分枝杆菌培养阳性分离株（固体或液体）或涂片阳性痰标本检测结核分枝杆菌复合群和与抗结核药物耐药有关的耐药基因突变，从而判断抗结核药物的耐药情况。GenoType MTBDRplus是检测结核分枝杆菌复合群，同时通过检测*rpoB*、*KatG*/*inhA*（异烟肼高/低耐药）基因的突变，从而快速检测利福平和异烟肼耐药情况，用于早期诊断耐多药结核病（MDR-TB）。GenoType MTBDR*sl*试剂盒是检测结核分枝杆菌复合群，同时通过检测*gyrA*、*rrs*，*embB*基因的突变，从而快速检测氟喹诺酮类（氧氟沙星和莫西沙星）和/或氨基糖甙类/环状肽（注射性抗生素如卷曲霉素、紫霉素/卡那霉素、阿米卡星）和/或乙胺丁醇的耐药情况，用于诊断广泛耐药结核病（XDR-TB）。这两个试验仅适用于固体培养基和液体培养基上的细菌生长物，以及涂片阳性的痰标本。

12.4.1.9.2 主要步骤：

DNA提取：自培养阳性的菌株（固体/液体培养基）或临床标本（涂阳痰标本或去污染处理后的痰标本离心沉淀物）中提取DNA。

多重PCR扩增：使用生物素标记的引物进行多重PCR扩增。

反向杂交：包括扩增产物的变性，单链、生物素标记的PCR扩增子和固定在膜上的特异的寡核苷酸探针杂交。

显色：加入链亲和素-碱性磷酸酶共轭物，碱性磷酸酶介导的染色反应，用显色的方法检测膜上捕获的杂交体。

判断结核分枝杆菌复合体是否存在，以及检测与耐药有关的野生型和突变探针是否存在。

12.4.1.9.3 质量控制：每批次试验均应设立阳性质控和阴性质控。为了确认试验的正确性和试剂的正常功能，每个检测试剂条内设置5条质控带：杂交质控带（CC）反映的是偶联物结合并与底物反应的有效性，此条带必须显示为一条线；扩增质控带（AC）用于确认PCR扩增反应是否成功，如果试验结果阳性，可能由于扩增期间的竞争性反应，扩增质控带的信号可能弱或者完全消失，如果试验结果阴性，没有扩增质控带，表示扩增有问题或扩增抑制物存在，试验无效，相应标本必须重复试验。对于结核分枝杆菌复合群带（TUB），所有结核分枝杆菌复合群中的细菌扩增产物都可杂交出现。如果没有出现，表示细菌不属于结核分枝杆菌复合群。基因位点质控用于确认所检测的每个基因位点反应的最佳敏感度，当结核分枝杆菌复合群带阳性表示存在结核分枝杆菌复合群时，位点质控必须显示阳性。

12.4.1.9.4 结果判读：每个杂交试纸条上均设置对照，判读结果应首先判读对照条带，对照条带满足要求后，耐药或敏感结果的判读才有效。结果判读严格按照说明书要求判读。

12.4.2 基因芯片技术

12.4.2.1 原理：该方法以反向核酸探针杂交为基本原理，采用基因芯片微量点样技术，将检测基因的特异探针与各种对照探针固定在经过醛基修饰的玻璃基片上，将荧光标记PCR产物与固定于芯片上的探针杂交，用特定仪器进行扫描检测、数据处理、结果判定。目前市场上已有用于检测耐药性基因突变的商业化诊断试剂盒，可以在6～8小时内做出耐多药结核病的实验室诊断。检测指标包括利福平及异烟肼的3个耐药相关基因rpoB基因、katG基因及inhA基因启动子的野生型及不同突变型。检测灵敏度为1×10^3个菌/ PCR反应。

12.4.2.2 质量控制

12.4.2.2.1 检测探针和对照探针各重复5个点。

12.4.2.2.2 每个微阵列内部都设置内部指控。包括1个分枝杆菌属质控，1个结核分枝杆菌质控，2个芯片制备质控，2个芯片杂交质控，1个靶基因扩增质控，1个空白对照质控，1个阴性对照质控。

12.4.2.2.3 每次PCR扩增时均使用阳性对照品（含检测靶基因片段的质粒DNA混合物 ）和阴性对照品（序列无关的质粒DNA ），其中阳性对照品可用于PCR扩增和杂交过程的质控。阴性对照品可用于监测环境及操作过程中的污染情况。

12.4.2.2.4 结果判读：试剂盒阳性对照品的检测结果应为“rpoB野生型”“katG野生型”及“inhA野生型”；阴性对照品的检测结果应为“无结核分枝杆菌”。如果其中任何一个对照品结果错误，则同一次实验全部样品结果定为无效，需要进行复检。

对一个位点所包含的所有探针按信号值大小进行排序，获取信号值最大的探针：若该信号值最大的探针为阳性并且为野生型探针，则该位点的基因型结果判读为野生型；若该信号值最大的探针为阳性并且为某种突变型探针，则该位点的基因型结果判读为该突变型。

12.4.3 实时荧光定量PCR技术：是在PCR反应体系中加入荧光化学基团，通过荧光定量PCR仪实时、自动监测整个PCR扩增过程中荧光信号的积累，检测PCR扩增产物及对未知模板进行定量分析的方法。在耐药基因突变检测中，实验设计不同探针，TaqMan探针、分子信标、生物素探针、荧光共振能量转移探针。提取样本DNA后，1.5～2小时可获得检测结果。

12.4.3.1 分子信标：分子信标是杂交探针，以一种茎-环结构存在。环状结构与靶序列互补，茎状结构的两臂末端分别连着荧光集团和淬灭基团，分子信标与靶序列结合之前，荧光基团发出的荧光可被淬灭，它只有和靶序列杂交结合后才能释放荧光。分子信标可以连接不同的荧光基团，因此利用不同的分子信标连接不同颜色的荧光基团，可以对多种靶序列进行同时检测，并易于区分。试验加入内对照，以确定荧光消失的确是由于靶序列突变所致，而不是由于标本中存在抑制物干扰导致PCR反应不能正常进行。如检测到荧光信号，说明待检样本无突变，如检测不到信号，说明待检样本有突变。设计分子信标检测ropB、katG、inhA启动子区基因的突变，从而判断利福平和异烟肼的耐药情况，可直接应用于临床标本或培养物的检测。

12.4.3.2 荧光共振能量转移探针：采用双探针，一条探针在3′端标记有供体荧光基团，通常为荧光素，另一条探针在5′端标记有受体荧光基团，通常为Light-Cycle-Red 640，两条探针与模板同一条链序列互补并相邻，通常间隔1～4个核苷酸，在PCR扩增过程中，当扩增产物退火时，两条探针分别与靶序列互补结合，供体基团所激发的能量有效转移至受体荧光基团，荧光信号可被检测到。首先设计目的基因片段的PCR引物及特异性探针，然后PCR扩增、进入解链程序，结果判读：用熔解曲线分析基因突变，当DNA发生突变时，由于探针与靶DNA的错配，使Tm值降低。

12.4.3.3 Xpert MTB/RIF检测法：2011年，世界卫生组织发表政策性声明：推荐Xpert MTB/RIF用于MDR-TB或HIV相关的结核病可疑者的初始诊断试验；在MDR-TB或HIV不被关注的地区，有条件的推荐Xpert MTB/RIF作为涂片镜检后的补充检查，尤其对涂片阴性标本的进一步检测，但不能替代传统的涂片镜检、培养和药敏试验。

12.4.3.3.1 原理：Xpert MTB/RIP试验由美国Cepheid公司开发，是一种半定量巢式实时PCR体外诊断试验，实时PCR技术和反转录PCR技术相结合，集标本处理、核酸扩增和样本中的靶序列检测于一体，并自动化完成检测。可同时检测结核分枝杆菌复合群和利福平耐药性。针对结核分枝杆菌的rpoB基因81bp的利福平耐药决定区序列设计3条特异性引物引物、5条独特的分子探针，进而可以检测rpoB基因是否发生突变，从而判断受检菌株是否对利福平耐药。试验快速，2个小时可以获得检测结果。

12.4.3.3.2 质量控制：每个试验都包括一个样本处理质控（SPC）和探针质控（PCC）。样本处理质控为阳性对照或内参，可用于判断样本中的结核杆菌是否得到了充分的裂解，反应是否完整，以及体系中是否存在基因扩增抑制因子。对于阴性结果，SPC必须显示阳性；对于阳性结果，SPC可以显示阳性或阴性；探针质控（PCC），体系基线检测，反应开始前，检测仪自动检测体系内荧光信号，监控珠子再水化、反应管内的填充物、探针的完整性和染料的稳定性。如果超出正常范围，说明扩增体系存在问题，无法正常完成反应，软件会显示错误。无论检测结果为阳性或阴性，探针质控均应显示合格。

12.4.3.3.3 结果判断：GeneXpert DX系统根据测到的荧光信号和内含的计算规则系统报告试验结果。低的Ct值代表标本中含有高浓度的DNA模板，高的Ct值代表标本中含有低浓度的DNA模板。如果检测结果出现“无效的结果”“错误的结果”或“没有结果”，在这些情况下需要使用一个新的盒子重新做试验。

12.4.4 DNA测序：DNA测序是广泛用于结核分枝杆菌耐药监测的基因型方法，是确定突变的金标准，24～48小时即可提供精确序列，判断突变位点准确、及时，还可以发现新的突变位点，此方法已广泛用于利福平和其他抗结核药物耐药相关基因的突变检测。通过对耐药基因片段的PCR产物进行直接测序，采用BioEdit软件，测试菌株获得的序列与标准的H37Rv菌株的同一DNA片段比较，分析碱基突变的位置与分布。由于结核分枝杆菌耐药涉及多个不同基因或突变基因散在分布于大片段内，对每一个菌株，测定全部突变部位需多次测序反应，费用昂贵，该方法不宜作为耐药测定的常规方法，多作为评价其他方法的参考方法。

12.5 分子药物耐药性试验的检测流程及结果报告

当质控结果出现预期的试验结果时，如果分子DR试验检测到耐药基因突变，报告为耐药，如果未检测到药物耐药基因突变，报告为敏感，除以上这两种情况外，试验结果为不确定，需要重做试验。除Genexpert检测流程为标本的前处理和灭活，然后设备自动完成DNA提取、PCR扩增、检测过程和结果判读。

分子药物耐药性试验的检测流程见图**9-14**。

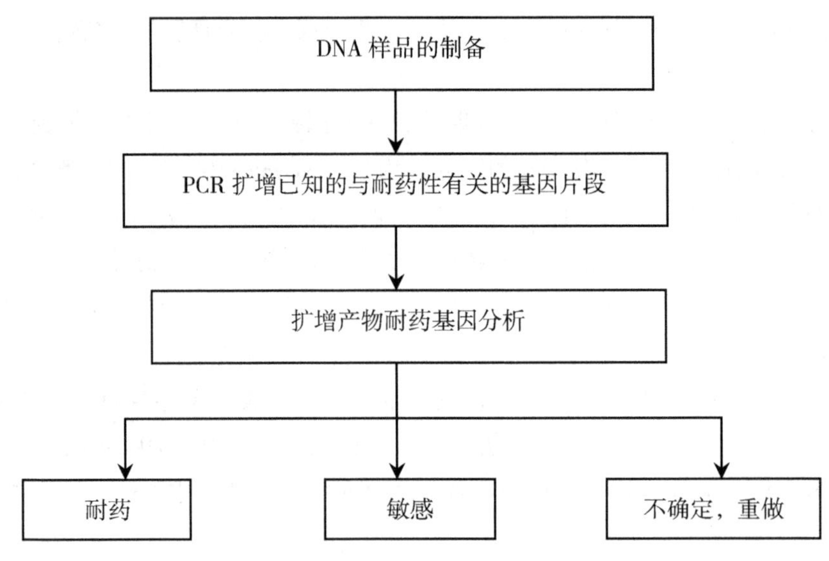

图9-14 分子药物耐药性试验的检测流程

13 结核分枝杆菌基因分型鉴定

通过基因分型方法对结核分枝杆菌进行株水平鉴定，可以调查结核病的暴发流行，调查结核病患者是内源性复发还是外源性再感染，进行药物敏感性变化等分子流行病学方面的研究。

13.1 检测样本

13.1.1 基于DNA扩增的基因分型方法（包括spoligotyping和VNTR）：只需要少量的DNA，可以从含有足够量细菌的临床样本中直接提取DNA，也可以将标本在液体培养基中简单培养后进行检测，利于产生更可靠和可重复的结果。

13.1.2 RFLP分型方法：要求基因分型实验室将菌株接种到培养基上进行培养，获得足够的培养物，然后提取至少2 g高纯度未扩增的染色体DNA。

13.2　检测试剂

RFLP：酶、化学试剂、ECL化学发光检测试剂盒、琼脂糖、尼龙膜等可以商品化购买到。

Spoligotyping：可以商品化购买到膜、试剂和阳性质控DNA。

VNTR分型：可以商品化购买到试剂盒。

13.3　检测方法

目前主要包括：插入序列IS 6110-限制性片段长度多态性分型方法（Restriction Fragment Iength Polymorphism, IS6110-RFLP）、间隔寡核苷酸分型方法（Spacer Oligonucleotide Typing , Spoligotyping）和分枝杆菌分散重复单元-可变数目串联重复序列分型方法（Mycobacterial Interspersed Repetitive Units-variable Number Tandem Repeats, MIRU-VNTR），详细的试验操作方法，见www.tuberculosis.rivm.nl/。

13.3.1　IS6110-限制性片段长度多态性分型方法

13.3.1.1　原理

IS6110是一个只存在于结核分枝杆菌复合群基因组中的插入序列，长度为1355 bp，具有高度的保守性，属IS3家族，能够自我复制，并接着将拷贝插入基因组的任何地方。不同菌株可能会在IS6110拷贝数以及IS6110在细菌DNA中的位置上存在差异。基于IS6110的限制性片段长度多态性的基因分型方法是通过检测插入片段IS6110产生的变异对菌株进行分型。

13.3.1.2　操作程序：应用国际标准化程序进行IS 6110-RFLP基因分型。

13.3.1.2.1　第一步是将经过提纯的结核杆菌染色体DNA用限制性内切酶消化后，在琼脂糖凝胶中电泳分离。

13.3.1.2.2　再将限制性片段转移到尼龙膜或纤维素膜上，与带标记的已知DNA探针杂交。

13.3.1.2.3　然后检测与探针同源的限制性片段的数目和大小的变化。

该方法对于包含7条或以上菌株其分辨率较高，对于6条或以下的菌株其分辨率较低。对于极小比例的、没有IS6110的结核分枝杆菌菌株，该类菌株的RFLP分析会产生没有任何条带的空白指纹。

13.3.1.3　结果判读

IS6110 RFLP结果可以用Bionumerics 软件分析，胶片上的RFLP图像被扫描和数字化，便于计算机分析。计算机程序会比较来自一个新菌株与过去分析的菌株的图谱，以确定是否存在匹配。

13.3.1.4　质量控制

13.3.1.4.1　一线质控：每批试验都应该包括1株具有广泛条带的菌株以便于标准化。

13.3.1.4.2　二线质控：不同实验室之间1年至少2次盲法交换一批DNA样本以测试重复性。

13.3.1.4.3　三线质控：国际组织盲法提供一批DNA样本，分发给多个实验室，给定一个标准操作程序以测试熟练度。质量控制样本包含不同结核分枝杆菌复合群菌株的DNA样本。

13.3.2　间隔区寡核苷酸基因分型方法（spoligotyping）

13.3.2.1　原理：直接重复（direct repeat, DR）序列是一含36 bp核苷酸的短的重复序列，集中位于染色体的一个特殊区域，周围有35～41 bp的非重复间隔序列，一个DR和它旁边的非重复间隔序列被称为一个直接可变重复（direct variant repeat, DVR）。它特异地存在于结核分枝杆菌复合群中。由于结核分枝杆菌DR序列的拷贝数和核苷酸序列不同，以及DR序列之间的同源重组，导致DR区域多态性。因此，可通过DNA指纹图谱分析其多态性进行菌株分型。

13.3.2.2　操作程序：标准的间隔区寡核苷酸基因分型方法运用膜杂交的方法。

13.3.2.2.1　针对不同的间隔序列设计各自特异性的寡核苷酸探针，并将探针固定在尼龙膜上。

13.3.2.2.2　PCR扩增所用的引物先用地高辛或生物素标记，然后PCR扩增DNA间隔序列。

13.3.2.2.3　随后与含43个DR已知间隔序列的寡核苷酸固化体系杂交。

通过杂交，可以观察到43个间隔区的每个区都会产生一条暗带（表明存在间隔区）或无带（表明不存在间隔区），每一种情况都特异地代表一种间隔DNA序列。获得的43个间隔区存在或缺失的图谱通常代表特殊基因型家族，比如北京家族菌株。Spoligotyping基因分型方法是一种简单、廉价、快速、可重复的方法，用于研究结核分枝杆菌复合群菌株种系发展史或把菌株表型特点和菌株所属的基因型家族联系起来。但是，这种方法分辨力偏低。

13.3.2.3　结果判读：为简化记录，带型被转化成长度为43位的1和0的系列（1意味着杂交条带存在，0意味着不存在）。应用电子制表软件，如Microsoft Excel，结果会自动转换成43位的二进制码，后者接着转换成15位的八进制编码。这些八进制编码可与国际数据库中已有的数以万计的在其他地方发现的图谱和已命名的基因型家族比对。

13.3.2.4　质量控制

13.3.2.4.1　一线质控：每批试验都应该包括*M.tuberculosis* H37Rv、*M.bovis* 和BCG，评估每次操作时杂交膜上存在43个间隔寡核苷酸。

13.3.2.4.2　二线质控：不同实验室之间1年至少2次盲法交换一批DNA样本以测试重复性。

13.3.2.4.3　三线质控：国际组织盲法提供一批DNA样本，分发给多个实验室，给定一个标准操作程序以测试熟练度。质量控制样本包含不同结核分枝杆菌复合群菌株的DNA样本。

13.3.3　可变数目串联重复序列分型方法（VNTR分型方法）

13.3.3.1　原理：VNTR分型是基于对包含“串联重复的”序列的DNA片段的分析，其中重复序列的拷贝数在菌株间各有不同。每个特定的VNTR位点由两部分组成：中间的核心区和外围的侧翼区。核心区含有至少一个以上重复的短序列，一般该重复单位的碱基对数目不变，而串联在一起的重复单位的数目是可变的。被检测的菌株根据散在于基因组中的不同独立位点的VNTR重复单元的拷贝数的多少来进行数字编码。

13.3.3.2　操作程序：VNTR分型方法是一种公认的适合用于检测细菌菌种基因多态性的方法，该方法依赖于PCR扩增以及根据扩增产物长度进行重复数目的计算。目前国际标准推荐使用15位点和24位点，可以区分开不相关的菌株，也可以可靠地鉴定同一传播链的菌株。

13.3.3.2.1　DNA提取：从早期阳性培养物，或临床含足够细菌量的样本直接提取DNA。

13.3.3.2.2　PCR扩增：针对每一个重复位点侧翼区设计特异性引物，在多重PCR反应中扩增24个位点，在没有测序仪的实验室，24位点VNTR分型法可以用一个或多个扩增反应完成。

13.3.3.2.3　扩增产物检测：可以使用自动和高通量的测序仪自动检测，确定PCR产物大小，这种方法需使用特殊的染料标记引物；也可以手工检测PCR扩增产物，以电泳的方式进行重复拷贝数判定，电泳的同时推荐使用一个分子标记物，这个分子标记物有多个条带，涵盖特异位点所有可能的重复拷贝数。

13.3.3.2.4　基因型结果判读：根据串联重复序列扩增后产物的大小推断串联序列重复的数目，不同位点串联序列重复的数目组合成一个数字编码作为结核菌株的DNA指纹图谱，这种数字化的结果模式利于实验室间结果的比对。

VNTR分型方法，分型结果是数字表示法，实验室之间的试验结果容易比较，操作简单，目前被认为是最适合的高辨别力的分型方法。在进行流行病学调查时，结果间比较最好用Bionumerics软件。目前国际上已建立了几个VNTR分型结果数据库，实验室获得的分型结果可以与国际数据库进行比对。

13.3.3.2.5　结果判读：结果报告通常是12、15或24个字符，每个字符对应于按标准顺序列出的12、15或24个VNTR位点中的每个位点的重复数。

13.3.3.4　质量控制

13.3.3.4.1　一线质控：每批试验应该包括1株已知VNTR基因分型结果的菌株。

13.3.3.4.2　二线质控：不同实验室之间1年至少2次盲法交换一批DNA样本以测试重复性。

13.3.3.4.3　三线质控：国际组织盲法提供一批DNA样本，分发给多个实验室，给定一个标准操作程序以测试熟练度。质量控制样本包含有不同结核分枝杆菌复合群菌株的DNA样本。

（司红艳编写，何健审）

（本章约95千字）

第十章 肺结核患者健康管理服务规范

1 服务规范对象

1.1 辖区内确诊的活动性肺结核患者。

1.2 辖区内确诊的耐多药肺结核患者。

2 服务规范内容

2.1 筛查及推介转诊

对辖区内前来就诊的居民或患者，如发现有慢性咳嗽、咳痰≥2周，咯血、血痰，或发热、盗汗、胸痛或不明原因消瘦等肺结核可疑症状者，在鉴别诊断的基础上，填写“双向转诊单”。推荐其到结核病定点医疗机构进行结核病检查。1周内进行电话随访，看是否前去就诊，督促其及时就医。

对不需要住院治疗的肺结核患者或疑似肺结核患者，以及出院后仍需治疗的肺结核患者，在“肺结核患者及疑似肺结核患者转诊登记本”上登记，并填写“肺结核患者或疑似肺结核患者转诊/推荐单”一式三份。一份留本单位存档；一份送达指定的结防机构；一份由患者携带，到结核病定点医疗机构就诊。转诊医生在转诊患者前要对患者进行必要的健康教育，向患者解释他/她可能患了肺结核，并讲解结核病的相关知识，以及要转诊到结核病定点医疗机构的原因等内容，嘱患者及时到指定结核病防治机构就诊。1周内进行电话随访，看是否前去就诊，督促其及时就医。

2.2 追踪工作

2.2.1 追踪对象

肺结核患者及可疑肺结核患者、中断治疗的肺结核患者。

2.2.2 追踪程序

2.2.2.1 乡镇卫生院（社区卫生服务中心）医生接到县级结核病防治机构的追踪信息后，及时通知村卫生室医生与患者进行联系，劝导患者到结核病防治机构就诊。经电话和村卫生室医生追踪的患者，若5天内未到结核病防治机构就诊，社区卫生服务中心医生应主动到患者家中，了解具体情况，劝导患者到结核病防治机构就诊。追踪结束后电话通知或填写《患者追访通知单》第二联，向县（区）级结核病防治机构进行反馈。

2.2.2.2 接到乡镇卫生院（社区卫生服务中心）患者追访通知后，要及时与患者进行联系，对患者及其家属宣讲国家结核病防治政策、核心信息及规律治疗的必要性，督促患者尽快到指定结核病防治机构就诊，追踪结束后将追访结果反馈到上一级医疗机构。

2.3 发放健康教育资料，开展健康教育工作

积极开展“3・24世界防治结核病日”集中宣传和日常的健康教育工作，以结核病防治核心信息为重点，在门诊等患者就诊场所张贴结核病防治宣传材料；在接诊患者过程中面对面进行健康教育；定期

利用宣传栏（板报）等宣传结核病控制政策和基本知识；利用例会宣传结核病控制政策与新知识；通过电视广播站开展结核病宣传活动；安排社区卫生服务站开展结核病防治知识宣传等方式，切实提高居民结核病防治核心信息知晓率。

2.4 第一次入户随访

乡镇卫生院、村卫生室、社区卫生服务中心（站）接到上级专业机构管理肺结核患者的通知单后，要在72小时内访视患者，具体内容如下：

2.4.1 确定督导人员，督导人员优先为医务人员，也可为患者家属。若选择家属，则必须对家属进行培训。同时与患者确定服药地点和服药时间。按照化疗方案，告知督导人员患者的“肺结核患者治疗记录卡”或“耐多药肺结核患者服药卡”的填写方法、取药的时间和地点，提醒患者按时取药和复诊。

2.4.2 对患者的居住环境进行评估，告诉患者及家属做好防护工作，防止传染。

2.4.3 对患者及家属进行结核病防治知识宣传教育。

2.4.4 告诉患者出现病情加重、严重不良反应、并发症等异常情况时，要及时就诊。

若72小时内2次访视均未见到患者，则将访视结果向上级专业机构报告。

2.5 督导服药和随访管理

2.5.1 督导服药

2.5.1.1 医务人员督导：患者服药日，医务人员对患者进行直接面视下督导服药。

2.5.1.2 家庭成员督导：患者每次服药要在家属的面视下进行。

2.5.2 随访评估

对于由医务人员督导的患者，医务人员至少每月记录1次对患者的随访评估结果；对于由家庭成员督导的患者，基层医疗卫生机构要在患者的强化期或注射期内每10天随访1次，继续期或非注射期内每1个月随访1次。

2.5.2.1 评估是否存在危急情况，如有则紧急转诊，2周内主动随访转诊情况。

2.5.2.2 对无须紧急转诊的，了解患者服药情况（包括服药是否规律，是否有不良反应），询问上次随访至此次随访期间的症状。询问其他疾病状况、用药史和生活方式。

2.5.3 分类干预

2.5.3.1 对于能够按时服药，无不良反应的患者，则继续督导服药，并预约下一次随访时间。

2.5.3.2 如果患者未按定点医疗机构的医嘱服药，要查明原因。若是不良反应引起的，则转诊；若是其他原因，则要对患者强化健康教育。若患者漏服药次数超过1周及以上，要及时向上级专业机构进行报告。

2.5.3.3 对出现药物不良反应、并发症或合并症的患者，要立即转诊，2周内随访。

2.5.3.4 提醒并督促患者按时到定点医疗机构进行复诊。

2.6 结案评估

当患者停止抗结核治疗后，要对其进行结案评估，包括：记录患者停止治疗的时间及原因；对其全程服药管理情况进行评估；收集和上报患者的“肺结核患者治疗记录卡”或“耐多药肺结核患者服药卡”。同时将患者转诊至结核病定点医疗机构进行治疗转归评估，2周内进行电话随访，看是否前去就诊及确诊结果。

3 服务规范流程

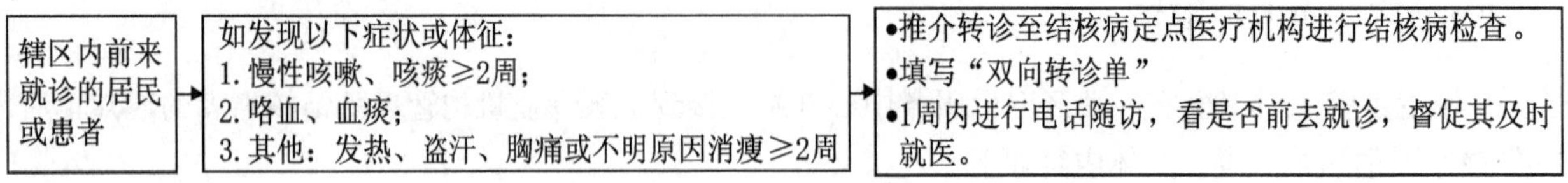

辖区内前来就诊的居民或患者 → 如发现以下症状或体征：
1. 慢性咳嗽、咳痰≥2周；
2. 咯血、血痰；
3. 其他：发热、盗汗、胸痛或不明原因消瘦≥2周 →
•推介转诊至结核病定点医疗机构进行结核病检查。
•填写“双向转诊单”
•1周内进行电话随访，看是否前去就诊，督促其及时就医。

图 10-1 肺结核患者筛查与推介转诊流程图

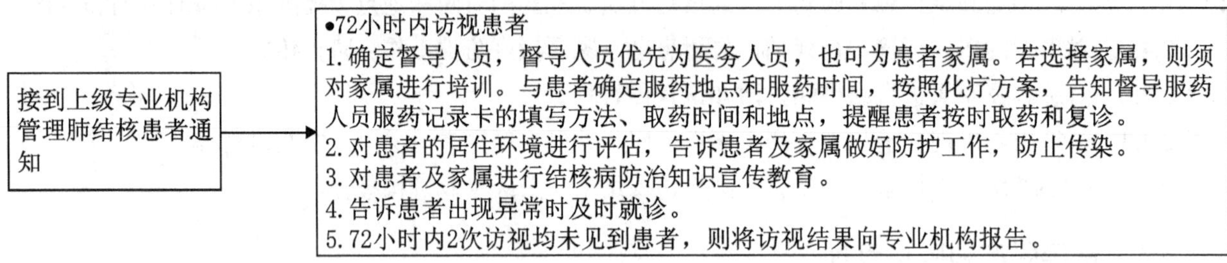

图 10-2 肺结核患者第一次入户随访流程图

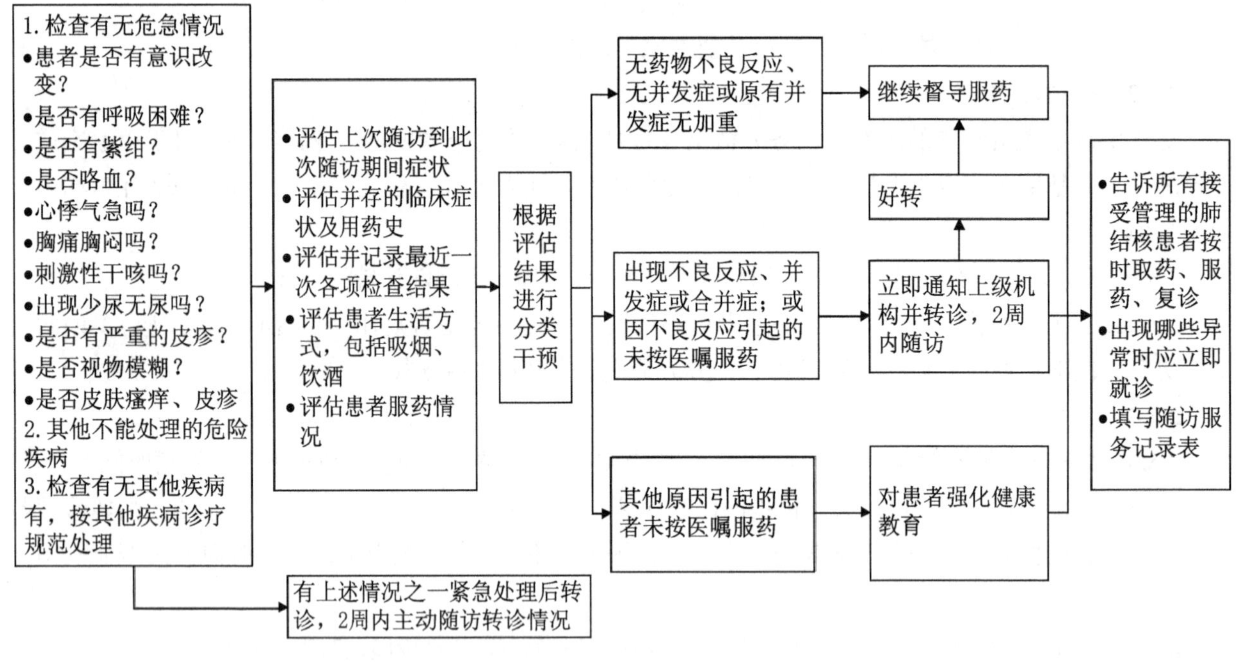

图 10-3 肺结核患者督导服药与随访管理流程图

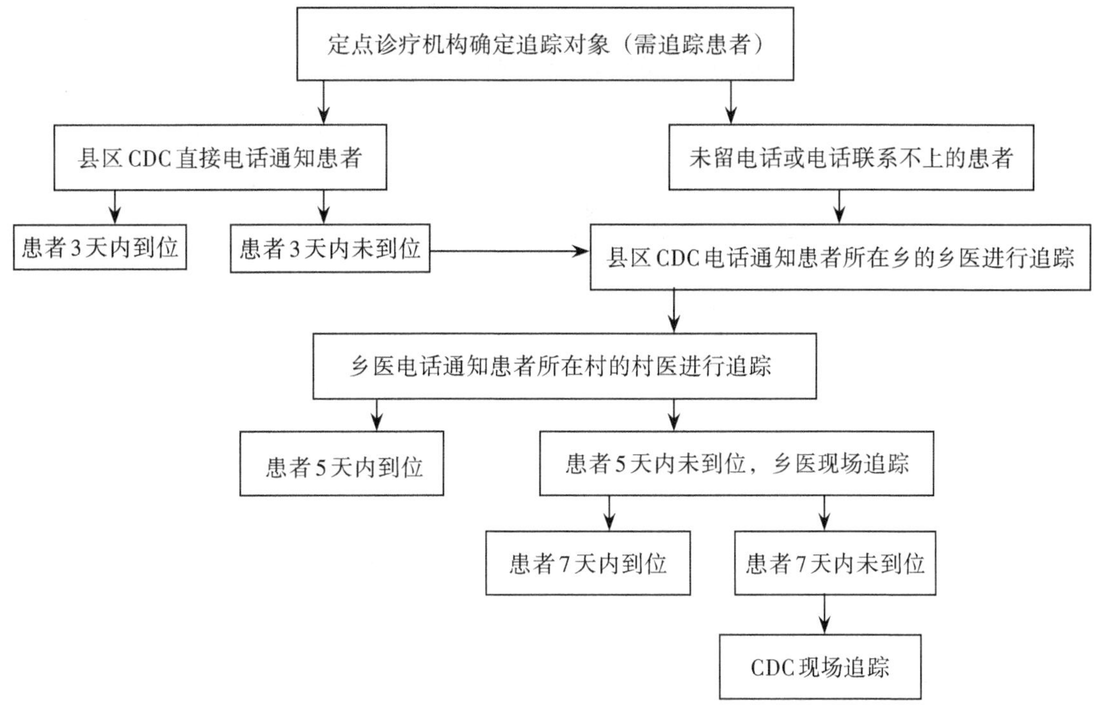

注：CDC：疾病预防控制中心

图10-4　肺结核患者追踪流程图

4　服务规范要求

4.1　在农村地区，主要由村医开展肺结核患者的健康管理服务。

4.2　肺结核患者健康管理医务人员需接受上级专业机构的培训和技术指导。

4.3　患者服药后，督导人员按上级专业机构的要求，在患者服完药后在“肺结核患者治疗记录卡”/“耐多药肺结核患者服药卡”中记录服药情况。患者完成疗程后，要将“肺结核患者治疗记录卡”/“耐多药肺结核患者服药卡”交上级专业机构留存。

4.4　提供服务后及时将相关信息记入“肺结核患者随访服务记录表”，每月记入1次，存入患者的健康档案，并将该信息与上级专业机构共享。

4.5　管理期间如发现患者从本辖区居住地迁出，要及时向上级专业机构报告。

5　考核指标

5.1　肺结核患者管理率=已管理的肺结核患者人数/辖区同期内经上级定点医疗机构确诊并通知基层医疗卫生机构管理的肺结核患者人数×100%。

5.2　肺结核患者规则服药率=按照要求规则服药的肺结核患者人数/同期辖区内已完成治疗的肺结核患者人数×100%。

规则服药：在整个疗程中，患者在规定的服药时间实际服药次数占应服药次数的90%以上。

附件

附件1 肺结核患者第一次入户随访记录表

姓名：编号□□□-□□□□□

<table>
<tr><td colspan="3">随访时间</td><td>年 月 日</td></tr>
<tr><td colspan="3">随访方式</td><td>1.门诊 2.家庭 □</td></tr>
<tr><td colspan="3">患者类型</td><td>1.初治 2.复治 □</td></tr>
<tr><td colspan="3">痰菌情况</td><td>1.阳性 2.阴性 3.未查痰 □</td></tr>
<tr><td colspan="3">耐药情况</td><td>1.耐药 2.非耐药 3.未检测 □</td></tr>
<tr><td colspan="3" rowspan="2">症状及体征：
0.没有症状 1.咳嗽咳痰
2.低热盗汗 3.咯血或血痰
4.胸痛消瘦 5.恶心纳差
6.头痛失眠 7.视物模糊
8.皮肤瘙痒、皮疹
9.耳鸣、听力下降</td><td>□/□/□/□/□/□/□/□</td></tr>
<tr><td>其他：</td></tr>
<tr><td rowspan="3">用药</td><td colspan="2">化疗方案</td><td></td></tr>
<tr><td colspan="2">用法</td><td>1.每日 2.间歇□</td></tr>
<tr><td colspan="2">药品剂型</td><td>1.固定剂量复合制剂□ 2.散装药□
3.板式组合药 □ 4.注射剂□</td></tr>
<tr><td colspan="3">督导人员选择</td><td>1.医生 2.家属 3.自服药 4.其他 □</td></tr>
<tr><td rowspan="2">家庭居住环境评估</td><td colspan="2">单独的居室</td><td>1.有 2.无 □</td></tr>
<tr><td colspan="2">通风情况</td><td>1.良好 2.一般 3.差 □</td></tr>
<tr><td rowspan="2">生活方式评估</td><td colspan="2">吸烟</td><td>/ 支/天</td></tr>
<tr><td colspan="2">饮酒</td><td>/ 两/天</td></tr>
<tr><td rowspan="10" colspan="2">健康教育及培训</td><td>取药地点、时间</td><td>地点：
时间： 年 月 日</td></tr>
<tr><td>服药记录卡的填写</td><td>1.掌握 2.未掌握 □</td></tr>
<tr><td>服药方法及药品存放</td><td>1.掌握 2.未掌握 □</td></tr>
<tr><td>肺结核治疗疗程</td><td>1.掌握 2.未掌握 □</td></tr>
<tr><td>不规律服药危害</td><td>1.掌握 2.未掌握 □</td></tr>
<tr><td>服药后不良反应及处理</td><td>1.掌握 2.未掌握 □</td></tr>
<tr><td>治疗期间复诊查痰</td><td>1.掌握 2.未掌握 □</td></tr>
<tr><td>外出期间坚持服药</td><td>1.掌握 2.未掌握 □</td></tr>
<tr><td>生活习惯及注意事项</td><td>1.掌握 2.未掌握 □</td></tr>
<tr><td>密切接触者检查</td><td>1.掌握 2.未掌握 □</td></tr>
<tr><td colspan="3">下次随访时间</td><td>年 月 日</td></tr>
<tr><td colspan="3">评估医生签名</td><td></td></tr>
</table>

填表说明

1.本表为医生在首次入户访视结核病患者时填写。同时查看患者的“肺结核患者治疗记录卡”、耐多药患者查看“耐多药肺结核患者服药卡”。

2.编号：填写居民健康档案的后8位编码。前面3位数字，表示村（居）民委员会等，具体划分为：001—099表示居委会，101—199表示村委会，901—999表示其他组织；后面5位数字，表示居民个人序号，由建档机构根据建档顺序编制。

3.患者类型、痰菌、耐药情况和用药的信息，均在患者的“肺结核患者治疗记录卡”、耐多药患者查看“耐多药肺结核患者服药卡”中获得。

4.督导人员选择：根据患者的情况，与其协商确定督导人员。

5.家庭居住环境评估：入户后，了解患者的居所情况并记录。

6.生活方式评估：在询问患者生活方式时，同时对患者进行生活方式指导，与患者共同制定下次随访目标。

吸烟斜线前填写目前吸烟量，不吸烟填“0”，吸烟者写出每天的吸烟量“**支／天”；斜线后填写吸烟者下次随访目标吸烟量“**支／天”

饮酒情况：“从不饮酒者”不必填写其他有关饮酒情况项目。“日饮酒量”应折合相当于白酒“××两”。白酒1两折合葡萄酒4两、黄酒半斤、啤酒1瓶、果酒4两。

7.健康教育及培训的主要内容

（1）肺结核治疗疗程

只要配合医生、遵从医嘱，严格坚持规律服药，绝大多数肺结核是可以彻底治愈的。服用抗结核药物1个月以后，传染性一般就会消失。一般情况下，初治肺结核患者的治疗疗程为6个月，复治肺结核患者的治疗疗程为8个月，耐多药肺结核患者的治疗疗程为24个月。

（2）不规律服药的危害

如果不遵从医嘱，不按时服药，不完成全疗程治疗，就会导致初次治疗失败，严重者会发展为耐多药结核病。治疗疗程明显延长，治愈率也会大大降低，甚至终生不愈。治疗费用也会大幅度增加。如果传染给其他人，被传染者一旦发病也是耐药结核病。

（3）服药方法及药品存放

抗结核药物宜采用空腹顿服的服药方式，一日的药量要在同一时间一次服用。应放在阴凉干燥、孩子接触不到的地方。夏天宜放在冰箱的冷藏室。

（4）服药后的不良反应及处理

常见的不良反应有：胃肠道不舒服、恶心、皮肤瘙痒、关节痛、手脚麻木等，严重者可能会呕吐、视物不清、皮疹、听力下降等；当出现上述任何情况时，应及时和医生联系，不要自行停药或更改治疗方案。服用利福平后出现尿液变红、红色眼泪现象为正常现象，不必担心。为及时发现并干预不良反应，每月应到定点医疗机构进行血常规、肝肾功能复查。

（5）治疗期间复诊查痰

查痰的目的是让医生及时了解患者的治疗状况、是否有效、是否需要调整治疗方案。初治肺结核患者应在治疗满2、5、6个月时、复治肺结核患者在治疗满2、5、8个月时、耐多药肺结核患者注射期每个月、非注射期每两个月均需复查痰涂片和培养。正确的留痰方法是：深呼吸2～3次，用力从肺部深处咳出痰液，将咳出的痰液留置在痰盒中，并拧紧痰盒盖。复查的肺结核患者应收集两个痰标本（夜间痰、清晨痰）。夜间痰：送痰前一日，患者晚间咳出的痰液；清晨痰：患者晨起立即用清水漱口后，留存咳出的第2口、第3口痰液。如果患者在留痰前吃过东西，则应先用清水漱口，再留存咳出的第2口、第3口痰液；装有义齿的患者在留取痰标本前应先将义齿取出。唾液或口水为不合格标本。

（6）外出期间坚持服药

如果患者需要短时间的外出，应告知医生，并带够足量的药品继续按时服药，同时要注意将药品低温、避光保存；如果改变居住地，应及时告知医生，以便能够延续治疗。

（7）生活习惯及注意事项

患者应注意保持良好的卫生习惯。避免将疾病传染给他人，最好住在单独的光线充足的房间，经常开窗通风。不能随地吐痰，也不要下咽，应把痰吐在纸中包好后焚烧，或吐在有消毒液的痰盂中；不要对着他人大声说话、咳嗽或打喷嚏；传染期内应尽量少去公共场所，如需外出应佩戴口罩。

吸烟会加重咳嗽、咳痰、咯血等症状，大量咯血可危及生命。抗结核药物大部分经肝脏代谢，并且对肝脏有不同程度的损害，饮酒会加重对肝脏的损害，降低药物疗效，因此在治疗期间应严格戒烟、禁酒。要注意休息，避免重体力活动，加强营养，多吃奶类、蛋类、瘦肉等高蛋白食物，还应多吃绿叶蔬菜、水果以及杂粮等富含维生素和无机盐的食品，避免吃过于刺激的食物。

（8）密切接触者检查

建议患者的家人、同班、同宿舍同学、同办公室同事或经常接触的好友等密切接触者，及时到定点医疗机构进行结核菌感染和肺结核筛查。

8.下次随访日期：确定下次随访日期，并告知患者。

9.随访医生签名：随访完毕，核查无误后随访医生签署其姓名。

附件2 肺结核患者随访服务记录表

姓名：编号□□□-□□□□□

随访时间		年 月 日	年 月 日	年 月 日	年 月 日
治疗月序		第 月	第 月	第 月	第 月
督导人员		1.医生 2.家属 3.自服药 4.其他	1.医生 2.家属 3.自服药 4.其他	1.医生 2.家属 3.自服药 4.其他	1.医生 2.家属 3.自服药 4.其他
随访方式		1.门诊 2.家庭 3.电话 □	1.门诊 2.家庭 3.电话 □	1.门诊 2.家庭 3.电话 □	1.门诊 2.家庭 3.电话 □
症状及体征： 0.没有症状 1.咳嗽咳痰 2.低热盗汗 3.咯血或血痰 4.胸痛消瘦 5.恶心纳差 6. 关节疼痛 7.头痛失眠 8.视物模糊 9.皮肤瘙痒、皮疹 10 .耳鸣、听力下降		□/□/□/□/□/□/□/□	□/□/□/□/□/□/□/□	□/□/□/□/□/□/□/□	□/□/□/□/□/□/□/□
		其他：	其他：	其他：	其他：
生活方式指导	吸烟	/ 支/天	/ 支/天	/ 支/天	/ 支/天
	饮酒	/ 两/天	/ 两/天	/ 两/天	/ 两/天
用药	化疗方案				
	用法	1.每日 2. 间歇□	1.每日 2. 间歇□	1.每日 2. 间歇□	1.每日 2. 间歇□
	药品剂型	1. 固定剂量复合制剂□ 2. 散装药□ 3.板式组合药□ 4.注射剂□	1. 固定剂量复合制剂□ 2. 散装药□ 3.板式组合药 □ 4.注射剂□	1. 固定剂量复合制剂□ 2. 散装药□ 3.板式组合药 □ 4.注射剂□	1. 固定剂量复合制剂□ 2. 散装药□ 3.板式组合药□ 4.注射剂□
	漏服药次数	次	次	次	次
药物不良反应		1.无□ 2.有___________	1.无□ 2.有___________	1.无□ 2.有___________	1.无□ 2.有___________
并发症或合并症		1.无□ 2.有___________	1.无□ 2.有___________	1.无□ 2.有___________	1.无□ 2.有___________
转诊	科别				
	原因				
	2周内随访，随访结果				
处理意见					
下次随访时间					
随访医生签名					
停止治疗及原因		1. 出现停止治疗时间 年 月 日 2. 停止治疗原因：完成疗程□死亡□丢失□转入耐多药治疗□			
全程管理情况		应访视患者_____次，实际访视____次； 患者在疗程中，应服药____次，实际服药____次，服药率___%			
		评估医生签名：___________			

填表说明

1.本表为结核病患者在接受随访服务时由医生填写。同时查看患者的“肺结核患者治疗记录卡”、耐多药患者查看“耐多药肺结核患者服药卡”。

2.编号：填写居民健康档案的后8位编码。前面3位数字，表示村（居）民委员会等，具体划分为：001—099表示居委会，101—199表示村委会，901—999表示其他组织；后面5位数字，表示居民个人序号，由建档机构根据建档顺序编制。

3.生活方式指导：在询问患者生活方式时，同时对患者进行生活方式指导，与患者共同制定下次随访目标。

吸烟：斜线前填写目前吸烟量，不吸烟填“0”，吸烟者写出每天的吸烟量“**支／天”；斜线后填写吸烟者下次随访目标吸烟量“**支／天”

饮酒情况：“从不饮酒者”不必填写其他有关饮酒情况项目。“日饮酒量”应折合相当于白酒“××两”。白酒1两折合葡萄酒4两、黄酒半斤、啤酒1瓶、果酒4两。

4.漏服药次数：上次随访至本次随访期间漏服药次数。

5.药物不良反应：如果患者服用抗结核药物有明显的不良反应，具体描述何种不良反应或症状。

6.合并症/并发症：如果患者出现了合并症或并发症，则具体记录。

7.转诊：如果转诊要写明转诊的医疗机构及科室类别，如××市人民医院结核科，并在原因一栏写明转诊原因。

8. 2周内随访，随访结果：转诊2周后，对患者进行随访，并记录随访结果。

9.处理：根据患者服药情况，对患者督导服药进行分类干预。

10.下次随访日期：根据患者此次随访分类，确定下次随访日期，并告知患者。

11.随访医生签名：随访完毕，核查无误后随访医生签署其姓名。

12.全程服药管理情况：肺结核患者治疗结案时填写。

（刘芳编写，杨枢敏审）

（本章约17千字）

第二部分

甘肃省结核病防治规划工作规范

市（州）级疾病预防控制中心结核病防治规划工作规范

1　人员、设备要求

1.1　按照《结核病防治管理办法》规定，配备可以完成工作任务的结核病防治人员。

1.2　必须配有专用的电话、电脑、网络等办公设备。

2　工作职责

2.1　协助卫生行政部门开展规划管理及评估工作。

2.2　收集、分析信息，监测肺结核疫情；及时、准确地报告、通报疫情及相关信息；开展流行病学调查、疫情处置等工作。

2.3　组织落实肺结核患者治疗期间的规范管理。

2.4　组织开展肺结核患者或者疑似肺结核患者及密切接触者的追踪工作。

2.5　组织开展结核病高发和重点行业人群的防治工作。

2.6　开展结核病实验室检测，对辖区内的结核病实验室进行质量控制。

2.7　组织开展结核病防治培训，提供防治技术指导。

2.8　组织开展结核病防治健康教育工作。

2.9　开展结核病防治应用性研究。

3　工作内容及督导考评

3.1　数据监测与分析、通报、进展、定期向领导汇报

3.1.1　工作内容及要求

市（州）级要组织专家对收集的信息资料进行季度和年度分析，并向同级卫生行政部门和上级业务部门等进行反馈。

3.1.2　评价指标及方法

3.1.2.1　是否开展常规数据监测与分析？①是②否

3.1.2.2　是否定期将数据监测分析结果进行通报？①是②否

如果是，请注明通报范围：____________________

3.1.2.3　是否定期将数据分析结果向领导汇报？①是②否

如果是，汇报的形式：____________________汇报对象：____________________

3.2　耐多药患者发现与治疗管理

3.2.1　工作内容及要求

3.2.1.1　对确诊的耐多药结核病患者1周内未到耐多药定点医院住院治疗的进行追踪。

3.2.1.2 负责组织落实患者出院后的治疗管理。

3.2.1.3 监控耐多药肺结核患者的治疗管理，及时掌握耐多药肺结核患者的相关信息，督促耐多药肺结核患者按时随访复查。

3.2.1.4 对耐多药肺结核患者进行定期督导访视。

3.2.2 评价指标

以上工作是否按照要求开展。

3.2.3 督导考评方法

3.2.3.1 耐多药患者追踪：现场督导时了解疾病预防控制机构追踪工作机制建立和运行情况。

表 1______季度耐多药肺结核患者追踪和到位情况

应追踪患者数	追踪数	追踪率（%）	追踪到位患者数	追踪到位率（%）

3.2.3.2 患者出院后管理：现场督导时了解疾病预防控制机构落实出院后患者治疗管理工作机制建立和运行情况。

表 2______季度耐多药肺结核患者出院后患者治疗管理情况

出院患者数	转诊到疾病预防控制机构患者数	落实社区治疗管理患者数	落实社区治疗管理率（%）

3.3 督导

3.3.1 工作内容及要求

每季度对县（区）督导1次，并访视患者。定期对定点医院进行规划督导。

3.3.2 评价指标

是否按照工作要求进行督导。

3.3.3 督导考评工作

3.3.3.1 对县（区）督导情况：督导次数、覆盖乡镇数、访视患者人次数。

____

____

3.3.3.2 了解对地市级定点医院的规划督导情况：督导次数、督导内容、发现问题、是否解决。

____

____

3.4 培训与健康促进

3.4.1 询问工作人员，培训工作开展情况：培训班次数、培训内容、各级各类工作人员参加人次数。

____

____

3.4.2 询问工作人员健康促进开展情况：活动形式、次数。

____

____

3.5　实验室情况

3.5.1　基本内容及要求

《结核病防治管理办法》规定：市（州）级疾病预防控制机构负责对辖区内县（区）结核病实验室进行质量控制，包括盲法复检、现场评估和批量质控。

3.5.2　评价指标

3.5.2.1　痰涂片检测的盲法复检覆盖率

定义：按《中国结核病防治规划·痰涂片镜检室质量保证手册》要求，某地区在某期间开展EQA盲法复检的实验室占辖区内应开展EQA实验室总数的百分比。

公式：$盲法复检覆盖率=\frac{至少接受一轮EQA盲法复检的实验室数}{实验室总数}\times100\%$

3.5.2.2　痰涂片检测的不合格实验室的比例

定义：盲法复检中出现的不合格实验室数占盲法复检实验室总数的百分比。

不合格实验室，是指符合条件①或②中任意一种情况者。

①只要有1张涂片为高假阴性（“2+”以上的阳性涂片被错误判读为阴性）或高假阳性（阴性片被错误判读为“2+”以上的阳性）；

②有3张及以上痰涂片为低假阴性（阴性涂片被错误判断为“1+”及以下的低阳性）或低假阳性（“1+”及以下低阳性涂片被错误判断为阴性）。

公式：$不合格实验室的比例=\frac{盲法复检中出现的不合格实验室数}{实验室总数}\times100\%$

3.5.3　督导考评方法

与疾病预防控制中心实验室负责人交谈，了解其在肺结核患者诊断过程中承担的职能，并现场查看工作开展情况，填写以下问题。

3.5.3.1　是否建立结核病实验室？①是（继续填写）②否（跳至下一节）

3.5.3.2　市（州）疾病预防控制中心实验室目前的职能（根据实际情况可多选）：①对县（区）级机构痰涂片的EQA②普通患者痰涂片检测③痰培养与药敏试验④其他，请注明____________

3.5.3.3　若疾病预防控制中心对县（区）级定点医院进行了痰涂片质控，则查看质控情况并将最近三次的质控结果填写在表3中。

表3________年痰涂片盲法复检情况

抽检时间	抽检片数		量化误差	低假阴	低假阳	高假阴	高假阳
	（+）	（−）					

3.5.3.4　若疾病预防控制中心具备开展药敏试验能力，是否开展对市（州）级定点医院的药敏试验质控？①是②否

若是，如何开展？多长时间开展一次？

____

____

3.6　本级工作经费到位情况（包括中央转移支付和地方财政专项经费）

3.6.1　工作内容及要求

《结核病防治管理办法》规定：市（州）级以上地方卫生行政部门负责统筹规划辖区内结核病防治

资源，对结核病防治服务体系给予必要的政策和经费支持。

3.6.2 评价指标

定性评价经费到位落实情况。

3.6.3 督导考评方法

携带所督导省份当年市（州）疾病预防控制本级经费分配表，了解最近2年结核病防治经费到位及来源情况（单位：元），填写表4。

表4 ____年—____年市(州)级疾病预防控制本级防治工作经费到位及来源情况

年度	中央级		省级		市（州）级	
	到位经费	到位时间	到位经费	到位时间	到位经费	到位时间

（刘芳编写，葛秀群审）

（本节约8千字）

市(州)级结核病定点医疗机构结核病防治规划工作规范

1　机构

1.1　工作要求：机构和科室设置应满足耐多药结核病诊断、治疗和登记等工作的任务和要求，原则上每个市（州）应确定至少1家定点医疗机构，应具备临床诊疗资质和收治耐多药结核病患者能力。

1.2　评价：机构和科室设置是否满足耐多药结核病诊断、治疗和登记等工作任务和要求。

1.3　督导考评方法：定点医院机构应在督导前准备卫生计生行政部门明确指定定点医疗机构的相关文件，以及定点医疗机构内部制定的承担耐多药结核病防治工作相关科室的职责分工，以及科室之间的协调配合。

1.3.1　如果医院被确认为耐多药结核病定点医疗机构，现场查看卫生行政部门是否下发文件确认并规范相关工作，是否提供相关补偿经费。查看医院内部科室是否规范制定实施职责分工和协调配合工作机制。

1.3.2　现场查看结核病门诊、病房、药房、放射科、实验室等科室设置，评价布局是否合理，是否符合收治耐多药结核病患者的能力。

2　人力资源

2.1　工作要求：准备足额的耐多药结核病诊疗、检验和登记报告人员，满足耐多药结核病患者诊断、治疗和登记等工作的任务和要求。

2.2　人员：满足耐多药结核病患者诊断、治疗和登记等工作的任务和要求。

2.3　督导考评方法

2.3.1　督导前准备：定点医疗机构应在督导前将负责耐多药结核病防治相关领域工作的人员情况整理并填写至表1，供现场督导和讨论使用。

表1　定点医疗机构人员情况登记表

姓名	年龄	学历	职称	工作年限（年）	在编/聘任	兼职/专职	结核病工作年限（年）	从事岗位（填写各项工作所占比例，专职人员小计为100%，兼职人员小于100%）								
								门诊诊疗	住院诊疗	信息管理	健康教育	实验室	门诊护理	住院护理	其他	小计

2.3.2　现场督导方法

2.3.2.1　查看定点医疗机构人员情况登记表，根据发现的问题与相关人员进行座谈。

2.3.2.2　通过现场座谈，了解从事结核病诊疗工作的医务人员工资和奖金情况，是否达到或者高于全院的平均水平，是否提供其他的激励机制或者补偿措施，如高风险补贴等。

2.3.2.3 通过现场座谈，了解定点医疗机构人员配置存在的问题和下一步建议。

3 结核病医保、医疗救助和诊疗免费政策实施情况

3.1 工作要求：落实耐多药肺结核纳入重大疾病保障的报销政策，新农合报销比例不低于70%，民政医疗救助报销20%。

3.2 评价：是否落实耐多药肺结核纳入新农合医疗保险重大疾病保障政策。

3.3 督导前准备：定点医疗机构应提前准备耐多药结核病医疗报销的落实情况，整理相关政策和落实的记录资料，以备督导核查使用。

3.4 现场督导方法

调查耐多药结核病医保落实情况，填写表2、表3。

表2 耐多药结核病医保落实情况调查表(门诊)

类别	新农合	城镇职工	城镇居民
起付线（元）			
封顶线（元）			
报销比例（%）			
医保对医院支付方式			
医院对患者付费方式			

医保对医院付费方式：单病种定额付费；单病种付费

医院对患者付费方式：患者只交自付部分；先付费后报销（一站式）；先付费后报销（分站式）；其他（请注明）

表3 耐多药结核病医保落实情况调查表(住院)

类别	新农合	城镇职工	城镇居民
起付线（元）			
封顶线（元）			
报销比例（%）			
医保对医院支付方式			
医院对患者付费方式			

医保对医院付费方式：单病种定额付费；单病种付费

医院对患者付费方式：患者只交自付部分；先付费后报销（一站式）；先付费后报销（分站式）；其他（请注明）

4 患者发现与治疗管理

4.1 工作要求

4.1.1 对涂阳（以高危人群为主）患者进行耐药检测，包括县（区）推荐的涂阳患者和本院就诊的

涂阳患者。

4.1.2　为确诊的耐多药肺结核患者提供规范的化疗方案。

4.1.3　对确诊的耐多药肺结核患者进行住院和门诊相结合的治疗管理。

4.2　评价：是否按照以上要求开展了耐多药肺结核患者发现和治疗管理工作。

4.2.1　耐多药肺结核患者发现工作

4.2.1.1　耐多药肺结核患者筛查情况：查看结核病管理信息系统，填写一段时间内耐多药肺结核患者的筛查情况（表4、表5）。

表4　耐多药肺结核传统药敏筛查情况(时间)

（筛查对象：①涂阳　②高危人群）

治疗分类	应筛查患者数	痰菌培养人数	培养结果			药敏试验人数	药敏试验结果					
			阳性	阴性	污染		NTM	敏感	单耐 R	耐多药	广泛耐药	其他
初治												
复治												
合计												

表5　耐多药肺结核快速药敏筛查情况(时间)

（筛查对象：①涂阳　②高危人群）

治疗分类	应筛查患者数	接受快速药敏检测人数	药敏试验结果				
			NTM	敏感	单耐 R	耐多药	其他
初治							
复治							
合计							

4.2.1.2　市（州）级定点医疗机构痰标本送检率

在市（州）级耐多药定点医院，查阅“肺结核初诊患者登记本”，统计本院初诊发现的涂阳患者数，作为应送检的人数（分母）；查阅“耐多药肺结核可疑者登记本”等记录，统计本院送检的患者数（分子），并计算出送检率。填写表6。

$$送检率=\frac{送检痰标本人数}{应送检人数}\times 100\%$$

表6　定点医疗机构痰标本送检情况

核查起止时间	初诊发现的涂阳患者数	送检痰标本患者数	涂阳患者送检率

访谈医院门诊医生和实验室人员关于送检情况，重点了解未送检的原因，应逐个对未送痰标本患者进行分析，对特殊原因做好记录，如支气管镜刷检诊断的涂阳患者刷检物过少等。

4.2.1.3　县（区）级定点医疗机构痰标本送检率

现场核查，统计各县（区）涂阳肺结核患者登记数，扣除由在市（州）级定点医院就诊，转回县（区）管理的患者数，作为应送检的人数；再查阅“耐多药肺结核痰标本/菌株送检单”等相关记录获得的各县（区）运送痰标本人数，并计算出送检率。填写表7。

$$送检率=\frac{送检痰标本人数}{应送检人数}\times100\%$$

表 7　县（区）级定点医疗机构痰标本 /菌株送检率

（筛查对象：①涂阳　②高危人群）

县（区）名称	核查起止时间	登记应筛查患者数 *A*	定点医院就诊，转回县（区）管理的患者数 *B*	送检痰标本患者数 *C*	涂阳患者送检率（%）*D=C/(A-B)*
合　计					

访谈相关人员，了解未送检的原因，应逐个对未送痰标本患者进行分析，对特殊原因做好记录。

4.2.1.4　县（区）级定点医疗机构送痰的及时性

查看患者痰涂片检查时间，与“耐多药肺结核痰标本 /菌株送检单”的运送时间相比较，检查送痰标本运送时间是否符合要求。同时，访谈实验室人员，检查运送痰标本时是否应用运输盒，运输盒内温度，是否专人、专车运送，运送人员资格证，运输车辆能否保证等情况。填写表 8。

表 8　县（区）级定点医疗机构送痰及时性

县（区）名称	核查起止时间	运送痰标本总人数	3 天内运送痰标本的患者数	4～6 天运送痰标本的患者数	≥7 天运送痰标本的患者数
合计					

4.2.2　患者治疗

4.2.2.1　纳入治疗管理情况

4.2.2.1.1　查看结核病管理信息系统，填写表 9，了解未纳入治疗原因。现场讨论，解决存在的问题。

表 9　耐多药肺结核患者纳入治疗管理情况（时间）

登记分类	确诊患者数	纳入治疗患者数	未纳入原因						初始管理方式	
			拒治	不能组成有效方案	严重合并症	死亡	无法联系	其他	住院	门诊
新患者										
复治患者										
合 计										

4.2.2.1.2　查阅 10 份耐多药肺结核患者病案，了解化疗方案使用情况及其合理性，填写表 10。

表 10　耐多药肺结核患者化疗方案使用情况及其合理性

姓名	性别	年龄	诊断（MDR/耐利福平）	登记分类（新涂阳/复治涂阳）	初始治疗方式（住院/门诊）	化疗方案	方案是否合理

4.2.3　患者治疗管理情况

查看结核病管理信息系统，填写耐多药肺结核患者的治疗管理情况（表11、表12）。

表 11　耐多药肺结核患者治疗过程中的管理情况（治疗第　个月）

登记分类	治疗患者数	治疗第______个月痰检结果						停止治疗			
		涂片			培养						
		阴性	阳性	未查	阴性	阳性	未查	死亡	丢失	不良反应	其他
新患者											
复治患者											
合计											

表 12　耐多药肺结核患者 24 个月治疗管理情况

登记分类	治疗患者数	治愈	完成治疗	失败		丢失	死亡	未评价
				因不良反应停止治疗	其他失败			
新患者								
复治患者								
合计								

5　实验室

5.1　实验室人员信息

姓名	目前负责的工作			平均每周工作量（标本数）			备注（若更换人员）
	涂片	培养	其他	涂片	培养	其他	

5.2 实验室设备和试剂耗材情况

5.2.1 设备

设备	使用情况		功能正常	
	是	否（注明未使用原因）	是	否（注明故障情况）
显微镜				
生物安全柜				
培养箱				
涡旋振荡器				
冰箱				
微量移液器				
离心机				
微量离心机				
制冰机				
PCR 仪				
超声波仪				
芯片杂交仪				
芯片清洗仪				
芯片扫描仪				

5.2.2 试剂耗材

耗材	使用国家统一提供的耗材		储备量充分（足够一个月用量）		试剂耗材在保质期内使用		试剂耗材在保质期内使用	
	是	否（注明原因）	是	否（注明库存使用时间）	是	否（注明储存状况）	是	否（注明过期时间）
染色液								
镜泊								
玻片盒								
酸性罗氏培养基								
基因芯片试剂								
药敏培养基								
枪头								
1.5 mL 离心管								
50 mL 离心管								
痰杯								

5.2.3 实验室操作情况

5.2.3.1 痰涂片

5.2.3.1.1 痰标本保存

标本是否放入冰箱	痰盒是否符合要求	现场查看冰箱温度	是否有冰箱温度监测记录	是否安排专人负责
是（ ）否（ ）	是（ ）否（ ）	℃	是（ ）否（ ）	是（ ）否（ ）

统计指标	月份
3 天内完成快速诊断标本的比例（3 天内完成快速诊断的标本数/ 期间收取标本数总数×100%）	
24 小时内接受培养的标本比例（24 小时内接受培养的标本数/ 期间收取标本数总数×100%）	

5.2.3.1.2 涂片保存

涂片按期限和数量保存标本	是（ ） 否（ ）
保存于玻片盒	是（ ） 否（ ）

5.2.3.1.3 最近一次 EQA 盲法复检结果

最近一次接受盲法复检收到反馈报告时间：		
第一复检单位：		
第二复检单位：		
现场督导抽查涂片数	阳性	
	阴性	
	总数	
错误分类	低假阴性	
	高假阳性	
	低假阳性	
	量化误差	
涂片肉眼观质量（简单描述）		

5.2.3.2 培养

5.2.3.2.1 标本保存和选择

按要求选择标本培养	是（ ） 否（ ）
用于培养的标本足量	是（ ） 否（ ）
冻存标本以备重复培养	是（ ） 否（ ）
每批新供应的培养基做无菌试验	是（ ） 否（ ）

5.2.3.2.2　前处理操作 *

在生物安全柜内操作	是（　　）否（　　）
标本量	合适（　　）　过多（　　）　过少（　　）
加入的前处理液量	合适（　　）　过多（　　）　过少（　　）
前处理时间	合适（　　）　过长（　　）　过短（　　）
氢氧化钠	自己配制（　　）　省级配制（　　）　其他
	试剂瓶标记： 浓度：%配置时间：
	外观：澄清（　　）　浑浊（　　）
	保存条件：4 ℃冰箱（　　）　其他

5.2.3.2.3　接种操作 *

接种前正确标识	是（　　）否（　　）
操作在生物安全柜内	是（　　）否（　　）
无菌操作	是（　　）否（　　）
接种前倒掉多余的凝固水	是（　　）否（　　）
接种量	合适（　）　过大（　）　过小（　）

*：5.2.3.2.2和5.2.3.2.3部分内容仅需下列情况使用：

A第一次督导时进行考核

B实验室更换培养人员

C培养实验室质控出现异常（涂阳培阴率高于10%或污染率高于5%）时进行考核

5.2.3.2.4　孵育

接种后水平放置 24 小时	是（　　）否（　　）
24 小时后直立继续培养	是（　　）否（　　）
温箱有温度监控记录	是（　　）否（　　）

5.2.3.2.5　报告和记录

按要求的时间观察结果	是（　　）否（　　）
结果记录情况	正确（　　）不正确（　　）

5.2.3.2.6　查阅“实验室分离培养结果记录本”，计算涂阳培阴率、污染率（按月份统计，从上次督导结束到本次督导期间的数据），填入下表：

统计指标	月份	月份	月份
涂阳培阴率（培养阴性病例总数 / 涂片阳性且进行培养的病例总数×100%）			
污染率（污染的培养管数量 / 培养管总数×100%）：			

小结——培养操作的主要问题：

5.2.3.3 药敏操作情况

操作在生物安全柜进行	是（ ）否（ ）
包括 H37Rv 对照	是（ ）否（ ）
H37Rv 质控存在异常	是（ ）否（ ）
按要求的时间观察结果	是（ ）否（ ）

小结——药敏操作的主要问题：

5.2.3.4 分子生物学操作情况

5.2.3.4.1 基因扩增实验室认证证书（仅需统计一次）

完成认证	是（ ）否（ ）
证书有效期	
何时完成办理	

5.2.3.4.2 分子操作

不同实验区更换实验服	是（ ）否（ ）
质控正常	是（ ）否（ ）

5.2.3.4.3 结果汇总

月份	全敏感	单耐利福平	单耐异烟肼	耐多药	无法判读	无结核	非结核	合计

小结——基因芯片操作的主要问题：

5.2.4 实验室生物安全情况

生物安全防护			
废弃物处理方法			
	试剂（浓度）或设备	消毒时间	消毒频度
实验室空气消毒			
实验台面消毒			
地面消毒			

6 感染控制

6.1 工作要求：制订医院结核病感染预防与控制计划；建立健全结核病感染预防与控制的规章制度和工作规范；开展感染预防与控制、职业安全防护的技术培训。

制定肺结核门诊、指定的专门实验室、放射检查区域和病区的自然通风、机械通风和消毒措施。通过让结核病患者佩戴普通口罩、医务人员佩戴防护性面罩或口罩（如：N95口罩）等措施进行防护。

6.2 督导评价方法：查看紫外线消毒记录本，了解病房外线消毒情况；查看 N95口罩发放使用记录，核查医生佩戴N95和外科口罩及使用情况；查看MDR-TB门诊和病房设置，查看MDR-TB和非MDR-TB是否分开诊治；与医务人员访谈，了解病房感染控制情况。

6.3　评价：紫外线消毒频次是否符合感染控制的要求；记录N95口罩使用数量及库存数量；MDR-TB院内感染风险评估；对改进感染控制的建议。

7　药品管理

查看药房储存条件和抗结核药品种类，与药品管理人员进行访谈。

必备药物	医院目前是否有此药
异烟肼（片剂）	1.有　　2.无
利福平（片剂）	1.有　　2.无
乙胺丁醇	1.有　　2.无
吡嗪酰胺	1.有　　2.无
链霉素	1.有　　2.无
卡那霉素	1.有　　2.无
卷曲霉素	1.有　　2.无
阿米卡星	1.有　　2.无
氧氟沙星（片剂）	1.有　　2.无
左氧氟沙星（片剂）	1.有　　2.无
莫西沙星（片剂）	1.有　　2.无
丙硫异烟胺	1.有　　2.无
环丝氨酸	1.有　　2.无
对氨水杨酸（片剂）	1.有　　2.无
阿莫西林/克拉维酸	1.有　　2.无

（刘芳编写，余坤审）

（本节约21千字）

县(市、区)级疾病预防控制中心结核病防治规划工作规范

1 人员、设备要求

1.1 按照《结核病防治管理办法》规定，配备可以完成工作任务的结核病防治人员。

1.2 必须配有专用的电话、电脑、网络等办公设备。

2 工作职责

承担《结核病防治管理办法》第二章第七条规定的9项职责，即

2.1 协助卫生行政部门开展规划管理及评估工作。

2.2 收集、分析信息，监测肺结核疫情；及时、准确地报告、通报疫情及相关信息；开展流行病学调查、疫情处置等工作。

2.3 组织落实肺结核患者治疗期间的规范管理。

2.4 组织开展肺结核患者或者疑似肺结核患者及密切接触者的追踪工作。

2.5 组织开展结核病高发和重点行业人群的防治工作。

2.6 开展结核病实验室检测，对辖区内的结核病实验室进行质量控制。

2.7 组织开展结核病防治培训，提供防治技术指导。

2.8 组织开展结核病防治健康教育工作。

2.9 开展结核病防治应用性研究。

3 工作内容及督导考评

3.1 数据监测与分析、通报、进展，定期向领导汇报

3.1.1 工作内容：县级要组织专家对信息资料进行季度和年度分析，并向同级卫生行政部门和上级业务部门等进行汇报。

3.1.2 评价指标：

3.1.2.1 是否开展常规数据监测与分析？①是②否

3.1.2.2 是否定期将数据监测分析结果进行通报？①是②否

如果是，通报范围：________________________________

3.1.2.3 是否定期将数据分析结果向领导汇报？①是②否

如果是，汇报的形式？汇报对象？________________________________

3.2 患者发现与治疗管理

3.2.1 工作内容

3.2.1.1 对转诊后1天内或出院后2天内未到当地结核病防治机构就诊的患者进行电话追踪、现场

追踪。

3.2.1.2　对新涂阳肺结核患者的密切接触者进行宣传、登记和症状筛查。

3.2.1.3　监控肺结核患者的治疗管理，及时掌握肺结核患者的相关信息，督促辖区内医疗卫生机构落实肺结核患者的治疗和管理工作。涂阳患者和含有粟粒、空洞的新涂阴患者，应采取全程督导的治疗管理方式。非粟粒、空洞的新涂阴患者和结核性胸膜炎患者采取强化期督导的治疗管理方式。

3.2.2　评价指标

3.2.2.1　涂阳肺结核患者密切接触者筛查率

定义：是指一定期间内某省（市、县）辖区内指定的结核病防治机构对新登记涂阳肺结核患者的密切接触者进行筛查的人数占密切接触者总数的百分比。

密切接触者，系指与新登记痰涂片阳性肺结核患者（包括初治和复治）直接接触的人员，包括患者的家庭成员、同事和同学等。

筛查，是指询问新登记涂阳肺结核患者的密切接触者是否有结核病可疑症状。

公式：$\text{涂阳肺结核患者密切接触者筛查率}=\frac{\text{接受筛查的密切接触者人数}}{\text{密切接触者总人数}}\times100\%$

3.2.2.2　有症状密切接触者检查率

定义：指一定期间内某省（市、县）辖区内指定的结核病防治机构对新登记涂阳肺结核患者的密切接触者中有肺结核可疑症状者进行检查的人数占筛查发现有症状的人数的百分比。检查，是指对筛查发现的有肺结核可疑症状者进行结核菌素、痰涂片和（或）X射线等检查。

公式：$\text{有症状密切接触者检查率}=\frac{\text{接受检查的有症状人数}}{\text{筛查发现有症状的人数}}\times100\%$

3.2.2.3　涂阳肺结核患者密切接触者家属筛查率

定义：指一定期间内某省（市、县）辖区内指定的结核病防治机构对新登记涂阳肺结核患者的密切接触者家属筛查的人数占密切接触者家属总人数的百分比。

公式：$\text{涂阳肺结核患者密切接触者家属筛查率}=\frac{\text{接受筛查的密切接触者家属人数}}{\text{密切接触者家属总人数}}\times100\%$

3.2.2.4　有症状密切接触者家属检查率

定义：指一定期间内某省（市、县）辖区内指定的结核病防治机构对新登记涂阳肺结核患者的密切接触者家属中有肺结核可疑症状者进行检查的人数占筛查发现有症状人数的百分比。

公式：$\text{有症状密切接触者家属检查率}=\frac{\text{接受检查的有症状家属人数}}{\text{筛查发现的有症状家属总人数}}\times100\%$

3.2.2.5　结核病防治机构追踪率

定义：指结核病防治机构对医疗机构报告的应转诊但未到位的肺结核患者或疑似肺结核患者已进行追踪的比例。

公式：$\text{结核病防治机构追踪率}=\frac{\text{某结核病防治机构已进行追踪的患者数}}{\text{医疗机构应转诊但未到位患者数}}\times100\%$

3.2.2.6　结核病防治机构追踪到位率

定义：指一定期间内，某省（市、县）辖区内医疗机构网络报告的、应转诊但未到位的肺结核患者和疑似肺结核患者中，通过结核病防治机构追踪后到结核病防治机构就诊的肺结核患者和疑似肺结核患者所占的百分比。

公式：$\text{结核病防治机构追踪到位率}=\frac{\text{追踪到位患者数}}{\text{医疗机构应转诊但未到位患者数}}\times100\%$

3.2.2.7　患者丢失率

定义：指在某地区、一定期间内登记患者中丢失的患者数占登记患者数的百分比。

公式：患者丢失率＝$\frac{丢失患者数}{登记患者数}\times 100\%$

3.2.2.8 定性评价该县（区）的患者管理流程是否合理，能否做到无缝衔接。

3.2.3 督导考评方法

3.2.3.1 督导前准备：从专报系统中统计督导前1个季度非结核病防治机构转诊追踪和到位情况，并整理成表1。

表1 非结核病防治机构转诊追踪和到位情况

转诊情况			追踪情况				
应转诊患者数	转诊到位患者数	转诊到位率（%）	应追踪患者数	追踪患者数	追踪率（%）	追踪到位患者数	追踪到位率（%）

3.2.3.2 现场督导时了解非结核病防治机构转诊工作机制，结核病防治机构追踪工作机制建立和运行情况，现场核查表1，对专报数据存在的问题访谈相关工作人员，了解原因。

3.2.3.3 从专报系统中导出督导前1个季度新登记的涂阳肺结核患者密切接触者检查情况报表（见表2）。

表2 ______年______季度新登记的涂阳肺结核患者密切接触者检查情况

接触者类型	接触者登记数	接触者筛查数	筛查无症状者人数	筛查有症状者				
				人数	其中检查人数	发现患者		
						涂阳	涂阴	未痰检
家属								
非家属								
合计								

3.2.3.4 与相关人员访谈了解涂阳密切接触者筛查工作机制、筛查对象和主要筛查方式，现场查看“涂阳肺结核患者密切接触者登记本”并核实表3。

____

____

3.2.3.5 与负责患者管理的工作人员访谈，了解患者管理工作的流程，包括定点医院和基层医疗卫生机构如何落实患者治疗管理和督促随访检查。

____

____

3.3 督导

3.3.1 工作内容

3.3.1.1 县（区）级对所辖各乡（镇）每1～2个月督导1次，每次要对目前有免费治疗患者的各村进行督导，对每例涂阳肺结核患者全程至少访视2次，其中强化期1次。

3.3.1.2 每例耐多药肺结核患者每月访视1次。

3.3.1.3 定期对辖区内医院、卫生院进行网络报告调查和技术质控。

3.3.2 评价指标

3.3.2.1 督导工作完成率

定义：指在一定期间内完成督导的次数占年度计划督导次数的百分比。

公式：$督导工作完成率 = \frac{实际督导次数}{计划督导次数} \times 100\%$

3.3.2.2　定性评价督导频度是否满足要求、督导管理费是否能够足额、按时发放。

3.3.3　督导评估方法：

3.3.3.1　督导前准备：从专报系统中导出督导前上1季度“督导与访视季度报表”，见表3。

表3　____年____季度督导访视情况

	乡（镇）数	
	计划督导次数	实际督导次数
被督导单位数量		
被督导单位次数		

实际访视患者数：______人次，其中普通肺结核患者______人次，耐多药肺结核患者人次。

3.3.3.2　与督导人员交谈，了解督导经费需求，是否足够，交通和食宿情况，工作开展情况。

3.3.3.3　了解某年某季度对定点医院的督导情况，详细填写表4。

表4　______年______季度督导情况统计表

督导序次	时间	参加督导人员数	描述发现的问题	是否解决	有无督导报告
1					
2					
3					
4					
……					

3.3.3.4　了解某年某季度对乡、村的督导情况，填写表5。

表5　____年____季度督导情况统计表

督导序次	时间	参加督导人员数	督导乡数	督导村数	患者数	描述发现的问题	是否解决	有无督导报告
1								
2								
3								
4								
5								
6								
7								
……								

3.3.3.5 对发现的问题是否有强化督导：①是②否

3.3.3.6 询问肺结核 /耐多药肺结核患者全疗程管理补助标准并填写表6。

表6 肺结核患者管理补助发放标准(单位:元)

患者类型	经费来源*	发放标准（元 / 例）			
		合计	县级	乡级	村级
初治涂阳肺结核（含重症涂阴）					
复治涂阳肺结核					
涂阴肺结核					
耐多药肺结核					

*经费来源：可以填写多种来源：中央财政、省级财政、市（州）级财政、县（区）级财政、均等化、其他（请注明）。

3.3.3.7 询问普通肺结核患者督导管理费发放方式：①按月发放②按季度发放③疗程结束后发放④年终发放⑤其他，请注明____________

3.3.3.8 询问耐多药肺结核患者督导管理费发放方式：①按月发放②按季度发放③疗程结束后发放④年终发放⑤其他，请注明____________

3.4 培训

3.4.1 工作内容及要求

县（区）级每年至少应为乡镇卫生院（社区卫生服务中心）、村卫生室（社区卫生服务站）医生进行2次基础知识培训。

3.4.2 评价指标

3.4.2.1 培训计划完成率

定义：某年结核病防治机构在该年度中所举办的培训班数占计划举办的培训班数的百分比。

公式：$培训计划完成率=\frac{实际举办培训班数}{计划举办培训班数}\times 100\%$

3.4.2.2 结核病防治专业人员年度接受培训率

定义：某一地区在某年度内接受过上级培训的专业人员数占所有专业人员数的百分比。

公式：$结核病防治专业人员年度接受培训率=\frac{本年度内已接受培训专业人员数}{该地区专业人员数}\times 100\%$

3.4.2.3 定性评价培训计划完成率、培训频度是否满足要求。

3.4.3 督导考评方法

3.4.3.1 是否可以使用中央转移支付项目培训经费：①是②否

3.4.3.2 了解某年由本单位举办的培训情况，填写表7。

表7 培训情况统计表

培训班期次	经费来源*	培训班内容	培训人次数			
			定点医疗机构	非定点医疗机构	乡级 / 街道	村级 / 社区
第一次						
第二次						
……						

*经费来源：可以填写多种来源：中央财政、省级财政、市（州）级财政、县（区）级财政、均等化、其他（请注明）。

3.5　健康促进

3.5.1　工作内容及要求

县（区）级疾病预防控制机构负责组织开展结核病防治健康教育工作。

3.5.2　评价指标

3.5.2.1　健康促进活动计划完成率

定义：指某地区年度内已开展的健康促进活动数占年度计划活动数的百分比。

公式：$健康促进活动计划完成率=\frac{已开展的活动数}{计划开展的活动数}\times 100\%$

3.5.2.2　公众接受宣传覆盖率

定义：在某一地区、某一时点，曾接受过结核病健康知识宣传的人数占被调查人数的百分比。

公式：$公众接受宣传覆盖率=\frac{已接受过结核病知识宣教的人数}{被调查人数}\times 100\%$

3.5.2.3　结核病特定知识知晓率

定义：某地区在某特定时间内全部调查对象回答正确的结核病特定知识条目总数占全部调查对象需回答条目总数的百分比。

公式：$结核病特定知识知晓率=\frac{所有调查对象回答正确的结核病特定知识条目总数}{全部调查对象需回答的条目总数}\times 100\%$

3.5.3　督导考评方法

3.5.3.1　是否可以使用中央转移支付项目健康促进经费：①是②否

3.5.3.2　查看年度举行的各类健康促进活动记录，了解活动的经费来源，并填写表 8。

表 8　______年健康促进活动情况

序号	活动形式	数量	经费来源

注：活动形式包括：①电视节目播放②广播节目播放③报纸杂志④发放宣传材料⑤标语⑥宣传栏⑦现场宣传⑧其他

数量：计量单位为天、篇、份、幅、期、次等。

经费来源：可以填写多种来源：中央财政、省级财政、市（州）级财政、县（区）级财政、均等化、其他（请注明）。

3.5.3.2　近期是否开展健康促进，效果评价：①是，则填写下列问题结果②否

健康促进效果评价采用何种形式？如，知晓率调查，材料评价等评价效果如何？

3.6　实验室情况

3.6.1　工作内容及要求

县（区）级疾病预防控制机构负责开展结核病实验室检测，对辖区内的结核病实验室进行质量控制，包括盲法复检、现场评估和批量质控。

3.6.1.1　评价指标：

3.6.1.1.1　痰涂片检测的盲法复检覆盖率

定义：按《中国结核病防治规划 ·痰涂片镜检室质量保证手册》要求，某地区在某期间开展 EQA

盲法复检的实验室占辖区内应开展EQA实验室总数的百分比。

公式：$盲法复检覆盖率=\frac{至少接受一轮EQA盲法复检的实验室数}{实验室总数}\times100\%$

3.6.1.1.2　痰涂片检测的不合格实验室的比例

定义：盲法复检中出现的不合格实验室数占盲法复检实验室总数的百分比。

不合格实验室，是指符合条件①或②中任意一种情况者。

①只要有1张涂片为高假阴性（“2+”以上的阳性涂片被错误判读为阴性）或高假阳性（阴性片被错误判读为“2+”以上的阳性）；

②有3张及以上痰涂片为低假阳性（阴性涂片被错误判断为“1+”及以下的低阳性）或低假阴性（“1+”及以下低阳性涂片被错误判断为阴性）。

公式：$不合格实验室的比例=\frac{盲法复检中出现的不合格实验室数}{盲法复检实验室数}\times100\%$

3.6.2　督导考评方法

与疾病预防控制中心实验室负责人交谈，了解其在肺结核患者诊断过程中承担的职能，并现场查看工作开展情况，填写以下问题。

3.6.2.1　是否建立结核病实验室？①是（继续填写）②否（跳至下一节）

3.6.2.2　县（区）疾病预防控制中心实验室目前的职能（根据实际情况可多选）：①对县级机构痰涂片的EQA ②普通患者痰涂片检测 ③痰培养与药敏试验④其他，请注明__________

3.6.2.3　若疾病预防控制中心对定点医院进行了痰涂片质控，则查看质控情况并将最近三次的质控结果填写在表9中。

表9　______年痰涂片盲法复检情况

抽检时间	抽检片数		量化误差	低假阴	低假阳	高假阴	高假阳
	（+）	（-）					

3.7　耐多药肺结核工作

3.7.1　工作内容及要求

3.7.1.1　根据《耐多药肺结核防治管理工作方案》，当肺结核患者到县（区）级定点医疗机构就诊时，由上述机构对其进行痰涂片（或痰培养）检查，并将阳性痰标本（或阳性培养物）运输至省级或市（州）级医疗机构结核病实验室进行药物敏感试验。

3.7.1.2　痰标本于3天内随同“耐多药肺结核可疑者痰标本送检表”运送到省级或市（州）级定点医疗机构。

3.7.2.3　必须由经过标本运输培训合格的人员用菌株运输箱冷藏运输。

3.7.2　评价指标

3.7.2.1　耐多药肺结核可疑者筛查率

定义：指在全国或某地区，一定期间内开展耐药检测的耐多药肺结核可疑者占同期登记耐多药肺结核可疑者数的百分比。其中耐多药肺结核可疑者包括慢性排菌患者/复治失败患者、密切接触耐多药肺结核患者的涂阳肺结核患者、初治失败患者、复发与返回的患者、治疗2/3个月末痰涂片仍阳性的初治涂阳患者。

公式：耐多药肺结核可疑者筛查率＝$\frac{\text{一定期间内开展耐药检测的耐多药肺结核可疑者数}}{\text{同期登记的耐多药肺结核可疑者数}}\times 100\%$

3.7.2.2　涂阳肺结核患者的耐多药筛查率

定义：指某地区，一定期间内开展耐药检测的涂阳肺结核患者（包括初治和复治肺结核患者）占同期登记涂阳患者数的百分比。

公式：涂阳肺结核患者的耐多药肺结核可疑者筛查率＝$\frac{\text{一定期间内开展耐药检测的涂阳患者数}}{\text{同期登记涂阳患者数}}\times 100\%$

3.7.2.3　标本储藏是否规范？

3.7.3　督导考评方法

3.7.3.1　是否开展耐多药肺结核工作？①是②否（不填写本节问题）

与负责痰标本 /菌株运输的人员访谈，了解痰标本/菌株运输的流程，并回答以下问题。

3.7.3.2　如何获知有需要运送的痰标本 /菌株？①定点医院通知②专报系统查询③其他，请注明________

3.7.3.3　运送痰标本 /菌株的频率：①2 次 /周②有标本时即送③方便时运送④其他，请注明______

3.7.3.4　从定点医院获取的痰标本 /菌株未能立即运送时，如何保存？①标本 /菌株运输箱②4 ℃冰箱保存③常温保存④其他，请注明___________

3.7.3.5　你们如何获知耐药检测结果？①不知道耐药检测结果②市（州）级主动告知③运送标本时获取结果报告单④专报系统查询⑤其他，请注明___________

3.7.3.6　县（区）级实验室是否对涂阳患者或耐多药肺结核可疑者进行培养：①是（回答 3.7.3.7 问题）②否（回答 3.7.3.8 问题）

3.7.3.7　督导前 2 季度菌株运输情况（筛查对象：①涂阳②高危人群）

筛查对象登记数	痰培养接种数	运输阳性菌株例数	菌株数	
			1 个	2 个
合计：				

高危人群可疑者筛查率 ＝痰培养接种数/登记数×100%＝_________%

涂阳肺结核可疑者筛查率 ＝痰培养接种数 /登记数×100%＝________%

*高危人群是指：初治失败、复治失败、耐多药肺结核密切接触者、慢性患者、初治 2/3 月末痰菌为阳性等患者。

3.7.3.8　督导前 2 季度痰标本运输情况（筛查对象：①涂阳 ②高危人群）

筛查对象登记数	运输阳性痰标本例数	痰标本数			运送时限	
		1 个	2 个	3 个	3 天内	多于 3 天
合计：						

高危人群可疑者筛查率 =运输痰标本例数 /登记数 ×100%=________%

涂阳肺结核可疑者筛查率 =痰培养接种数/登记数×100%=________%

*高危人群是指：初治失败、复治失败、耐多药肺结核密切接触者、慢性患者、初治2/3月末痰菌为阳性等患者。

3.8　TB/HIV 双重感染工作

3.8.1　工作内容及要求

3.8.1.1　在艾滋病患者及HIV感染者中筛查结核病，最好采用痰培养作为诊断金标准。

3.8.1.2　在国家卫生计生委确定的艾滋病高流行县（区），在结核病患者中对HIV感染进行筛查。

3.8.1.3　为 TB/HIV 双重感染者提供免费符合规范的抗结核治疗和抗反转录病毒治疗。

3.8.2　评价指标

3.8.2.1　艾滋病病毒感染者和艾滋病病人的结核病可疑症状筛查问卷筛查率

定义：指某地区，某年接受过结核病症状筛查的艾滋病病毒感染者和艾滋病患者（HIV/AIDS）占当年可随访的 HIV/AIDS 人数的百分比。

公式：艾滋病病毒感染者和艾滋病病人的结核病可疑症状筛查问卷筛查率

$$=\frac{\text{接受结核病可疑症状筛查的 HIV/AIDS人数}}{\text{当年可随访的HIV/AIDS数}}\times 100\%$$

3.8.2.2　艾滋病病毒感染者和艾滋病病人接受结核病检查的比例

定义：指某地区某年接受过结核病影像学检查或（和）细菌学检查的艾滋病病毒感染者和艾滋病患者（HIV/AIDS）占当年可随访的 HIV/AIDS 人数的百分比。

公式：艾滋病病毒感染者和艾滋病病人的结核病筛查率

$$=\frac{\text{接受结核病影像学检查或（和）细菌学检查的HIV/AIDS人数}}{\text{当年可随访的HIV/AIDS人数}}\times 100\%$$

3.8.2.3　新登记结核病患者接受艾滋病病毒抗体检测的比例

定义：一定期间内接受艾滋病病毒（HIV）抗体检测的结核患者数占同期登记的结核病患者人数的百分比。

公式：新登记结核病患者接受艾滋病病毒抗体检测的比例$=\frac{\text{接受HIV抗体检测人数}}{\text{同期登记结核病患者人数}}\times 100\%$

3.8.3　督导考评方法

了解艾滋病患者筛查结核病工作机制的建立和运行情况，对于艾滋病高流行县（区），了解结核病患者筛查艾滋病工作机制的建立和运行情况。

3.8.3.1　是否将 HIV/艾滋病患者转诊进行结核病筛查？①是②否

3.8.3.2　是否为艾滋病高流行地区？①是②否

如果是，是否对确诊的结核病患者进行 HIV 筛查？①是②否

3.9　患者关怀政策落实

3.9.1　评价指标

是否有交通补助政策？①是②否

如果有，发放频度：①每月②患者随访时③疗程结束后④其他，请注明________

3.9.2　督导考评方法

根据发放记录，随机选取2例患者，电话核实是否发放。

定性评价患者关怀政策落实情况：

3.10 县级疾病预防控制本级工作经费到位情况（包括中央转移支付和地方财政专项经费）

3.10.1 工作内容及要求

《结核病防治管理办法》规定：县级以上地方卫生行政部门负责统筹规划辖区内结核病防治资源，对结核病防治服务体系给予必要的政策和经费支持。

3.10.2 评价指标

定性评价经费到位落实情况。

3.10.3 督导考评内容

督导前携带所督导省份当年县级疾病预防控制本级经费分配表。了解县（区）最近2年结核病防治经费到位及来源情况（单位：元），填写表10。

表10 ______年－______年县级疾病预防控制本级防治工作经费到位及来源情况

年度	中央级		省级		市（州）级		县级	
	到位经费	到位时间	到位经费	到位时间	到位经费	到位时间	到位经费	到位时间

（刘芳编写，何健审）

（本节约17千字）

县(市、区)级结核病定点医院结核病防治规划工作规范

1 机构

1.1 工作要求

机构和科室设置应满足肺结核患者诊断、治疗和登记等工作的任务和要求，原则上每个县（市）应确定至少1家定点医疗机构，应具备临床诊疗资质和收治传染病患者能力。

1.2 评价

机构和科室设置是否满足肺结核患者诊断、治疗和登记等工作任务和要求。

1.3 督导考评

1.3.1 督导考评前准备

定点医疗机构应在督导前准备卫生行政部门明确指定定点医疗机构的相关文件，以及定点医疗机构内部制定的承担结核病防治工作相关科室的职责分工，以及科室之前的协调配合。

1.3.2 现场督导

1.3.2.1 通过定性座谈，了解定点医疗机构转型的情况，了解转型过程的基本情况（转型原因、转型时间），以及转型前后的经验和好的做法，以及存在的问题和解决措施。

1.3.2.2 如果医院被确认为结核病定点医疗机构，现场查看卫生行政部门是否下发文件确认并规范相关工作、是否提供相关补偿经费，查看医院内部科室是否规范制定实施职责分工和协调配合工作机制。

1.3.2.3 现场查看定点医疗机构是否具备临床执业资质，是否配置临床执业资格的医师。

1.3.2.4 现场查看结核病门诊、病房、药房、放射科、实验室等科室设置，评价布局是否合理，是否具有收治传染病患者的能力。

2 人力资源

2.1 工作要求

配备足额的结核病诊疗、检验和登记报告人员，满足肺结核患者诊断、治疗和登记等工作的任务和要求。

2.2 评价

配备人员是否满足肺结核患者诊断、治疗和登记等工作的任务和要求。

2.3 督导前准备

定点医疗机构应在督导前将负责结核病防治相关领域工作的人员整理并填写至表1，供现场督导和讨论使用。

表1　定点医疗机构人员情况登记表

姓名	年龄	学历	职称	工作年限（年）	在编/聘任	兼职/专职	结核病工作年限（年）	从事岗位（填写各项工作所占比例，专职人员小计为100% 兼职人员小于100%）								
								门诊诊疗	住院诊疗	网络录入	健康教育	实验室	门诊护理	住院护理	其他	小计

2.4　现场督导方法

2.4.1　查看定点医疗机构人员情况登记表，根据发现的问题与相关人员进行座谈。

2.4.2　如由疾病预防控制机构转型至定点医院，了解定点医院设立时的人员配备情况、疾病预防控制机构是否派驻人员提供培训和技术指导。

2.4.3　通过现场座谈，了解从事结核病防治诊疗工作的医务人员工资和奖金情况，是否能够达到或者高于全院的平均水平，是否提供其他的激励机制或者补偿措施，如高风险补贴等。

2.4.4　通过现场座谈，了解定点医疗机构人员配置存在的问题和下一步建议。

3　结核病医保、医疗救助和诊疗免费政策实施情况调查

3.1　工作要求

3.1.1　对就诊的肺结核可疑症状者提供免费痰涂片和胸片检查，对确诊患者提供免费一线抗结核药，随访期间的3次痰涂片和1次胸片检查。各地在执行国家现行结核病免费诊疗政策的基础上，可根据当地实际适当扩大诊疗费用减免项目。

3.1.2　卫生、财政、人力资源和社会保障等部门要做好公共卫生专项与基本医疗保障制度的衔接，落实公共卫生结核病防治项目，对不属于公共卫生支付范围的结核病患者医疗费用，可按照基本医疗保障制度的相关规定予以支付。

3.1.3　落实耐多药肺结核纳入重大疾病保障的报销政策，新农合报销比例不低于70%，医疗救助报销20%。

3.2　评价

3.2.1　是否落实肺结核可疑症状者的免费检查政策。

3.2.2　是否落实耐多药肺结核纳入新农合医疗保险重大疾病保障政策。

3.3　督导前准备

定点医疗机构应提前准备结核病免费政策、医疗报销的落实情况，整理相关政策和落实的记录资料，以备督导核查使用。

3.4　现场督导方法

3.4.1　免费政策落实情况

3.4.1.1　了解是否实施肺结核可疑症状者的痰涂片和胸片免费政策，如未实施免费政策，了解存在的问题和原因填写表2。

3.4.1.2　了解患者是否使用免费抗结核药品，如未提供，了解存在的问题及原因。

3.4.1.3　了解患者随访期间痰涂片和胸片免费政策，如未实施，了解存在的问题和原因。

表 2　肺结核可疑症状者诊疗免费政策实施情况

<table>
<tr><td rowspan="3">检查对象</td><td rowspan="3">检查项目</td><td rowspan="2">诊疗单价（元）</td><td rowspan="2">国家免费政策支付额度（元）</td><td colspan="4">不足部分经费来源（元）</td></tr>
<tr><td>地方政府</td><td>医保</td><td>医院支付</td><td>患者自付</td></tr>
<tr><td>(1)</td><td>(2)</td><td>(3)</td><td>(4)</td><td>(5)</td><td>(6)</td></tr>
<tr><td rowspan="2">肺结核可疑症状者</td><td>痰涂片检查</td><td></td><td></td><td></td><td></td><td></td><td></td></tr>
<tr><td>X 射线检查</td><td></td><td></td><td></td><td></td><td></td><td></td></tr>
<tr><td rowspan="3">确诊肺结核患者</td><td>药品</td><td></td><td></td><td></td><td></td><td></td><td></td></tr>
<tr><td>痰涂片随访检查</td><td></td><td></td><td></td><td></td><td></td><td></td></tr>
<tr><td>X 射线随访检查</td><td></td><td></td><td></td><td></td><td></td><td></td></tr>
</table>

说明：(1) = (2) + (3) + (4) + (5) + (6)

3.4.2　肺结核医疗保障水平

3.4.2.1　了解当地医疗保障是否制定特殊政策，将结核病门诊诊疗纳入特殊保障病种？如是，根据政策文件了解实际报销情况，填写表3。如没有，了解普通疾病报销的水平。

表 3　普通肺结核医保落实情况调查表(门诊)

类别	新农合	城镇职工	城镇居民
起付线（元）			
封顶线（元）			
报销比例（%）			
医保对医院支付方式			
医院对患者付费方式			

医保对医院付费方式：单病种定额付费；单病种付费

医院对患者付费方式：患者只交自付部分；先付费后报销（一站式）；先付费后报销（分站式）；其他（请注明）

3.4.2.2　了解是否制定特殊政策，将结核病住院诊疗纳入特殊保障病种？如是，根据政策文件了解实际报销情况，填写表4。如没有，了解普通疾病报销的水平。

表 4　普通肺结核医保落实情况调查表(住院)

类别	新农合	城镇职工	城镇居民
起付线（元）			
封顶线（元）			
报销比例（%）			
医保对医院支付方式			
医院对患者付费方式			

医保对医院付费方式：单病种定额付费；单病种付费

医院对患者付费方式：患者只交自付部分；先付费后报销（一站式）；先付费后报销（分站式）；其他（请注明）

3.4.3　耐多药肺结核医疗保障水平

了解是否覆盖开展耐多药肺结核防控工作，如开展，了解耐多药肺结核患者医疗保障报销情况。将相关情况按照表 3 和表 4 的形式予以记录。

4　患者发现与治疗管理

4.1　患者就诊和登记报告

4.1.1　患者就诊时的健康教育

4.1.1.1　工作要求

4.1.1.1.1　患者门诊候诊时采用口头宣传、黑板报、图片、手册、传单等方式进行结核病防治的健康教育；在患者就诊时，医生应当对陪伴患者前来就诊的密切接触者进行面对面的讲解。

4.1.1.1.2　肺结核可疑症状者或肺结核患者就诊时，应发放、佩戴口罩。

4.1.1.1.3　咳嗽、咳痰≥2周、咯血是肺结核的主要可疑症状，应对肺结核可疑症状者提供免费的3张痰涂片和胸片检查，并在初诊登记本上进行规范记录。

4.1.1.2　评价

患者就诊时的健康教育工作是否规范开展。

4.1.1.3　现场督导

观察结核病门诊候诊区域是否有黑板报、图片、手册、传单等结核病防治的健康教育材料，或者是否有医护人员在门诊候诊区域进行口头的结核病防治知识宣传。

观察门诊医生是否对陪伴患者前来就诊的密切接触者进行面对面的结核病防治健康教育。

观察结核病门诊医生是否向患者发放口罩，向患者介绍佩戴口罩的重要性以及教会患者正确佩戴口罩。

4.1.2　肺结核可疑症状者的登记和检查

4.1.2.1　工作要求

4.1.2.1.1　咳嗽、咳痰≥2周、咯血或血痰是肺结核的主要症状，具有以上任何一项症状者为肺结核可疑症状者。

4.1.2.1.2　对肺结核可疑症状者进行痰涂片与胸部X射线检查。

4.1.2.2　评价

肺结核可疑症状者占全部初诊患者的比例、全部检查3个痰标本和有胸片（免费或自带均可）的肺结核可疑症状者占全部肺结核可疑症状者的比例。

4.1.2.3　督导前准备

督导单位从专报系统中导出当地近三年每年登记报告的患者数，填写表5，分析各类患者登记比例和趋势。

表5　近3年登记报告的肺结核患者数

年度	新涂阳	复治涂阳	涂阴	未痰检	合计

4.1.2.4　现场督导方法

在初诊患者登记本上抽查督导日期之前一个季度的初诊患者登记数据，计算有咳嗽、咳痰≥2周、咯血或血痰的患者数量占全部初诊患者的比例。

根据抽查的初诊患者登记数据，计算全部检查3个痰标本和有胸片（免费或自带均可）的患者数量占全部肺结核可疑症状者的比例。抽查结果填写表6。

表6 县级定点医院肺结核可疑症状者检查情况

抽查人数	肺结核可疑症状者数	胸片检查		痰涂片检查			
		拍摄胸片人数	自带胸片人数	查痰人数	查3个痰人数	查2个痰人数	查1个痰人数

观察结核病门诊医生在患者就诊过程中如何界定肺结核可疑症状者，是否在初诊登记本上登记，如何为肺结核可疑症状者提供3次免费的痰涂片和胸部X射线检查；在初诊登记本上抽查3～5个患者，通过电话了解其痰涂片和胸部X射线检查的花费情况。

4.1.3 院内非结核病门诊的漏转和漏报情况

4.1.3.1 工作要求

4.1.3.1.1 定点医院非结核病门诊若发现肺结核患者或疑似肺结核患者，应填写“肺结核患者或疑似肺结核患者转诊/推荐单”，向院内结核病门诊进行转诊，同时填写疫情报告卡。

4.1.3.1.2 对发现的肺结核患者或疑似肺结核患者，应及时按照相关规定进行网络报告和登记。

4.1.3.2 评价

定点医院非结核病门诊接诊的肺结核患者或疑似肺结核患者的漏转率、漏报率。

4.1.3.2.1 定点医院非结核病门诊漏转率

定义：指某一期间、某一定点医院非结核病门诊日志中登记的被诊断为活动性肺结核或结核性胸膜炎的患者中，未被转诊到该院结核病门诊的患者所占的百分比。

公式：定点医院非结核病门诊漏转率

$$=\frac{\text{未被转诊到结核病门诊（即在结核病门诊日志或初诊患者登记本中未能查阅到）的患者数量}}{\text{非结核病门诊日志中登记的被诊断为活动性肺结核或结核性胸膜炎的患者数量}}\times 100\%$$

4.1.3.2.2 定点医院非结核病门诊漏报率

定义：指某一期间、某一定点医院非结核病门诊日志中登记的被诊断为活动性肺结核或结核性胸膜炎的患者中，未被报告到传染病疫情报告系统的患者所占的百分比。

公式：定点医院非结核病门诊漏报率

$$=\frac{\text{未被报告到传染病疫情报告系统（即在传染病疫情报告系统中未能查阅到）的患者数量}}{\text{非结核病门诊日志中登记的被诊断为活动性肺结核或结核性胸膜炎的患者数量}}\times 100\%$$

4.1.3.3 现场督导方法

4.1.3.3.1 通过大疫情报告系统提前导出督导日期之前一个季度的非结核病门诊的门诊工作日志和住院记录，若无大疫情报告系统，则查阅同期的非结核病门诊的门诊工作日志和住院记录，收集就诊和住院患者的姓名、性别、年龄、诊断结果（含“结核”字样）、门诊名称、接诊医生和就诊日期等信息，按照姓名排除重复患者（排除就诊时间较晚的记录），并排除诊断结果为非活动性肺结核和肺外结核（结核性胸膜炎可不排除）的患者。将收集的信息存为Excel文件（有大疫情报告系统）或录入到Excel文件（无大疫情报告系统），命名为“非结核病门诊和住院数据表”，见表7。

表7 非结核病门诊和住院数据表

门诊名称	患者姓名	年龄	性别	诊断结果	接诊医生	就诊日期

4.1.3.3.2 通过大疫情报告系统提前导出督导日期之前一年的结核病门诊的门诊工作日志，若无大疫情报告系统，则查阅同期的结核病门诊的初诊患者登记本，收集就诊患者的姓名、性别、年龄等信息。将收集的信息存为Excel文件（有大疫情报告系统）或录入到Excel文件（无大疫情报告系统），命

名为“结核病门诊数据表”，见表8。

表 8　结核病门诊数据表

患者姓名	年龄	性别	就诊日期

4.1.3.3.3　通过结核病管理信息系统导出督导日期之前一年的传染病疫情报告系统中的肺结核患者信息，包括患者的姓名、性别、年龄、诊断结果。将导出的数据都存为Excel文件，命名为“传染病疫情报告系统数据表”，见表9。

表 9　传染病疫情报告系统数据表

患者姓名	年龄	性别	诊断结果	报告日期

4.1.3.3.4　将“非结核病门诊和住院数据表”与“结核病门诊数据表”进行比对，若在“结核病门诊数据表”中能够找到“非结核病门诊和住院数据表”中的患者，视为该患者转诊到位，若未能找到“非结核病门诊和住院数据库 ”的患者，视为该患者被漏转。

4.1.3.3.5　将“非结核病门诊和住院数据表”与“传染病疫情报告系统数据表 ”进行比对，若在“传染病疫情报告系统数据表”中能够找到 “非结核病门诊和住院数据表”中的患者，视为该患者被报告到传染病疫情系统中，若未能找到“非结核病门诊和住院数据表”中的患者，视为该患者被漏报。

4.1.3.3.6　根据核查的漏转和漏报情况，对漏转和漏报的非结核病门诊医生进行访谈，了解可能的原因。然后，根据了解到的原因，与定点医院分管领导和结核病门诊医生进行座谈，寻求解决漏转和漏报问题的有效方法。

4.2　患者诊断

4.2.1　工作要求

4.2.1.1　根据《中华人民共和国卫生行业标准——肺结核诊断 WS288—2008》、《临床诊断指南・结核病分册》对肺结核病诊断依据的要求，对肺结核可疑症状者进行诊断。

4.2.1.2　涂阴患者的确诊应由涂阴诊断小组讨论后确诊，暂时不能确诊而有疑似炎症的患者可进行诊断性抗感染治疗，诊断性抗感染治疗不应选择喹诺酮类、氨基糖苷类等具有明显抗结核活性的药品。对经抗感染治疗仍怀疑患有活动性肺结核的患者可进行诊断性抗结核治疗。

4.2.2　评价

了解肺结核诊断是否规范、符合要求。

4.2.3　现场督导方法

现场抽查10例门诊主要诊断为“涂阴肺结核 ”的病历，由督导专家组调查和评估诊断分类及诊断依据是否充分，填写表10。

表 10　肺结核患者诊断调查和评估信息登记表

序号	诊断分类	影像学		细菌学				抗感染治疗情况	专家组复核结果	备注
		胸片质量是否合格	诊断初步结果	涂片	培养	分子诊断工具	无			

4.3 患者治疗

4.3.1 工作要求

4.3.1.1 完成治疗前宣传教育：告知患者自己所患疾病、治疗药物方案、治疗周期、可能出现的不良反应，介绍居家隔离治疗措施和下次复诊时间。

4.3.1.2 定点医疗机构负责对确诊的肺结核患者制定标准化治疗方案，提供免费的一线抗结核药品，及时处理各种不良反应。

4.3.1.3 治疗方案

初治活动性肺结核化疗方案：$2H_3R_3Z_3E_3/4H_3R_3$； 2HRZE/4HR

复治活动性肺结核化疗方案：$2H_3R_3Z_3E_3\ S_3/6H_3R_3E_3$； 2HRZES/6HRE

结核性胸膜炎推荐化疗方案：2HRZE/7HRE； $2H_3R_3Z_3E_3\ /7H_3R_3E_3$

4.3.1.4 用药剂量

结核病治疗用药剂量

药名	每日疗法			间歇疗法	
	成人(g)		儿童（mg/kg）	成人（g）	
	＜50 kg	≥50 kg		＜50 kg	≥50 kg
异烟肼	0.3	0.3	10～15	0.6	0.6
链霉素	0.75	0.75	20～30	0.75	0.75
利福平	0.45	0.6	10～20	0.6	0.6
利福喷汀	—	—	—	0.6	0.6
乙胺丁醇	0.75	1.0	—	1.0	1.25
吡嗪酰胺	1.5	1.5	30～40	1.5	2.0

4.3.1.5 符合肺结核临床路径的住院标准。

4.3.2 评价

4.3.2.1 门诊诊疗患者使用标准化治疗方案情况。

4.3.2.2 住院诊疗患者使用标准化治疗方案情况以及住院合理性。

4.3.3 现场督导方法

4.3.3.1 门诊标准化治疗方案核查

在结核病患者登记本中随机抽取10～20例登记初治肺结核患者，填写表11。

表11 县级定点医院门诊标准治疗方案核查表

核查患者姓名	是否使用标准治疗方案	是否全程使用一线免费药品	有无不良反应	是否使用二线药物	如果使用，是否合理	其他问题

4.3.3.2 住院标准治疗方案和住院合理性核查

在住院登记本中随机抽取10～20例出院的肺结核患者，对其治疗方案进行核查，填写表12。

表 12　县级定点医院住院标准治疗方案核查表

核查患者姓名	是否使用标准治疗方案	是否使用二线药物	如使用二线药物，是否合理	是否符合住院指征	住院期间费用（元）	出院后是否转到门诊落实治疗管理

4.4　患者治疗管理

4.4.1　工作要求

4.4.1.1　由定点医疗机构落实治疗期间的随访检查。

4.4.1.2　当肺结核患者确诊或出院需落实治疗管理时，县（区）级疾病预防控制中心立即通知并督促乡级医生、村级医生落实治疗管理。患者超过预约时间 7 天未取药或查痰时，督促患者前去取药或查痰。

4.4.1.3　患者完成或结束疗程后，由定点医院门诊医生判定患者治疗转归，并及时记录在病案及结核病专报系统中。

4.4.2　评价

患者接受治疗管理、按期取药和随访查痰的比例。

4.4.3　督导内容和方法

与负责患者治疗管理的工作人员访谈，了解如何与疾病预防控制中心和乡、村医生落实患者治疗管理和督促随访检查，并回答写以下问题。

4.4.3.1　医院是否有专人落实患者管理？（A）是（B）否

4.4.3.2　如何落实出院或门诊治疗患者的治疗管理？（A）通知疾病预防控制中心落实（B）直接通知乡、村医生落实（C）不参与落实治疗管理（D）其他，请注明____________________

若通知疾病预防控制中心落实患者治疗管理，通知频率为____________________。

4.4.3.3　如何开展患者的随访检查工作？（A）等待患者就诊（B）提前通知患者（C）提前通知疾病预防控制中心（D）其他，请注明____________________

4.4.3.4　患者未按时随访检查时如何处理？（A）通知疾病预防控制中心（B）通知患者（C）通知社区医生（D）其他，请注明____________________

4.4.3.5　出院后与门诊和社区的衔接

检查去年同季度出院登记本和门诊患者登记本，并向门诊医生了解患者的社区管理情况，统计并填写表 13。

表 13　登记患者出院和门诊治疗后的管理情况

患者姓名	门诊 / 住院	是否在社区接受治疗管理	是否按期复诊取药	是否按期查痰

5　专报质量

5.1　工作要求

5.1.1　对于确诊的结核病患者，要求具有管理病人职能的各基层结核病防治单位于 24 小时内完成患者病案信息的录入；患者治疗过程中的随访信息也应于获得信息后的24小时内完成录入。

5.1.2 对信息资料的质量进行评价。主要从完整性、准确性和及时性等方面对原始信息资料（包括初诊患者登记本、病案记录、结核病患者登记本、痰涂片检查登记本和县（区）结核病防治机构肺结核患者和疑似肺结核患者追踪情况登记本）填写、结核病管理信息（包括初诊患者信息、结核病患者的病案信息等）录入、季报和年报统计数据录入的质量进行系统评价。

5.1.3 为提高信息资料的质量，县（区）级结核病规划实施单位要每月开展结核病信息填报资料的自查，及时发现问题，及时解决。

5.2 评价

关键信息一致率 =一致信息字段数 /总信息字段数 ×100%。

5.3 督导前准备

督导单位从专报中随机抽查上一季度登记的10例满疗程的肺结核患者，将其相关信息导出，将录入系统的时间整理成表14，将相关内容填写至表15。被督导单位准备上一季度治疗满疗程的肺结核患者登记本、实验室登记本、患者病案记录。

5.4 现场核查和记录方法

现场查阅肺结核患者登记本、实验室登记本、患者病案记录，将信息实际填写时间录入至表14，将实际填写相关内容录入表15，比较纸质记录和专报系统信息录入的及时性和一致性。

表14 结核患者病案信息登记及时性核查表

登记号	来源	确诊日期	开始治疗日期	查痰情况			治疗转归
				2个月末	5个月末	6（8）个月末	
	专报系统						
	现场核查						
	专报系统						
	现场核查						

表15 结核患者病案信息登记一致性核查表

登记号	来源	姓名	本次首诊日期	涂片结果	登记分类	本次确诊日期	开始治疗日期	初始管理方式	停止治疗时间	停止治疗原因
	专报系统									
	现场核查									
	专报系统									
	现场核查									

6 实验室检测能力和水平

6.1 工作要求

应达到《指南》规定的开展痰涂片和培养等检测的相关要求。

6.2 评价

6.2.1 痰涂片合格率

定义：指对一个实验室进行盲法复检时抽查的痰涂片，其痰膜大小、厚度、染色、痰膜脱落情况，以及痰细胞数等均符合要求的痰涂片数，占此次盲法复检所有抽查痰涂片的百分比。

公式：$痰涂片合格率 = \frac{复检时合格痰涂片数}{复检痰涂片总数} \times 100\%$

6.2.2 初诊涂阳患者检出率

定义：指某一地区、某一时期内，通过初诊痰涂片检查发现的阳性患者数占接受初诊痰涂片检查患者数的百分比。

公式：$初诊涂阳患者检出率 = \frac{初诊痰涂片阳性的患者数}{初诊接受痰涂片检查的患者总数} \times 100\%$

6.2.3 初治培养阳性率

定义：指某一地区、在某一时期内，某实验室在进行初治患者痰标本分枝杆菌分离培养的过程中，培养阳性的病例数占所有进行分枝杆菌分离培养病例总数的百分比。

公式：$培养阳性率 = \frac{培养阳性的病例总数}{培养检查的病例总数} \times 100\%$

6.2.4 培养污染率

定义：指某一地区、在某一时期内，某实验室在进行分枝杆菌分离培养的过程中，污染的培养管数占所有进行分枝杆菌分离培养总管数的百分比。

公式：$培养污染率 = \frac{污染的培养管数量}{培养管总数} \times 100\%$

6.3 督导前准备

6.3.1 督导单位准备近几次被督导单位实验室督导报告及督导清单，记忆近几次被督导单位实验室痰检 EQA 记录。

6.3.2 被督导单位提前一周将表16下发至定点医疗机构，填写从事结核病防治工作的人员配备情况。

表 16 结核病实验室人员调查表

姓名	年龄	职称	是否专职	结核检验工作年限	参加培训情况	实验室工作内容所占时间百分比（%）				
						抽血	涂片镜检	培养	微生物检验	其他

注：（1）职称：请直接填写相应的数字编号①无、②初级、③中级、④高级；

（2）是否专职：若是专职请填写 “是”，兼职请填写“否”；

（3）结核病防治工作内容所占时间百分比（%）：估算个人从事各项结核病防治工作的时间占整体工作时间的比例，对于专职人员所有项相加之和应等于 100%，兼职人员小于 100%。

6.4 督导内容和方法

访谈实验室相关人员，现场查阅相关资料，了解以下问题：

6.4.1 根据表16与相关人员交流，详细了解所从事的工作内容及时间分配，发现填写错误或不准确的地方直接在表中更正。

6.4.2 了解实验室目前的结核检测项目及工作量，填写表17。

表17 实验室检测项目及工作量

涂片（ ） 培养：固体（ ），液体（ ） 药敏：固体（ ），液体（ ） 其他______	
本月每天涂片工作量	平均：________张（最少：________张，最多：________张）
上月培养、药敏工作量	培养平均：________例 药敏平均：________例
其他项目月工作量	

6.4.3 了解实验室房屋及设施情况。

填写表18。

表18 实验室房屋及设施情况

是否专用于结核菌检测：（1）是 （2）否			
面积：__________ m^2			
生物安全级别：（1）BSL-1 （2）BSL-2 （3）BSL-2+ （4）BSL-3 （5）还未参加评级			
实验室布局、功能分区是否合理：（1）是（2）否 若不合理，存在的主要问题包括________________________________。			
现有设备 *			
名称	数量	名称	数量
实验台（桌）		显微镜（结核专用）	
培养基凝固器		简易通风柜	
涡旋器		Ⅰ型生物安全操作柜	
高压灭菌器		Ⅱ型生物安全操作柜	
紫外线消毒灯		冰箱	
温箱		超低温冰柜（-70 ℃）	
染色架		蒸馏水制备装置	

*如有未安装或功能不良的设备请注明

6.4.4 了解对县级实验室涂片的EQA工作开展情况。填写表19。

表19 实验室涂片的EQA工作开展情况

实验室名称	抽样日期	抽样人	保存涂片数量	抽取涂片数量	丢失涂片数量	复检结果					相应措施 *

*指实施督导以来发现和解决涂片镜检中存在的问题或重新培训。

6.4.5　请填写生物安全措施及操作（涂片）情况（表20）。

表 20　生物安全措施及操作(涂片)情况

在哪里收集标本？	
专门的房间（　）；　实验室内（　）；任意地点（　）；室外（　）；走廊（　）	
涂片操作	有通风无过滤的操作柜（　）；无通风的操作柜（　）
Ⅰ级生物安全柜（　）；Ⅱ级生物安全柜（　）；桌面上（　）	
如何处理废弃物	
不高压交其他机构处理（　）；直接填埋（　）焚化炉焚化（　）；　高压灭菌（　）	
实验室消毒频度	
一月 1～2 次（　）；　从不（　）；每天工作后（　）；　一周 2～3 次（　）	
使用何种消毒剂	
紫外线灯	房间（　）；安全柜内（　）；以上都没有（　）
实验员年度体检	一次（　）；　两次（　）；　从不（　）
近两年是否出现实验室感染	是（　）；否（　）

6.4.6　请填写生物安全措施及操作（痰培养及/或药敏）情况（表21）。

表 21　生物安全措施及操作(痰培养及/或药敏)情况

在哪里进行培养及/或药敏？	
无通风装置的操作柜（　）；通风无过滤的操作柜（　）；Ⅰ级生物安全柜（　）；Ⅱ级生物安全柜（　）	
实验桌（台）上（　）	
实验室气体流向控制：	
专用空气外排装置（　）：有过滤（　）；无过滤（　）　通过操作柜外排（　）：有过滤（　）；无过滤（　）	
无气流控制（　）	

6.4.7　了解痰涂片制片及染色操作过程、涂阳痰涂片保存情况及保存时间（三个月以上），抽检部分留存痰标本质量，并根据情况选择部分标本进行复核，了解实验室操作人员痰涂片镜检能力。

6.4.8　现场询问痰培养操作细节，结合查阅《县（区）级痰培养检查登记本》及痰培养室内质控记录，了解操作人员培养能力，并根据情况现场指导操作。

7　耐多药防治

7.1　工作要求

7.1.1　根据《耐多药肺结核防治管理工作方案》，当肺结核患者到县（区）级定点医疗机构就诊时，由上述机构对其进行痰涂片（或痰培养）检查，并将阳性痰标本（或阳性培养物）运输至省级或市（州）级医疗机构结核病实验室进行药物敏感试验。

7.1.2　痰标本于3天内随同“耐多药肺结核可疑者痰标本送检表”运送到省级或市（州）级定点医疗机构。

7.1.3　必须由经过标本运输培训合格的人员用菌株运输箱冷藏运输。

7.2　评价

7.2.1　耐多药肺结核可疑者筛查率

定义：指在全国或某地区，一定期间内开展耐药检测的耐多药肺结核可疑者数占同期登记的耐多药肺结核可疑者数的百分比。其中耐多药肺结核可疑者包括慢性排菌患者 、复治失败患者、密切接触耐多药肺结核患者的涂阳肺结核患者、初治失败患者、复发与返回的患者、治疗 2/3 个月末痰涂片仍阳性的初治涂阳患者。

公式：$\text{耐多药肺结核可疑者筛查率} = \frac{\text{一定期间内开展耐药检测的耐多药肺结核可疑者数}}{\text{同期登记的耐多药肺结核可疑者数}} \times 100\%$

7.2.2　涂阳肺结核患者的耐多药筛查率

定义：指某地区，一定期间内开展耐药检测的涂阳肺结核患者（包括初治和复治肺结核患者）数占同期登记涂阳患者数的百分比。

公式：$\text{涂阳肺结核患者的耐多药肺结核可疑者筛查率} = \frac{\text{一定期间内开展耐药检测的涂阳患者数}}{\text{同期登记的涂阳患者数}} \times 100\%$

7.2.3　标本储藏是否规范?

7.3　督导内容与方法

7.3.1　是否开展耐多药肺结核工作?

（1）是（2）否（回答以下问题）

与负责痰标本 /菌株运输的人员访谈，了解痰标本/菌株运输的流程，并回答以下问题。

7.3.2　如何获知有需要运送的痰标本 /菌株?

（1）定点医院通知（2）专报系统查询（3）其他，请注明________

7.3.3　运送痰标本 /菌株的频率：

（1）2次 /周（2）有标本时即送（3）方便时运送（4）其他，请注明________

7.3.4　从定点医院获取的痰标本 /菌株未能立即运送时，如何保存?

（1）标本 /菌株运输箱（2）4 ℃冰箱保存（3）常温保存（4）其他，请注明________

7.3.5　你们如何获知耐药检测结果?

（1）不知道耐药检测结果（2）市（州）级主动告知（3）运送标本时获取结果报告单（4）专报系统查询（5）其他，请注明________

7.3.6　县（区）级实验室是否对耐多药肺结核可疑者进行培养：

（1）是（回答7.3.1问题）（2）否（回答7.3.7问题）

7.3.7　督导前2季度菌株运输情况（筛查对象：①涂阳　②高危人群*）

筛查对象患者登记数	痰培养接种数	运输阳性菌株例数	菌株数	
			1个	2个
合计:				

*高危人群是指：初治失败者、复治失败者、耐多药肺结核密切接触者、慢性患者、初治2/3月末痰菌为阳性者等。

7.3.8　督导前2季度痰标本运输情况（筛查对象：①涂阳　②高危人群*）

筛查对象患者登记数	运输阳性痰标本例数	痰标本数			运送时限	
		1个	2个	3个	3天内	多于3天
合计：						

*高危人群是指：初治失败、复治失败、耐多药肺结核密切接触者、慢性患者、初治2/3个月末痰菌为阳性等。

8　感染控制

8.1　工作要求

将结核病的感染预防与控制工作纳入到本机构感染管理的组织体系，并由业务能力较强的临床医护人员、感染管理人员组成感染预防与控制技术小组；开展肺结核感染危险性评估，确定特定区域的危险级别；制定结核病感染预防与控制计划；建立健全结核病感染预防与控制的规章制度和工作规范；开展感染预防与控制、职业安全防护的技术培训。

制定肺结核门诊、指定的专门实验室、放射检查区域和病区的自然通风、机械通风和消毒措施。通过让结核病患者佩戴普通口罩、医务人员佩戴防护性面罩或口罩（如：N95口罩）等措施进行防护。

8.2　现场督导方法

通过核查定点医院相关文件或材料，了解结核病的感染预防与控制工作的组织管理、危险评估、计划制定、制度和规范建立以及技术培训等的开展情况。

通过观察肺结核门诊、指定的专门实验室、放射检查区域和病区的自然通风和机械通风情况，了解自然通风和机械通风的设施和措施；通过核查肺结核门诊、指定的专门实验室、放射检查区域和病区的消毒记录，了解消毒的设施和措施。通过核查口罩的发放记录，了解发放数量，评估使用情况。

8.3　评价

了解院内感染控制工作的开展情况，包括工作机制建立情况、通风是否良好、紫外线杀菌灯是否配备和正确使用、是否给患者发放外科口罩，医务人员是否正确佩戴医用防护口罩等。

（刘芳编写，杨枢敏审）

（本节约27千字）

县(市、区)级非结核病定点医院结核病防治规划工作规范

1 人员要求

县（市、区）级非结核病定点医院包括综合医院、中医院、妇幼保健院等。应设专职或兼职结核病防治信息管理、门诊和住院临床专业人员。

2 工作职责

2.1 负责对发现的肺结核或疑似肺结核患者及时进行疫情报告和登记工作，并及时将肺结核或疑似肺结核患者转诊到患者居住地结核病防治机构。

2.2 负责在医院内开展结核病防治健康教育、培训工作。

3 工作内容及督导考评

3.1 肺结核 /疑似肺结核患者的报告和转诊

3.1.1 要求：根据《传染病防治法》《结核病防治规划指南（2008 版）》规定：非定点医疗卫生机构内设职能科室和专职人员负责结核病患者和疑似结核病患者的报告、转诊工作，发现患者 /疑似患者应在诊断后 24 小时内上报大疫情系统。

3.1.2 评价：根据医院结核病防治工作开展情况进行综合评价。

3.1.3 督导考评方法

3.1.3.1 督导前准备：在大疫情报告系统中导出被督导单位报告的肺结核 /疑似肺结核患者名单和报告医生，同时在结核病防治机构（定点医院）的转诊登记本中统计被督导单位转诊到位的患者名单，时间选择督导前 3 个月。

3.1.3.2 现场核查和记录

3.1.3.2.1 现场询问查看被督导单位内部肺结核患者报告和转诊工作的机制、制度和流程，特别询问肺结核报告的奖惩制度，以及在转诊工作流程中是否对定点医院诊治肺结核进行宣传，如何进行宣传，记录如下：

院内是否制定结核病（含耐多药肺结核）患者、疑似结核病患者的报告、转诊机制、制度和流程。

①是，具体为____

②否

3.1.3.2.2 现场从大疫情报告系统导出督导前 3 个月含有结核、疑似结核病诊断的就诊资料（门诊、出入院诊断等），与督导前准备的患者名单核对，同时与医院防保科结核病转诊登记本、转诊单存根等信息进行核对，了解其漏报和漏转情况，填写表 1。

3.1.3.2.3 没有安装 大疫情报告系统的单位，统计各门诊日志、出入院患者登记的肺结核病人或疑似肺结核病人名单，与督导前准备的患者名单核对，同时与医院防保科结核病转诊登记本、转诊单存根

等信息进行核对，了解其报告和转诊情况，填写表1。

表1　非定点医院结核病报告和转诊情况

起止时间	科室名称	门诊或住院记录中肺结核/疑似结核数	大疫情报告数	报告率（%）	开具转诊单数	转诊率（%）
____月____日至____月____日（督导前3个月）	传染科门诊					
	呼吸科门诊					
	急诊科					
	病房					
	……					
	合计					

填表说明：门诊或住院记录中肺结核/疑似结核数可由大疫情报告系统导出，或查看门诊登记、入院记录、出院记录原始资料获得。大疫情报告数由直报系统导出。开具转诊单数通过查看各转诊科室保留的转诊单存根数获得。结核病防治机构（定点医院）登记数由专报系统导出。

3.2　健康促进

3.2.1　要求：医疗卫生机构应组织院内开展结核病防治相关内容的健康促进宣传工作，转诊前要对患者进行必要的健康教育，向患者解释他/她可能患了肺结核，并讲解结核病的相关知识，以及要转诊到结核病防治机构的原因等内容。

3.2.2　评价：综合评价结核病宣传品的内容、位置、数量等是否合理，转诊前宣教工作是否充分。

3.2.3　督导考评方法：查看布告和宣传画悬挂、张贴的位置是否醒目，查看院内组织结核病健康宣传的资料（含影像资料），现场询问转诊医生是否按《指南》做好转诊前的宣教工作，如做宣教，询问时长和内容。填写表2。

表2　非定点医院健康促进开展情况

宣传时间	参与人员	覆盖人员	宣传形式

3.3　培训

3.3.1　要求：医疗卫生机构应组织院内开展结核病防治相关内容的培训工作，包括呼吸科、传染科和防保科医生等，要求有文字记录，并为医务人员分发结核病健康教育手册、宣传提纲或举办讲座。

3.3.2　评价：根据现场培训记录等综合评价培训覆盖人员、形式、数量是否合适。

3.3.3　督导考评方法：查看院内组织培训的档案资料，要求有影像记录资料、签到单、培训课件等。填写表3。

表3　非定点医院结核病诊疗、报告、转诊知识培训情况

培训时间	医护人员总人数	接受培训人次数	培训内容	影像资料

（王铂编写，王雯审）

（本节约4千字）

乡镇卫生院(社区卫生服务中心)结核病防治规划工作规范

1 人员要求

应设专职或兼职结核病防治专业人员。

2 工作职责

2.1 收集结核病有关信息，负责本单位及所辖区域内的疫情报告工作；推荐肺结核可疑症状者，开展对肺结核或疑似肺结核患者的追踪工作。

2.2 发放健康教育资料，开展健康教育工作。

2.3 负责对村卫生室（社区卫生服务站）人员的培训。

2.4 对肺结核患者进行治疗管理。

2.5 及时向县（区）级结核病防治机构报告外出及失访肺结核患者的信息。

2.6 对村卫生室（社区卫生服务站）结核病治疗管理工作进行定期督导和检查。

3 工作内容及督导考评

3.1 报告、转诊、追踪工作

3.1.1 工作内容及要求

根据《中华人民共和国传染病防治法》《中国结核病防治规划实施工作指南》，由专人负责肺结核患者、疑似肺结核患者及有症状的密切接触者的报告、转诊、追踪工作。

3.1.2 评价指标

报告率 100%、转诊率 100%、追踪率 100%。

3.1.3 督导考评方法

3.1.3.1 督导考评前准备

在大疫情报告系统中导出被督导单位报告的肺结核 /疑似肺结核患者名单和报告医生，同时在结核病防治机构（定点医疗机构）的转诊登记本中统计被督导单位转诊到位的患者名单。时间选择督导考评前半年。

按现住址从结核病专报中查找需追踪的肺结核 /疑似肺结核患者，从密切接触者登记本中查找需追踪的有症状密切接触者名单。时间选择督导考评前 1 个月。

3.1.3.2 现场核查和记录

现场查看被督导单位内部肺结核患者报告和转诊工作的机制、制度和流程，特别询问肺结核报告的奖惩制度，以及在转诊工作流程中是否对定点医院诊治肺结核进行宣传，如何进行宣传，记录如下：院内是否制定结核病患者（含耐多药肺结核）、疑似结核病患者的报告、转诊机制、制度和流程。是，具体为______________________。否，原因为______________________统计患者登记、放射科登记的肺结核病患者或疑似肺结核病患者名单，与督导前准备的患者名单核对，同时与转诊单存根等信息进行核对，了解其报告和转诊情况，填写表 1。

现场查看转诊追踪登记和患者追访通知单。

表 1　乡卫生院（社区卫生服务中心）肺结核/疑似肺结核患者报告转诊情况

起止时间	科室名称	门诊或住院记录中的肺结核 / 疑似肺结核患者数	大疫情报告数	报告率（%）	开具转诊单数（%）	转诊率（%）
月　日 至　月　日						
	合计					

3.2　健康教育工作

3.2.1　工作内容及要求：负责对辖区内居民开展结核病防治知识宣传；指定科室定期做好院内医生和所辖村医结核病相关知识的健康教育工作，要求有文字记录。

3.2.2　评价：综合评价本机构结核病宣传品的内容、位置、数量等是否合理。转诊前健康促进工作是否充分。组织各村开展的健康宣传活动覆盖人群、形式、内容是否合适。

3.2.3　督导考评方法：查看布告和宣传画悬挂、张贴的位置是否醒目，查看院内组织结核病宣传的资料（含影像资料），询问转诊医生是否按《指南》要求做好转诊前的宣教工作，如做宣教、询问时长和内容。询问如何组织落实各村的健康教育工作，健康教育材料是否自己制作，如何发放，如为领取资料，是否进行了记录。填写表 2。

表 2　乡卫生院（社区卫生服务中心）结核病健康促进工作开展情况

宣传时间	参与人员	覆盖人员	宣传形式

3.3　培训工作

3.3.1　工作内容及要求：指定科室定期做好院内医生和所辖村医结核病相关知识的培训工作，要求有文字记录。村医培训率 100%。

3.3.2　评价：根据现场培训记录等综合评价培训覆盖人员、形式、数量是否合适。

3.3.3　督导考评方法：查看结核病培训原始资料。填写表 3。

表 3　乡卫生院（社区卫生服务中心）结核病培训情况

培训对象	培训时间	接受培训人次数	培训内容	有无影像资料

3.4　病人治疗管理工作

3.4.1　工作内容及要求：乡卫生院（社区卫生服务中心）收到“肺结核患者治疗管理通知单”后，

必须在3天内访视村卫生室（社区卫生服务站）医生和患者，了解患者治疗管理落实情况，对每位患者在全疗程中至少访视4次。

3.4.2 评价：根据治疗管理开展情况进行综合评价。

3.4.3 督导考评方法：现场查看乡镇肺结核患者管理登记本和村级督导记录单，并与结核病患者治疗管理卡中的记录核对。填写表4。

表4 乡卫生院(社区卫生服务中心)结核病患者访视情况

患者姓名	应访视次数	实际访视次数	访视率（%）
合计			

3.5 管理经费落实情况

3.5.1 工作内容及要求：根据《中央转移支付结核病项目经费管理办法》《基本公共卫生服务规范》等文件，承担患者报告、治疗管理的基层医生应领取相关费用，具体金额参见各地的规范文件。

3.5.2 评价：根据具体经费落实情况进行综合评价。

3.5.3 督导考评方法：现场询问医生，县级是否兑现转诊费、追踪费和患者管理费，基本公共卫生服务经费落实情况及乡、村级经费分配制度。

（刘芳编写，杨枢敏审）

（本节约6千字）

村卫生室(社区卫生服务站)结核病防治规划工作规范

1　人员要求

应有人员负责结核病防治工作。

2　工作职责

2.1　推荐肺结核患者、疑似肺结核患者及有症状的密切接触者到县（区）级结核病防治机构就诊，协助开展肺结核或疑似肺结核患者的追踪。

2.2　对肺结核患者的治疗进行督导管理，督促患者按时复查和取药，按期留送合格的痰标本。

2.3　对实施督导化疗的患者家庭成员或志愿者进行培训和技术指导；向患者和公众宣传结核病防治知识。

2.4　及时向县（区）级结核病防治机构报告外出及失访肺结核患者的信息。

3　工作内容及督导考评

3.1　转诊/推荐与追踪工作

3.1.1　工作内容及要求：根据《中国结核病防治规划工作指南》，社区卫生服务站（村卫生室）承担肺结核患者、疑似肺结核患者及有症状密切接触者的转诊/推荐、追踪工作职能。

3.1.2　评价：根据现场查阅资料进行综合评价。

3.1.3　督导考评方法

3.1.3.1　督导前准备：统计县级结核病防治机构（定点医疗机构）年内登记的村医推荐或追踪患者的人员名单。

3.1.3.2　现场核查和记录：询问村医年内推荐人数和现场追踪人数，到结核病防治机构（定点医疗机构）就诊人数，现场查看推荐患者推荐单和追踪患者的患者通知单。填写表1。

表1　可疑症状者推荐及患者追踪

时间	本村人口数	推荐可疑症状者人数	推荐可疑症状者占人口的比例（‰）	追踪人数
……				

3.2　患者治疗管理工作

3.2.1　工作内容及要求：负责肺结核患者居家治疗期间的督导管理，对实施家庭成员或志愿者督导的患者，村卫生室（社区卫生服务站）医生每2周访视一次患者，负责落实耐多药肺结核患者注射点。

3.2.2 评价：根据访谈和查看“肺结核病患者治疗记录卡”判断患者是否接受了规范化治疗管理。规范化治疗管理是指患者未中途停药、断药、失访，在固定复查时间点均完成了复查。

3.2.3 督导考评方法

3.2.3.1 督导前准备：导出年内被督导村的登记管理患者病案（含耐药肺结核患者）。

询问年内管理病人数量、方式和患者治疗情况，现场查看“结核病患者治疗记录卡”，核对药品剩余量和复查时间，了解现管理患者有无中断服药或复诊及时性；查看村卫生室医疗环境，是否已有耐多药注射点及是否运行。

3.2.3.2 访视结核病患者（如有耐药患者则应至少选择1例耐药患者），询问确诊前出现的症状、就诊情况等，询问目前病情变化和不良反应等情况，了解患者对结核病知识的认识和国家免费政策、当地医保政策的认知，同时强调规律用药的重要性，了解村卫生所（社区卫生服务站）医生执行督导服药情况等。如有耐多药患者，询问是否在村级接受注射，以及患者对目前的治疗管理方式是否满意和有何建议。填写表2。

表2 患者治疗管理表

患者姓名	性别	年龄	病例登记号	开始治疗日期	管理方式	治疗前是否健康教育	县级医生访视次数	乡级医生访视次数	服药情况			复查痰菌情况		备注
									应服药次数	实服药次数	未服药原因	应查次数	实查次数	

3.3 健康教育工作

3.3.1 工作内容及要求：负责对辖区内居民开展结核病防治知识健康教育工作。

3.3.2 评价：综合评价结核病健康教育宣传品的内容、位置、数量等是否合理，对患者及家属的健康教育工作是否充分，组织开展的健康教育活动覆盖人群、形式、内容是否合适。

3.3.3 督导考评方法：查看卫生室布告和宣传画悬挂张贴的位置是否醒目，询问年内是否开展对大众的健康宣传活动，如发放宣传画、宣传折页、印刷墙体广告、黑板报等；询问治疗前是否对患者及其家属做好宣传教育辅导。

3.4 基本公共卫生服务项目经费落实情况

3.4.1 工作内容及要求：根据基本公共卫生服务规范文件，承担患者报告、治疗管理的基层医生应领取相关费用，具体金额参见各地的规范文件。

3.4.2 评价：根据具体经费落实情况进行综合评价。

3.4.3 督导考评方法

3.4.3.1 督导前准备：如县级已有基本公共卫生服务项目经费使用及督导考核办法，则应要求县级提供相关文件并解释具体经费落实方案。

3.4.3.2 现场核查和记录：询问村医本村人口数，基本公共卫生服务开展情况，上年度基本公共卫生服务考核是否达标，实际经费收入，平均每个村医收入。填写表3。

表 3　上年度(________年)基本公共卫生服务项目经费落实情况

本村人口数	分享公共卫生项目经费村医数	基本公共卫生服务项目村级人均经费（元）	年度考核是否合格	实际收到经费（元）	平均每名村医收入（元）

（王铂编写，张景辉审）

（本节约6千字）

第三部分

甘肃省学校结核病预防控制工作规范

甘肃省学校结核病预防控制工作规范

1　目的

学校是人群高度集中的场所。师生在一起学习和生活，不仅相互间接触密切，而且接触时间长，一旦出现传染性肺结核患者，很容易造成结核病的传播流行；另外，学生正处于青春发育阶段，特别是中、小学生生长发育快、机体的免疫功能尚不完善，由于学习负担重、压力大、精神紧张，加上生活不规律、营养不良、体育锻炼少等因素影响，一旦感染结核分枝菌，容易发生结核病；再者，如果学生对结核病的防治知识了解少，自我保护意识差，出现肺结核可疑症状后未早期、及时就诊，或被诊断为肺结核后未及时向学校报告，导致学校没有及时开展结核病密切接触者检查和采取相应措施，极易导致结核病在学校内传播流行。学校结核病的发生，不仅直接影响学生本人的身体健康，而且容易影响其他学生的身体健康和学校正常的学习生活秩序，甚至造成社会的不良影响。为加强学校结核病防控工作，有效防范学校结核病疫情的传播流行，确保广大师生身体健康与生命安全，特制定本规范。

本规范所指的学校包括各级各类学校和托幼机构。

2　工作机制与机构职责

2.1　学校结核病防治工作机制

2.1.1　加强组织领导

教育和卫生部门应成立学校卫生防病工作领导小组，组长由教育部门主管领导担任，领导小组应定期召开学校卫生防病工作联席会议，专题研究解决学校结核病防治存在的问题，制订符合本地区实际情况的学校结核病防控对策、措施；定期开展学校卫生防病工作专题督导检查工作，督促辖区内学校落实各项卫生防病，特别是结核病防控的措施；负责领导、指挥、协调、部署学校传染病疫情（包括结核病突发疫情）的各项应急处置工作。该领导小组下设办公室，设置在教育行政部门，具体负责组织管理、协调联络、信息搜集，以及突发疫情处置过程中的应急管理和后勤保障等工作。

学校应成立卫生防病工作小组。明确校长为学校卫生防病工作第一责任人，建立学校一把手负总责、分管校长具体抓的防控工作责任制；建立校长、校医（保健教师）、班主任（辅导员）三级传染病防控责任体系，将责任分解到部门，落实到人。

2.1.2　建立学生健康体检制度

新生入学体检及在校生、教职员工的常规健康检查工作每年应进行一次，将结核病检查列入健康检查的主要内容中，做到对结核病早发现、早控制。

2.1.3　建立健全学校结核病防治工作制度

各学校要根据本校的特点制定结核病防治工作管理制度、工作制度、工作职责和责任追究制度以及应对突发疫情应急预案制度，以有效应对学校结核病和突发疫情。

2.1.4　建立、健全传染病疫情监测、发现及报告相关工作制度及工作流程

明确疫情报告人，并在学校卫生防病领导小组的领导下，具体负责本单位传染病疫情和疑似传染病

疫情报告工作；负责指导全校（托幼机构）学生的晨检、因病缺勤登记、汇总、分析工作。

2.1.5 落实班主任(辅导员)在学校传染病防控工作中的责任

明确班主任（辅导员）是学校晨检、学生因病缺勤登记、追踪、报告的第一责任人，负责学生晨检工作和因病缺勤学生追踪调查工作。

2.1.6 积极开展爱国卫生运动

保持校园环境卫生，定期清扫保洁，消除卫生死角；对教室、宿舍、食堂、图书馆等人群密集场所定期进行开窗通风；倡导校园文明，不随地吐痰、乱丢废物。

2.1.7 开展结核病宣传教育

广泛开展结核病防治知识的宣传教育活动，制作固定宣传栏，发放有关结核病防治知识的宣传资料，举办知识讲座，开展结核病防治知识的健康教育课，普及结核病防治知识。

2.2 教育部门的职责

2.2.1 教育行政部门

（1）重视学校结核病防治工作，加强对学校结核病防治工作的组织领导，配合卫生等部门，制定符合本地区实际的学校结核病防控对策和措施。

（2）全面落实新生入学体检及在校生、教职员工的常规健康检查工作，每年应进行一次，将结核病检查列入健康检查的主要内容中。

（3）将学校结核病防治工作纳入对学校的年度目标责任制考核内容中，会同卫生部门定期督导检查学校结核病防治措施的落实情况，督促学校落实结核病疫情报告制度。

（4）配合卫生部门监测辖区内学校结核病发病情况，适时发布健康提示。

（5）协助卫生部门做好学校结核病暴发疫情的调查处置等工作。

2.2.2 各级各类学校

（1）根据教育行政部门的部署，在卫生部门指导下，将结核病防控工作纳入学校工作计划。

（2）建立一把手负总责、分管校长具体抓的防控工作责任制，并将责任分解到部门、落实到人。

（3）明确结核病疫情报告人和学校结核病防治工作联络人。

（4）配合卫生部门对校医等有关人员进行结核病防控知识培训。

（5）开展结核病防控的健康教育。

（6）配合卫生部门做好结核病暴发疫情调查处置等工作，安排学生到定点医院进行结核病检查。

2.2.3 学校卫生机构

学校卫生机构包括校医院、卫生室、卫生保健室等，应在学校卫生防病工作小组的领导下履行以下职责：

（1）承担本校（院、园）结核病和其他传染病防治工作计划的制订和实施。

（2）做好学校师生肺结核患者发现、登记、报告、转诊和疫情监测；对肺结核患者和预防性服药者进行督导治疗管理。

（3）对应追踪的肺结核或疑似肺结核患者采取有效方式进行追踪。

（4）积极开展学校结核病防治知识的宣传教育工作。

（5）对接触结核病患者的人群，在结核病防治专业机构指导下进行结核病筛查。

2.3 卫生部门的职责

2.3.1 卫生行政部门

（1）将学校结核病防治工作纳入当地疾病预防控制工作计划，实行目标考核。

（2）会同教育行政部门制订符合本地区实际情况的学校结核病防控对策、措施。

（3）组织医疗卫生机构为辖区内学校结核病防控工作提供技术指导。

（4）制订本地区学校结核病疫情应急处置方案，组织开展学校结核病突发公共卫生事件的现场调查和处置工作。

（5）向教育行政部门通报辖区内学校结核病疫情信息。

（6）配合教育行政部门对辖区内学校结核病防控措施的落实情况进行督导检查。

2.3.2 疾病预防控制中心

（1）与辖区内学校建立结核病联防、联控机制，每年制订学校结核病防治工作计划，并积极组织各级医疗机构、基层医疗卫生机构、中小学校卫生保健室及学校认真贯彻落实。

（2）协助学校制定结核病防治工作方案，建立健全学校结核病防治工作职责以及各项管理制度，为学校提供结核病防控工作培训和技术支持，定期到学校进行业务技术指导，了解各项防控措施的落实和执行情况，发现问题及时督促整改。

（3）负责结核病患者的管理工作。

（4）负责每日在传染病大疫情网上浏览搜索学校肺结核或疑似肺结核病患者报告信息，将其基本信息导出，核对患者是否到定点医院就诊；对未就诊者予以登记，填写患者追踪通知单，及时与学校联系进行追踪。一旦监测到学校活动性肺结核患者，应对其密切接触者进行筛查。

（5）负责学校结核病疫情信息的收集、整理、分析，预测学校结核病的发生、流行趋势，将信息及时报告给同级卫生、教育行政部门和上一级疾病预防控制中心，并向学校通报辖区结核病疫情信息，提出相应防控措施。

（6）负责对学校结核病突发公共卫生事件开展现场流行病学调查与处置，并将调查结果及时上报同级卫生、教育行政部门和上一级疾病预防控制中心。

（7）当发生结核病疫情时，县（区）级疾病预防控制中心应成立学校肺结核疫情应急处置小组，在学校的配合下深入现场，具体负责结核病疫情的核实，流行病学调查，传播范围的判定，密切接触者的筛查（症状问询），咨询服务，健康教育，对事件的发展趋势进行预测评估，上报疫情处置报告以及为学校提出具体的防控措施建议等。

（8）协助学校开展结核病防治知识的健康教育工作，针对学校领导、教师、校医、学生、肺结核患者以及肺结核患者的密切接触者等不同目标人群，开展内容丰富、形式多样的结核病防控政策、技术措施、防治知识的宣传教育，提高学校对结核病防治工作的重视，提高学生对结核病的自我防护意识。

2.3.3 定点医院（未实施定点医院的地区职责由疾病预防控制中心承担）

负责肺结核患者的检查、诊断、登记、治疗、报告和密切接触者的检查工作。确诊的学校师生中的肺结核患者，按照有关要求，做好登记和治疗工作。认真做好基本信息的登记，包括患者的真实姓名、性别、学校名称（大学还需填写校区、院系）、年级、班级、联系电话、地址等，按传染病报告程序报告，并将患者信息及时报告给当地疾病预防控制中心。符合住院条件的病人住院治疗。对学校师生中的肺结核患者密切接触者按第4.6节的规定开展PPD、胸部X射线片和痰涂片检查，对肺结核感染者开展预防性治疗（提供免费药品）。

2.3.4 其他医疗机构

发现的学校师生中的肺结核或疑似肺结核患者，要做好患者基本信息的登记，包括患者的真实姓名、性别、学校名称（大学还需填写校区、院系）、年级、班级、联系电话、地址等，按传染病报告程序报告，进行健康教育后将其转诊到当地定点医院，并将患者信息及时报告给当地疾病预防控制中心。住院期间确诊的肺结核患者应进行规范化治疗与管理，出院后转诊到当地定点医院进行后续的治疗管理工作。

2.3.5 卫生监督机构

（1）负责学校结核病防控各项措施落实情况的监督检查。当地卫生执法监督机构要积极主动、科学有效地做好结核病防控监督和指导工作，监督学校落实各项结核病防控措施。

（2）督促指导学校按照卫生部、教育部相关文件精神，建立和完善结核病防控制度，落实各项防控措施，有效防范结核病疫情在校园内发生和蔓延，确保一旦发生结核病疫情能够做到早发现、早报告和早处置。

3 学校结核病常规预防措施

3.1 健康教育

3.1.1 目的

提高学校师生对结核病防治知识的认知水平，促进师生维护校园环境、改变不良习惯、保持健康行为、主动监测和早期发现、治疗肺结核，达到预防和控制结核病在学校传播的目的。

3.1.2 方式

结核病健康教育的方式多种多样。大学、中学和小学等不同学校、不同年龄的学生对结核病防治知识的需求不一，故其健康教育的形式会因其需求不同而选择不同的活动方式。主要有：健康教育课、主题班会、宣传展板、黑板报、宣传窗，或开展讲座、播放影像制品等。

3.1.3 内容

（1）肺结核是一种慢性呼吸道传染病，痰涂片阳性的肺结核患者是结核病的主要传染源。

（2）咳嗽、咳痰2周以上，或痰中带血丝；胸闷、胸痛、低热、盗汗、体重下降、食欲减退等为肺结核的可疑症状，应怀疑得了肺结核。

（3）出现肺结核的可疑症状，应及时到医院检查，早诊断。

（4）学生肺结核患者在县（区）定点医院进行的胸部X射线检查、痰涂片检查和抗结核药品的治疗可享受国家免费政策。

（5）学生一旦被诊断为肺结核，要主动向学校校医和班主任报告，不要隐瞒病情，不要带病上课。与传染性肺结核患者有明确的密切接触史的同宿舍或同班同学，即使没有出现肺结核可疑症状，也应该早期进行健康检查。

（6）肺结核的治疗要遵照医嘱坚持全程规范治疗，绝大多数肺结核是可以治愈的，如果不坚持规范治疗，就会产生耐药，导致结核病治疗失败。

（7）咳嗽、打喷嚏掩口鼻，不要面对他人。

（8）不随地吐痰，不要将痰咽下，咳出的痰液要用纸裹住扔垃圾桶内。

（9）宿舍、教室、图书馆等室内场所每天要注意开窗通风，确保室内新鲜空气流通和交换。

（10）保持生活规律、充足的睡眠，合理膳食，加强体育锻炼，提高抵御疾病的能力。

（11）结核病的传播。当传染性肺结核患者咳嗽、打喷嚏或高声谈笑时，含结核分枝杆菌的飞沫从呼吸道直接排出，在空气中形成飞沫，较大的飞沫很快落到地面，较小的飞沫很快蒸发为含有结核菌的微粒核，并长时间悬浮在空气中。如果空气流通不畅，含结核分枝杆菌的微粒核被健康人吸入肺泡就可能引起感染。所以，如果房间通风不良，与患者长时间密切接触，很容易受到结核菌的感染。

（12）结核病的预防。早期及时发现传染性肺结核患者，减少结核病在人群中的传播；肺结核患者应避免去公共场所，若在公共场所应戴口罩；肺结核患者咳嗽、打喷嚏应掩口鼻，不要面对他人，不要随地吐痰；养成开窗通风的习惯，确保室内空气流通；保证充足的睡眠，合理膳食，加强体育锻炼，提高抵御疾病的能力。

（13）肺结核患者不规范治疗的后果。不规范治疗主要包括未坚持规律（间断及中断）治疗、未完成规定的疗程或化疗方案不合理。不规范治疗的结果是患者体内的结核菌极容易对抗结核药物产生耐药，从而成为耐药的结核病患者。一旦成为耐药结核病患者，再次治疗效果很差，而且治疗的花费更多，会给患者本人和家庭带来沉重的经济负担。

3.2 结核病患者的主动发现

3.2.1 常规体检

根据卫生部、教育部的有关规定，学校应将结核病检查作为新生入学体检及在校生、教职员工每年常规体检的必查项目。体检应由学校所在地卫生行政部门指定的具有结核病检查、诊断能力的医疗机构或学校预防保健机构承担，体检中要严把X射线胸片诊断质量关，体检结果要纳入学生和教职员工的健康档案。对体检中发现的肺结核和疑似肺结核患者应及时进行疫情报告，并将患者转诊到属地定点医院进行进一步诊断和治疗。常规体检中，尤其要高度重视发生自然灾害，如地震、洪灾后，受灾地区的学校学生迁往未受灾地区，或学校学生从高疫情地区迁入低疫情地区的学生体检工作和质量，早期发现传染源，减少疫情传播的风险。

（1）幼儿园、小学、初中新生入学体检应包括肺结核可疑症状调查、结核病密切接触史调查。对有结核病密切接触史者进行PPD皮肤试验，对PPD反应硬结平均直径≥15 mm或有水疱，或具有可疑症状者进行胸部X射线检查。对X射线胸片检查异常高度怀疑肺结核者及有可疑症状者进行3次痰涂片检查，对痰涂片检查阳性者进行痰培养和抗结核药物敏感性试验。

（2）高中和大学新生入学体检、毕业生体检和在校生、教职员工体检应包括肺结核可疑症状调查和胸部X射线检查。有肺结核可疑症状者或者胸部X射线检查异常者进行3次痰涂片检查，有条件的地区可同时进行痰培养和培养阳性者的抗结核药物敏感性试验。

（3）对体检发现的肺结核和疑似肺结核患者，学校应当及时告知学生或家长体检中发现的异常结果。由实施体检的医疗卫生机构进行传染病疫情报告，并将患者转诊到属地定点医院进行进一步检查诊治。对于体检发现的单纯PPD反应≥15 mm者应加强健康教育，鼓励学生在自愿、知情同意的原则下开展预防性服药治疗。对预防性服药患者服药期间要加强服药的督导治疗管理，保证预防性服药的规则治疗和完成规定的疗程，降低发病风险，实现学校结核病控制工作的关口前移。

3.2.2 晨检和因病缺勤追踪

晨检和因病缺勤追踪是学校结核病防控工作中早期发现患者的关键，也是避免学校结核病聚集性疫情发生和蔓延的最有效措施。通过晨检和因病缺勤追踪，学校可以及时发现结核病患者；通过对结核病患者，尤其是对传染性肺结核患者的隔离和治疗管理，可以及时阻断结核病在校园内的传播。

（1）晨检

学校要指定专人负责晨检和传染病疫情报告工作。要建立健全学校—班级肺结核可疑症状监测网络，由班主任或班干部担任班级监测员。

①学校医务室（卫生室）要组织对监测员的培训，由监测员负责每天到校学生的晨检；了解到校的每名学生是否具有咳嗽、咳痰、发热、盗汗等肺结核可疑症状，发现有上述症状者及时督促学生就医诊治。

②发现肺结核可疑症状者（咳嗽、咳痰2周以上，咯血或痰中带血丝），监测员及时登记在“晨检/因病缺勤追踪发现肺结核可疑症状者/疑似肺结核患者排查登记表”（见附录1）中。对于幼儿园、小学和中学的肺结核可疑症状者，还应同时通知学生家长。

③对发现的肺结核可疑症状者，及时上报学校医务室（卫生室），由学校医务室（卫生室）将其登记在“学校肺结核可疑症状者/疑似肺结核患者报告转诊/推荐登记表”（见附录2）中，并使用三联转诊单将患者转诊到属地定点医院进行进一步诊治。

④对已转诊的学生，学校医务室要密切追踪转诊后的到位情况以及定点医院的最后诊断结果。

（2）因病缺勤追踪

班主任或班干部应当关注本班学生每天的出勤情况。对因病缺勤的学生，应详细了解学生的患病种类、可能的病因、在何处治疗等。如怀疑为肺结核，应及时报告给学校医务室（卫生室），并由学校医务室（卫生室）登记在"晨检 / 因病缺勤追踪发现肺结核可疑症状者 /疑似肺结核患者排查登记表"（附录 1）中，并组织开展患病学生的追踪，了解患者的诊断和治疗情况。

3.2.3　密切接触者筛查

密切接触者筛查是学校主动发现肺结核患者的重要手段之一。筛查的方法与程序见第 4.6 节相关内容。

3.2.4　肺结核患者的报告与转诊

（1）校医推荐肺结核可疑症状者就医。校医院对常规健康体检、晨检和因病缺勤追踪中发现的肺结核可疑症状者要及时推荐到属地的定点医院就诊检查。

（2）校医院、学校医务室要负责传染病报告和转诊。校医院、学校医务室（卫生室）的医务人员诊断发现肺结核 /疑似肺结核患者后，应填写传染病报告卡，在 24 小时内进行网络报告或向辖区疾病预防控制机构报送传染病报告卡；同时使用三联转诊单将患者转诊到属地定点医院进行进一步诊治。校医院、学校医务室（卫生室）医务人员应对转诊患者的到位和后续诊疗结果进行追访，了解转诊到位情况以及患者的诊断、治疗结果。

3.3　结核病疫情监测和报告

3.3.1　学校

（1）班主任、班干部、学生辅导员/管理员应及时了解、掌握在校学生的健康状况，发现肺结核可疑症状者，及时推荐去校医院、学校医务室（卫生室）检查。

（2）校医院、学校医务室（卫生室）的医务人员应提高警惕，对肺结核可疑症状者及时进行 X 射线胸片检查以及痰涂片细菌学检查；对检查发现的疑似或确诊肺结核患者应按照传染病有关规定及时进行登记报告，同时将患者转诊到属地定点医院进一步确诊治疗。负责对转诊患者进行追踪，了解转诊到位情况以及最后的诊断结果。

3.3.2　定点医院

定点医院的门诊医生在诊疗中一旦确诊发现学校肺结核患者，除纳入治疗外，应详细记录患者所在的学校（专业、年级、班级）、住址和联系方式，并立即通知患者所在的学校和患者学校辖区内的疾病预防控制中心。

3.3.3　其他医疗机构

其他医疗机构对前来就诊的学校师生肺结核可疑症状者要保持高度的警觉性，及时规范地进行 X 射线胸片和痰细菌学检查。对确诊的学生肺结核患者要规范地填写传染病报告卡，在工作单位栏内详细填写患者所在学校的年级、班级、专业、住址和联系方式，并立即通知患者所在的学校和患者学校辖区内的疾病预防控制中心。对确诊住院的学生肺结核患者也要填写传染病报告卡，要按照国家规定的要求进行报告，对治疗好转出院的患者要填写三联转诊单并及时向患者学校所在地的定点医院进行转诊。

3.3.4　疾病预防控制中心

（1）县（区）级疾病预防控制中心在收到报告的学生肺结核患者信息后，要安排专人 3 天内完成对现住址为本辖区的学生肺结核或疑似肺结核患者的追访工作。

（2）县（区）级疾病预防控制中心常规开展学校结核病聚集性疫情苗头监测。要指定专人每天负责浏览本辖区报告肺结核患者信息，尤其要密切关注报告的学生肺结核患者信息，查找有无同一学校报告的多个病例信息；如果发现同一学校报告 3 例及以上肺结核患者，则记录为发现一起结核病聚集性疫情苗头（表 1），需立即通过电话对报告信息进行核实，必要时需组织人员进行现场调查核实。现场调查主要包括以下内容：对同一学校报告的肺结核患者进行追踪核实，及时确定或排除结核病的诊断；对结核病患者密切接触者进行结核病筛查，了解确诊病例之间的流行病学关联（附录3）。

表1　传染病网络直报系统监测学校发生3例及以上肺结核患者信息统计

起止时间（3 个月内）	学校名称	期间报告肺结核患者数
年　月　日至　年　月　日		

（3）县（区）级疾病预防控制中心负责学校结核病控制的工作人员要高度关注各种媒体报道的关于学校结核病聚集性疫情信息或线索。如发现有关学校结核病聚集性疫情信息的举报、新闻报道、媒体报道等线索时，应对此类信息予以高度重视，并立即组织人员进行调查核实，同时将调查核实结果积极向有关部门反馈。

3.3.5　学校结核病疫情报告工作流程

（1）推荐和报告对象

推荐检查的对象为：咳嗽、咳痰2周以上，或有咯血（或血痰）等可疑肺结核症状者。

因病缺勤达到2周或2周以上，经追查发现为咳嗽、咳痰或咯血（或血痰）等可疑肺结核症状者。疫情报告对象为诊断的肺结核患者或疑似肺结核患者。

（2）报告时限及程序

对确诊或疑似肺结核病例，学校传染病疫情报告人应当以最方便的通讯方式（电话、传真等），于24小时内向属地县（区）级疾病预防控制中心报告并转诊到定点医院。县（区）级疾病预防控制中心发现学校结核病聚集性疫情，经过现场流行病学调查核实判定达到突发公共卫生事件标准后，于2小时内向学校、同级主管卫生行政部门和上级业务主管机构报告；属地县（区）级卫生、教育行政部门应在接到报告后2小时之内向上级卫生、教育行政部门报告。

3.4　学校环境卫生

加强公共场所，如教室、宿舍、图书馆、食堂等人群密集场所的通风是学校环境卫生的重要措施。通风包括自然通风和机械通风两种形式，自然通风在条件允许下应持续进行，否则应每小时通风10分钟以上，每天通风时间不少于70分钟。

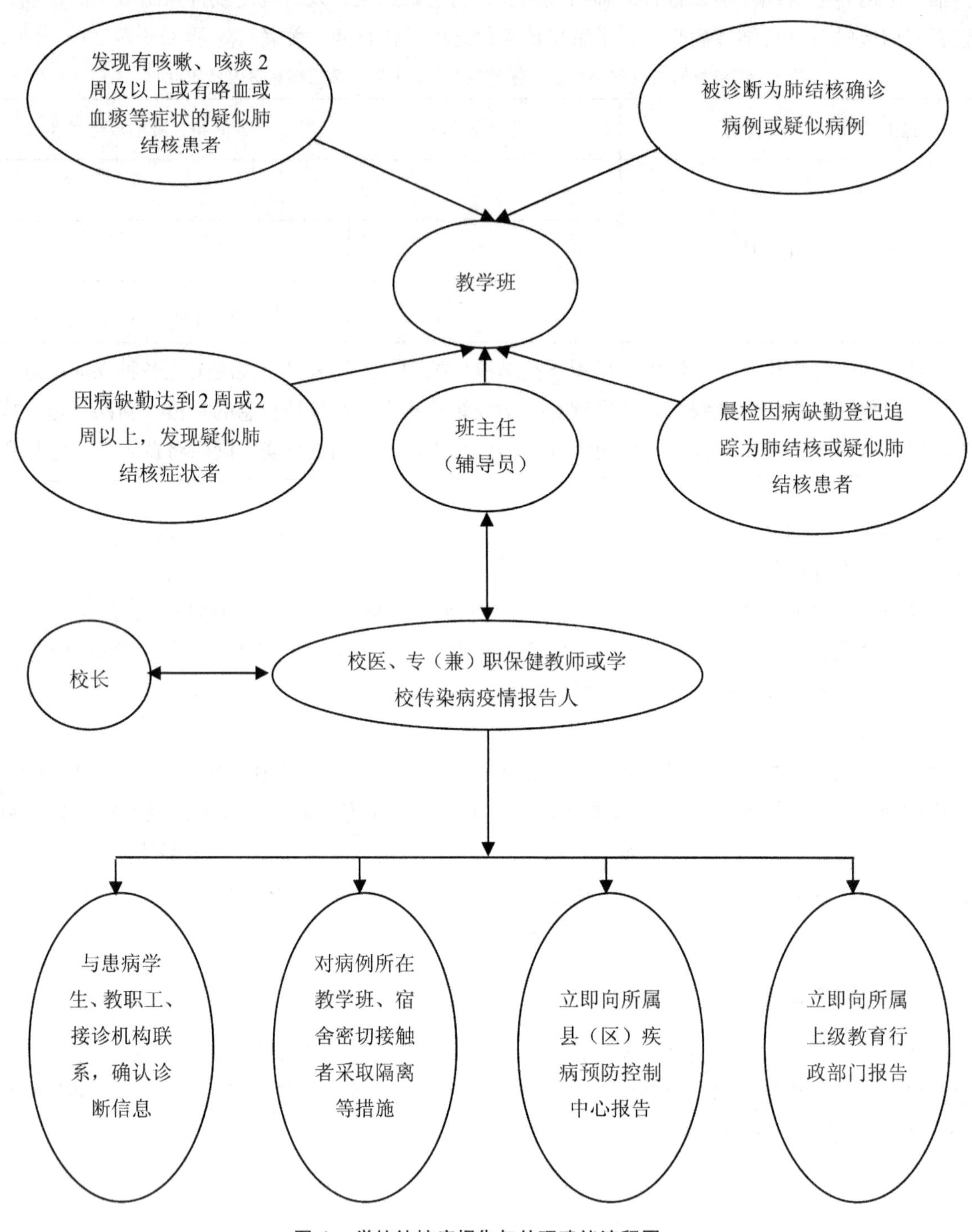

图1　学校结核病报告与处理建议流程图

4　散发结核病例的治疗与管理

4.1　肺结核的诊断

4.1.1　15岁以下(含15岁)学生结核病的诊断

对肺结核可疑症状者和具有结核病发病的高危人群首先进行PPD试验，PPD反应≥15 mm者开展X射线胸片检查。留痰进行病原学诊断比较困难的患者可采用雾化吸入、胃液抽吸等方法获得标本，开展细菌学检查。其他方法如结核抗原、结核抗体、结核特异性免疫复合物等血清学检查方法可作为辅助诊断手段。结核病的诊断要结合患者的接触史、临床表现、PPD试验结果、胸部X射线结果、痰菌病原学检查结果和血清免疫学检查结果等进行综合判断，并与类似的疾病进行鉴别后做出诊断。儿童肺结核的临床诊断依据如下：

（1）临床表现：发热、咳嗽持续2周以上，或持续喘息等；

（2）胸部X射线检查发现与结核病相符的病灶；

（3）与活动性肺结核患者有接触史；

（4）结核菌素（PPD）试验阳性；

（5）痰液、胃液或支气管肺泡灌洗液结核杆菌涂片或培养阳性；

（6）诊断性抗结核治疗有效；

（7）除外肺部其他疾病，如各种原因所致的肺炎、肺肿瘤、肺囊肿、间质性肺疾病等；

（8）肺组织病理检查符合肺结核特征。

儿童肺结核临床诊断标准如下：

具有第（1）和第（2）项，以及第（3）（4）（5）（7）中的任何2项，属于临床诊断病例；具有第（1）和第（2）项，以及第（5）或（8）项者，属于实验室确诊病例。

4.1.2　15岁以上学生结核病的诊断

同成人结核病的诊断方法一致。对学校师生中因症就诊或转诊的肺结核可疑症状者要保持高度的警觉性，要详细询问是否有咳嗽、咳痰、咯血、胸痛、发热、乏力、食欲减退、盗汗等症状，症状出现和持续的时间，既往病史和诊疗史（结核病史、抗结核治疗史、肝肾病史等），肺结核患者密切接触史（家庭或同班级、同宿舍诊断有结核患者等）。根据患者的病史、临床表现、胸片、痰菌实验室检查结果以及其他辅助检查结果，并与类似的疾病进行鉴别诊断，依据肺结核诊断标准（WS288—2008）做出明确诊断。

4.2　肺结核患者的治疗

患者以不住院治疗为主，有以下情况建议住院治疗：病情较重；有严重合并症及并发症；治疗期间出现严重药品不良反应；需进一步鉴别诊断以排除其他疾病。治疗过程中要坚持早期治疗、剂量适宜、联合用药、规律用药、全程和分阶段治疗。合理的化疗方案，规范使用抗结核药品，是治愈结核病的关键。结核病的治疗一般分为两个阶段。①强化期：用强有力的药物联合治疗，目的在于迅速消灭生长分裂活跃的细菌，一般为2～3个月，是化疗的关键阶段。②继续期：目的在于消灭生长缓慢及细胞内存活的结核菌，巩固治疗效果，防止复发，一般为4～6个月。总疗程为6～9个月。

初治涂阳和涂阴肺结核治疗方案：2HRZE/4HR。

复治涂阳肺结核治疗方案：2HRZES/6HRE（3HRZE/6HRE）。

常用药物及使用方法见表2。

表2　常用的抗结核药及其使用方法

药 物	使用方法
异烟肼（H）	每日 10～15 mg/kg，每日最大剂量 300 mg
利福平（R）	每日 10～20 mg/kg，每日最大剂量 600 mg
乙胺丁醇（E）	每日 15～25 mg/kg，每日最大剂量 1000 mg
吡嗪酰胺（Z）	每日 30～40 mg/kg，分 2～3 次服用，每日最大剂量 1500 mg
链霉素（S）	每日 20～30 mg/kg，肌注，每日最大剂量 0.75 g

注：无自主表达能力者不用乙胺丁醇。

住院患者符合以下条件可考虑出院：临床症状好转，病情稳定；抗结核治疗方案确定，患者可耐受。非定点医院住院治疗的患者出院后要转诊到当地定点医院进行后续的治疗管理工作。

4.3 肺结核患者的管理

4.3.1 全程督导

对传染性肺结核和住院治疗的学生肺结核患者实行全程督导，患者每次用药均在医护人员（家庭督导员）的直接面视下进行服药。

4.3.2 全程管理

对菌阴肺结核和不需要休学治疗的肺结核患者以及出院后需在校继续治疗的肺结核患者实行全程管理，通过对患者加强宣教，校医或班主任协助当地的疾病预防控制中心督促患者按时服药、定期到定点医院进行随访复查；住家学生患者可采取家庭督导管理。疾病预防控制中心和基层医疗机构要采取定期访视治疗的患者、及时追访到期未复诊或未取药的患者等综合性管理方法，以确保治疗患者使用正确的治疗方案、规律用药、完成规定的疗程。

4.4 患者的休学、复学管理

学生一旦被确诊为肺结核，学校可采取不同的管理措施。

4.4.1 休学管理

根据县级及以上定点医院的诊断证明，学校可结合学校及学生具体情况，决定是否对患结核病的学生采取休学管理。休学学生可住院或在校（居家）隔离治疗，并接受所在地的疾病预防控制中心的管理。

县级及以上定点医院根据确诊病例的病情开具诊断证明。对符合下述病情条件之一者建议休学：

（1）菌阳肺结核患者，包括涂片阳性或培养阳性患者；

（2）X射线胸片显示肺部病灶范围广泛或伴有空洞的菌阴肺结核患者；

（3）具有明显的肺结核症状的患者。

休学在校治疗的肺结核患者实行属地疾病预防控制中心与学校管理相结合的方式进行全程督导管理；涂阳肺结核患者由学校提供隔离治疗场所，实行隔离治疗；涂阴肺结核患者由校医进行督导服药，实行全程督导管理。治疗开始后的前3个月每月需到属地定点医院随访复查，以后的第5、6或8个月末需到属地定点医院随访复查。休学离校返回原籍治疗的肺结核患者由居住地的定点医院进行治疗管理。对于需返回原籍治疗的学生患者，学校属地定点医院应及时将患者的诊疗信息转到患者返回原籍所在地的定点医院，按照《全国跨区域肺结核患者管理程序（试行）》的要求执行。对于休学返回原籍治疗的患者，学校的校医要主动地与学生取得联系，及时掌握休学返回原籍患者的到位、后续的治疗管理、病情恢复情况和最终的治疗转归结果。

4.4.2 复学管理

患病学生经过规范治疗、完成疗程并取得治疗地县级及以上定点医院出具的证明后方可复学。学校根据本学校的具体要求决定学生是否复学。对符合下列条件之一者可开具复学建议证明：

（1）菌阳肺结核患者至少经过3个月的规则治疗，症状减轻或消失，胸部X射线病灶明显吸收，连续3次痰涂片检查均阴性，每次痰涂片检查的间隔时间至少满1个月。

（2）菌阴肺结核患者经过2个月的规则治疗，症状减轻或消失，胸部X射线病灶明显吸收，空洞缩小或闭合，连续2次痰涂片检查仍呈阴性，每次痰涂片检查的间隔时间至少满1个月。

4.5 结核病的感染控制

患者确诊为结核病后，加强对传染性肺结核患者的隔离治疗以及公共场所，如教室、宿舍、图书馆、食堂等人群密集场所的通风和消毒是学校结核病感染控制的重要措施。

4.5.1 传染性肺结核患者的隔离

发现学生中痰涂片阳性的肺结核患者后，应立即进行隔离治疗，避免与其他学生密切接触。对于咳嗽咳痰等症状明显的痰涂片阴性的肺结核患者，也应进行隔离治疗，减少结核菌在学生中传播的危险。

4.5.2 环境感染控制

一般情况下，教室、宿舍等公共场所是一个相对密闭的空间，空气流通较少。对于发现结核病患者的教室、宿舍等，在患者隔离治疗后，建议采用以下控制措施：

（1）自然通风或机械通风方式，每日通风时间不少于70分钟。

（2）紫外线照射消毒。在医疗卫生机构感染控制人员的指导下，对通风不良的教室、宿舍等可采取紫外线照射消毒。

（3）也可选用0.5%～1.0%过氧乙酸溶液熏蒸或过氧化氢复方空气消毒剂进行消毒处理，可采用熏蒸或超低容量喷雾的方法进行处理，原则上不建议每日使用化学消毒剂进行空气消毒。

（4）对教室地面、桌椅及其他用品进行消毒。

4.6 密切接触者的筛查与处理

密切接触者筛查是早期主动发现肺结核患者的有效手段。与肺结核患者，尤其是涂阳肺结核患者密切接触的学生存在结核感染和发病的风险，长期密切接触发生感染的风险更大。

4.6.1 密切接触者的定义

密切接触者是指与活动性肺结核患者长时间在一起学习（工作）、居住、生活的人，包括患者的同学（室友）、教师、家庭成员等，以及根据实际情况判断的其他密切接触者。

4.6.2 筛查范围

如果同班、同宿舍发现了1例活动性肺结核患者，要对与该病例同班或同宿舍的同学进行筛查；如果在同班、同宿舍同学筛查中新发现了1例及以上肺结核患者，需将密切接触者筛查范围扩大至与患者同一教学楼楼层（或宿舍楼楼层）的学生。同时，也要对与肺结核患者密切接触的家庭成员进行筛查。

4.6.3 筛查方法

（1）对活动性肺结核患者的所有密切接触者采取下述检查措施，并将筛查结果填写在附录6中。

①肺结核可疑症状调查：询问是否有肺结核可疑症状。

②结核菌素试验：所有的密切接触者均开展结核菌素（PPD）检查，同时应询问卡介苗接种史，检查卡痕并记录有或无。

③X射线胸片检查：15岁及以下学生PPD硬结平均直径≥15 mm或有水疱等反应者，以及有肺结核可疑症状者均进行X射线胸片检查；15岁以上密切接触者均进行X射线胸片检查。

④痰菌实验室检查：PPD试验反应硬结平均直径≥15 mm或有水疱或有肺结核可疑症状者（咳嗽、咳痰≥2周、咯血或血痰者、乏力、食欲不振等）或胸片异常怀疑结核病者，收集3份痰标本开展涂片检查，有条件的应做痰结核分枝杆菌培养，培养阳性者进行菌种鉴定和药物敏感性试验。要注意保留培养阳性的结核分枝杆菌分离菌株，以备上级复查和开展分子流行病学的溯源调查。

（2）对密切接触者筛查中发现的肺结核患者进行治疗管理（其中涂阳肺结核患者和咳嗽咳痰症状明显的涂阴患者实行隔离治疗），建立患者的病案记录，按照《中国结核病防治规划实施工作指南》中确定的化疗方案和疗程对患者进行规范化治疗和督导管理。

①单纯PPD反应直径≥15 mm者或有水疱者，X射线胸片正常的密切接触者，或者HIV感染者PPD反应直径≥5 mm，或服用免疫抑制剂超过1个月者PPD反应直径≥5 mm，在征求其知情同意和自愿的基础上开展预防性服药（预防性治疗知情同意书参见附录7）。

②对于PPD反应直径＜15 mm，与涂阳患者同一班或同一宿舍接触时间超过3个月的15岁以上的

学生，应在本次检查后3个月再进行一次胸部X射线检查，以早期发现肺结核患者。

③未进行预防性服药的其他密切接触者，应加强卫生宣教和随访医学观察。医学观察期间一旦出现肺结核的可疑症状，应及时到定点医院就诊检查。一般医学观察期限为2年，建议在第6个月、1年、2年到定点医院进行结核病相关检查。

4.6.4 结核菌感染者预防性治疗

（1）治疗对象

预防性化学治疗的主要对象是已受结核菌感染人群中发生结核病的高风险者。对符合预防性治疗条件者，在征求其知情同意和自愿的基础上开展预防性服药（预防性治疗知情同意书参见附录7）。具体包括：

①与涂阳肺结核患者有密切接触的幼儿园儿童；

②幼儿园学生，大、中、小学生结核菌素试验反应≥15 mm或有水疱者；

③结核菌素试验新近由阴性转为阳性或2年内PPD反应增加≥10 mm者；

④结核菌素试验阳性的HIV感染者及艾滋病患者；

⑤结核菌素试验阳性，使用糖皮质激素或其他免疫抑制剂＞1个月者。

（2）推荐用药方案

①单用异烟肼。剂量每天每千克体重10～15 mg，顿服，每日不超过300 mg，疗程为6个月。此方案不良反应相对较小，但疗程长，在服药过程中需加强治疗管理。异烟肼耐药率高的地区不推荐此方案。

②异烟肼和利福平。异烟肼的剂量同前，利福平剂量每天每千克体重10～20 mg，顿服，每日不超过600 mg，疗程为3个月。此方案不良反应稍多，但疗程短，患者依从性相对较高。

③异烟肼和利福喷汀。异烟肼的剂量及服用方法同前，利福喷汀每周两次，剂量为每次450～600 mg，顿服，每次不超过600 mg，疗程为3个月。此方案不良反应较少，疗程短。15岁以下儿童尚无剂量规定和经验。

（3）预防性服药注意事项

①在知情同意和自愿的基础上开展，医生应根据患者情况选择适宜方案。

②进行预防性服药治疗前，必须排除活动性肺结核。

③无预防性服药禁忌症，如药物过敏、精神疾患、肝肾功能损害等。

④服药期间应对患者的服药情况进行详细记录，并有监管措施，由校医、家庭成员等监督服药，保证规律用药，完成规定的疗程。

⑤预防性服药期间密切监测肝、肾功能，出现药物不良反应及时进行处理。

⑥进行有关预防性治疗的意义、方法和注意事项等内容的健康教育。

5 学校结核病突发公共卫生事件的应急处置

5.1 学校结核病突发公共卫生事件的定义

指一所学校在同一学期内发生10例及以上有流行病学关联的结核病病例，或出现结核病死亡病例时，分管该学校的县级卫生行政部门按《国家突发公共卫生事件应急预案》等规定核定事件，确定是否构成突发公共卫生事件。县级以上卫生行政部门也可根据防控工作实际，按照规定工作程序直接确定学校结核病突发公共卫生事件。

5.2 突发公共卫生事件的初次报告

5.2.1 报告时限

县（区）级疾病预防控制中心经初步现场调查核实，发现学校结核病疫情达到结核病突发公共卫生事件的标准，则应在2小时内向事件发生所在地的县级卫生行政部门、学校和上一级疾病预防控制中心进行报告。同时启动学校结核病突发公共卫生事件现场流行病学调查和处置程序。

5.2.2 责任报告单位和报告人

县（区）级疾病预防控制中心为学校结核病突发公共卫生事件的责任报告单位。县（区）级疾病预防控制中心的有关人员为学校结核病突发公共卫生事件的责任报告人。

5.2.3 报告内容

初次报告时，要详细报告事件发生的时间、地点，波及的范围，患者人数和事件发生经过，初步调查结果与分析，已经采取的措施，下一步处置计划等。

5.2.4 报告形式

发送盖有公章的纸质版。

5.3 突发公共卫生事件的现场调查处置

学校结核病突发公共卫生事件应当严格按照《突发公共卫生事件应急条例》及相关预案进行处置。在现场调查处置过程中应遵循边调查、边控制、边完善的原则。现场调查和应急处置流程见图 2。

5.3.1 现场调查前的准备

（1）县（区）级疾病预防控制中心初步核实学校结核病突发公共卫生事件后，应及时向学校进行事件通报，成立由流行病学、临床、放射、实验室检测等专业人员组成的事件应急处置小组，明确参与现场调查的人员分工，必要时，请求上级业务主管部门提供技术援助。同时，要求事件发生所在的学校做好各项准备工作，配合现场调查和应对处置。

（2）准备好现场调查处置所需的记录本、现场调查表（现场基本情况调查表、患者个案调查表和密切接触者调查表）、PPD皮试用品、采样器材、消杀药品和器械、个人防护用品、宣传材料等。

（3）根据初步了解的情况制定现场调查方案，包括调查目的、调查对象、调查内容和方法，采集标本的种类、检测项目与方法，拟采取的控制措施、控制措施效果评价以及人、财、物方面的准备情况等。

5.3.2 现场调查前的卫生宣教

现场调查前，县（区）级疾病预防控制中心与学校要密切配合，共同做好事件发生所在地学校的卫生宣传工作。宣传结核病防治的核心信息，向学校师生如实提供有关结核病防治相关知识，疫情发生和控制的信息，使学生主动配合接受相关调查和检查。消除事件发生所在学校师生的恐慌心理，维持学校正常的教学和生活秩序。宣教方式主要有结核病知识专题讲座、展板和发放卫生宣传材料等。宣教内容包括：结核病的病原、传播途径、临床表现、检查方法、治疗方案、密切接触者筛查、预防措施以及国家的结核病免费政策等结核病防治的核心信息。

5.3.3 现场流行病学调查

（1）召开座谈会，了解事件发生和处理经过

事件应急处理小组的工作人员抵达现场后，在当地政府的领导和组织协调下，立即召开由教育行政部门、卫生行政部门、学校领导，以及校医、学生、教师代表，疾病预防控制中心、学校卫生机构等有关人员参加的座谈会，听取事件发生经过和处理过程汇报，了解事件发生和处理过程。

（2）现场基本情况调查

调查发生事件学校的基本情况，包括学校的年级（班级）组成及人数，在校学生数、教职员工数、

学生来源，教室和宿舍容量，学校校医的配置、常规开展的防治工作等；并通过现场走访，实地考察结核病患者所在班级、宿舍、食堂等公共场所的环境卫生情况。

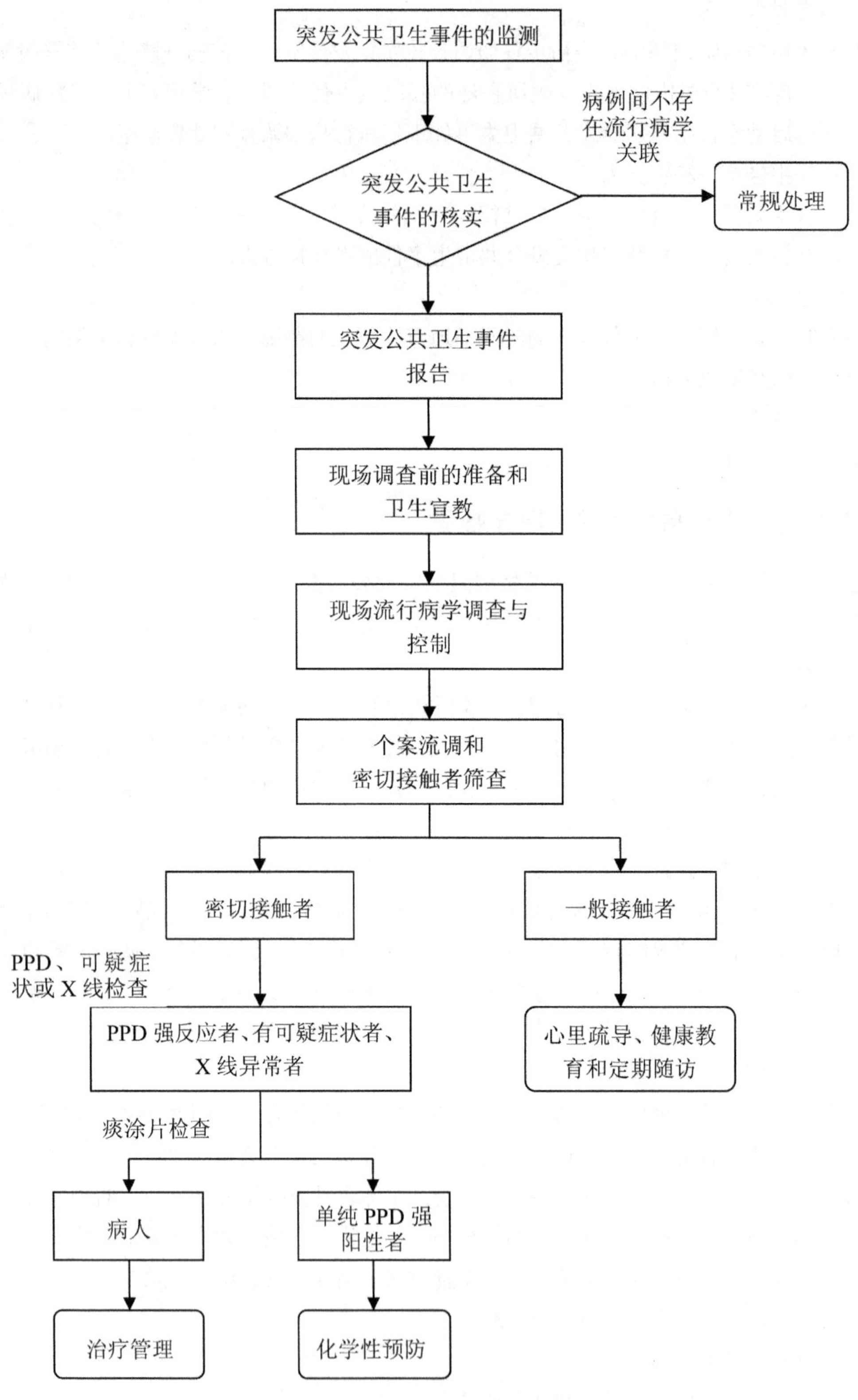

图2　学校结核病突发公共卫生事件应急处置流程

（3）事件发生情况调查

主动开展病例搜索，全面收集目标区域、特定人群以及相关医疗机构发现的所有结核病患者信息，逐例核实已发现病例的诊断。按照病例发生的时间顺序整理汇总确诊和疑似病例的详细个案信息，了解首发病例和后续病例的发病、就诊、诊断和治疗处理过程，分析患者的时间分布、班级及宿舍分布、患者群特征分布及相互间的流行病联系等，当地已采取的处理措施，下一步的工作安排等。并对事件的规模和严重程度做出综合判断。事件应急处理小组根据事件发生情况的调查结果，及时撰写进程报告，报告事件的发展过程、势态评估、处置进程、控制措施、事件发生原因等内容。向事件发生所在地的县级卫生行政部门、学校和上一级疾病预防控制中心进行报告。

（4）确诊患者的个案流调

对所有确诊的肺结核患者要开展详细的个案流行病学调查（个案调查表及调查结果一览表参见附录4、5）。调查内容包括：患者的基本情况，发病、就诊和诊疗经过，发病后的主要活动，诊断治疗情况，目前的健康状况等。通过调查活动性肺结核患者尤其是传染性肺结核患者出现症状后的学习、生活经历，确定与其发生密切接触的人员范围及人员名单。事件发生所在学校中确诊的活动性肺结核患者必须留取其痰标本，开展涂片、培养、药敏检查，对培养获得的结核分枝杆菌分离株送有资质的实验室进行菌种鉴定、基因分型和DNA指纹同源性分析，以判断患者之间是否存在分子流行病学上的关联。

（5）密切接触者调查

密切接触者是指与活动性肺结核患者，尤其是痰涂片阳性肺结核患者长时间在同一房间（教室或宿舍）或同一楼层学习（工作）、居住、生活的接触者，包括患者的同学（室友）、教师、家庭成员等，以及根据实际情况判断的其他密切接触者；并将密切接触者信息填写在附录6中。

（6）传染源的调查

结合流行病学个案调查和密切接触者调查结果，详细分析首发病例及后续病例在时间、空间分布上的联系，查找引起本次事件的传染源和传播链。

5.3.4　现场控制

（1）强化健康教育工作

发生事件的学校要在卫生部门的指导下，进一步加强全校师生及学生家长结核病防治知识的健康教育工作，及时消除其恐慌心理，稳定学校师生及家长情绪，维持学校正常的教学和生活秩序。

（2）主动监测学生的健康状况

发生事件的中小学校及托幼机构要加强每日晨检、因病缺课登记和追踪工作；高等院校则要建立健全宿舍、班、院（系）、学生处和校医院等学生健康状况信息收集报送渠道，及时发现潜存的疑似肺结核患者或肺结核可疑症状者。

（3）确诊患者和疑似患者的处理

①确诊肺结核患者：对确诊的肺结核患者要及时转诊至属地的结核病防治机构（定点医院）进行治疗，建立患者的病案记录，按照《中国结核病防治规划实施工作指南》中确定的化疗方案对患者进行规范治疗和全程督导管理。对涂阳肺结核患者必须待其痰菌转阴、病灶好转后，凭定点医院出具的复学病情诊断证明，经学校同意后方可复学；病情较轻的痰涂片阴性的肺结核患者在接受正规的督导治疗管理的前提下，可以继续参加学习或工作。

②疑似肺结核患者：疑似肺结核患者要密切进行医学观察，采取各种方法进一步明确诊断，疑似肺结核者一经确诊，要严格按照确诊肺结核患者进行治疗管理。

（4）密切接触者筛查及处理

根据调查确定的密切接触者，及时开展密切接触者的筛查和处理。筛查范围、方法、处理原则等见第4.6节。

（5）环境卫生和消毒

学校要加强环境卫生管理，并在卫生部门的指导下做好相关场所的消毒工作。对确诊患者和疑似患者的痰液严格进行消毒（按1体积痰液加1/5体积漂白粉搅拌均匀，消毒2小时）；对患者学习、居住、生活的环境定期进行消毒（用0.5%～1.0%过氧乙酸溶液熏蒸或过氧化氢复方空气消毒剂喷雾，也可用紫外线照射消毒）；同时要加强公共场所，如教室、宿舍和图书馆等人群密集场所的开窗通风换气，保持空气流通。

（6）媒体沟通和信息发布

学校突发公共卫生事件发生后，常会引起社会和媒体的关注，当地政府要做好舆论引导，在学校结核病突发公共卫生事件处置过程中，由卫生行政部门及时向学生及家长说明情况，必要时向媒体公布事件及处置情况信息。通过实施上述综合防控措施，学校结核病突发公共事件得到有效控制，事件应急处置技术小组经过综合判定及时向同级卫生行政部门和教育行政部门汇报，并报同级卫生行政部门批准，可决定本次现场应急处置工作终止。事件应急处置工作终止后，学校发现的后续患者的治疗、管理工作要纳入常规结核病防治工作中。

5.3.5　现场调查结案报告

学校结核病突发公共卫生事件现场调查处置结束后 2 周内，事件应急处置小组应对事件的发生和调查处理全过程进行全面总结，分析事件发生的原因，并提出今后应对类似事件的防范和处置建议。撰写详细、全面的结案调查报告，上报同级卫生行政部门、事件发生地的学校和上级业务主管部门。

结案调查报告的主要内容包括：事件发生地的基本情况、事件接报和核实情况、事件的发生经过、疾病的三间分布、现场调查和处理过程、已采取的措施和开展的防控工作、后续的工作建议、事件发生原因和调查结论等。结案调查报告的书写格式参见附录 8。

附录 1　晨检/因病缺勤追踪发现肺结核可疑症状者/疑似肺结核患者排查登记表

院（系）：　　　　专业（班级）：

序号	登记日期	姓名	性别	年龄	缺勤情况		肺结核可疑症状		疑似肺结核	是否就诊	排查结果	联系电话
					缺勤原因	天数	具体症状	持续时间				

附录 2　学校肺结核可疑症状者/疑似肺结核患者报告转诊/推荐登记表

序号	姓名	性别	年龄	专业	班级	电话	报告日期	报告人	转诊日期	转入医疗机构名称	确诊结果	备注

附录3　同一学校发生3例及以上肺结核报告
病例信息的现场核实表

<table>
<tr><td colspan="8">信息来源：1.主动监测　2.下级报告　3.媒体报道　4.举报　5.其他（　）</td></tr>
<tr><td colspan="8">学校名称：</td></tr>
<tr><td colspan="8">报告肺结核或疑似肺结核患者数：　　人</td></tr>
<tr><td colspan="8">报告患者的起止时间：　　年　月　日至　年　月　日</td></tr>
<tr><td>序号</td><td>姓名</td><td>性别</td><td>年龄</td><td>职业</td><td>诊断</td><td>报告单位</td><td>现场核实结果</td></tr>
<tr><td>1</td><td></td><td></td><td></td><td></td><td></td><td></td><td></td></tr>
<tr><td>2</td><td></td><td></td><td></td><td></td><td></td><td></td><td></td></tr>
<tr><td>3</td><td></td><td></td><td></td><td></td><td></td><td></td><td></td></tr>
<tr><td></td><td></td><td></td><td></td><td></td><td></td><td></td><td></td></tr>
<tr><td colspan="8">流行病学关联（患者之间的分布关系）</td></tr>
<tr><td colspan="8">处理意见（通过核实，根据患者之间有无流行病学关联，进行聚集性疫情应急处理或常规处理等）：</td></tr>
</table>

核实人：　　　　调查时间：　　年　月　日

附录4 肺结核患者个案调查表

病例分类：1.实验室诊断病例　　2.临床诊断病例

1.一般情况

1.1　姓名：

1.2　性别：(1) 男　(2) 女

1.3　出生日期：________年______月______日（年龄______岁）

1.4　职业：(1) 学生　(2) 教师　(3) 其他（______）

1.5　年级和班级：______年级　______班　　班级人数______人

1.6　宿舍：______幢____室　　同室居住人数______人

宿舍面积________平方米　宿舍的窗户面积_______平方米

宿舍通风：(1) 不开窗通风　(2) 不定时开窗通风　(3) 每日开窗通风

宿舍环境卫生：(1) 好　(2) 一般　(3) 差

1.7　走读生及学生家庭内患者填写：

住址：____居住人数________人

居室面积______________平方米

居室通风：(1) 不开窗通风　(2) 不定时开窗通风　(3) 每日开窗通风

居室环境卫生：(1) 好　(2) 一般　(3) 差

2.既往病史和接触史

2.1　既往结核病史：(1) 有（时间______年）　(2) 无

2.2　慢性肝病史：(1) 有　(2) 无

2.3　慢性肾病史：(1) 有　(2) 无

2.4　糖尿病史：(1) 有　(2) 无

2.5　吸烟史：(1) 现在吸　(2) 以前吸　(3) 不吸

2.6　发病前，家庭成员有无结核病患者？(1) 有　(2) 无

若有，是否与患者密切接触？(1) 是　(2) 否

2.7　发病前，同班级有无结核病患者？(1) 有　(2) 无

若有，是否与患者密切接触？(1) 是　(2) 否

2.8　发病前，同宿舍有无结核病患者？(1) 有　(2) 无

若有，是否与患者密切接触？(1) 是　(2) 否

3.　营养和其他健康状况

3.1　营养状况：(1) 好　(2) 一般　(3) 差

3.2　睡眠状况：(1) 好　(2) 一般　(3) 差

3.3　学习、工作和生活压力：(1) 大 (2) 一般 (3) 小

4.发病和就诊情况

4.1　是否有症状：(1) 有　(2) 无

首次症状出现日期：______年______月______日

4.2　首次发病出现症状

(1) 咳嗽　(2) 咳痰　(3) 咯血或血痰　(4) 胸痛　(5) 胸闷及气短

(6) 低热　(7) 盗汗　(8) 乏力　(9) 食欲减退　(10) 消瘦　(11) 其他（　）

4.3　首发症状自我感觉的严重程度：(1) 轻　(2) 中　(3) 重

4.4　就医过程

就诊序次	就诊日期 （年月日）	就诊主要原因	就诊单位	诊断结果	治疗情况
1（初诊）					
2					
3					
……					

5.确诊和治疗情况

5.1　确诊日期：　　　年　　　月　　　日

5.2　网络直报时间：　　　年　　　月　　　日

5.3　确诊医疗机构：

5.4　诊断结果：

5.5　确诊后是否休学治疗：（1）是　（2）否

如是，休学开始日期：　　　年　　　月　　　日

5.6　是否休学住院治疗：（1）是　（2）否

若是，入院时间：　　　年　　　月　　　日

出院时间：　　　年　　　月　　　日

5.7　是否休学居家治疗：（1）是　（2）否

5.8　是否向学校办理病休手续：（1）是　（2）否

6.患者的临床诊治资料（从定点医院的病案资料直接获取）

6.1　患者发现方式：

（1）因症就诊　（2）转诊　（3）追踪　（4）因症推荐

（5）接触者检查　（6）健康检查（集中筛查）　（7）其他

6.2　结核菌素试验（PPD）结果（mm）：　×

试验日期：________年______月______日

6.3　X射线胸片检查异常情况：

左：（1）有（上、中、下）　（2）无

右：（1）有（上、中、下）　（2）无

空洞：（1）有　（2）无

粟粒：（1）有　（2）无

6.4　痰菌实验室检查结果：

痰涂片结果：（1）阴性　（2）阳性　（3）未查

培养结果：（1）阴性　（2）阳性　（3）污染　（4）未查

药敏结果：H耐药　敏感　污染　未做

R耐药　敏感　污染　未做

S耐药　敏感　污染　未做

E耐药　敏感　污染　未做

初步菌种鉴定结果：（1）结核分枝杆菌　（2）非结核分枝杆菌（　3）其他

6.5　诊断结果：

6.6　诊断分型：（1）Ⅰ型　（2）Ⅱ型　（3）Ⅲ型　（4）Ⅳ型　（5）Ⅴ型

6.7　登记日期：　　　年　　　月　　　日

6.8　登记分类：（1）新患者　（2）复发　（3）返回　（4）初治失败　（5）其他

6.9　开始治疗日期：　________年______月______日

6.10　治疗方案：

6.11　治疗管理方式：（1）休学住院治疗　（2）休学本地居家治疗

（3）未休学在校治疗　（4）回外地原籍治疗

7. 发病后的学习和生活情况

7.1　患者发病确诊前的上课地点

教室	起始时间	终止时间	上课频率	同教室学生范围	同楼层教室及学生范围	备注
地点 1						
地点 2						
地点 3						
……						

绘出教室及班级分布图。

7.2　患者发病确诊前的居住地点（宿舍）

宿舍	起始时间	终止时间	居住频率	同宿舍学生范围	同楼层宿舍及学生范围	备注
宿舍 1						
宿舍 2						
……						

绘出宿舍分布图。

7.3　患者发病确诊前的居住地点（家庭）

家庭	起始时间	终止时间	居住频率	同家庭成员范围	备注
房间 1					
房间 2					
……					

调查单位：

调查者：

调查时间：　年　月　日

附录5 肺结核患者个案调查一览表

序号	姓名	性别	年龄	年级	班级	寝室（幢）	寝室（室）	可疑症状（有/无）	症状日期	就诊日期	结核病素（平均直径mm）	X射线片	痰检结果	诊断	确诊时间	网报时间	确诊单位	处理	始治方案	休学（是/否）	休学日期	登记日期	流调日期	备注

附录6　肺结核患者密切接触者筛查一览表

姓名	性别	年龄	现详细住址	与病例关系*	联系方式	接触地点**	接触方式***	肺结核可疑症状						PPD检查		胸部X射线片检查	痰涂片检查			筛查结果					
								咳嗽、咳痰	咯血	发热	胸痛	乏力、盗汗	其他	平均直径（mm）	未做		阳性	阴性	未做	活动性肺结核			疑似肺结核	单纯PPD强阳性	其他
																				涂阳	涂阴	未查痰			

*与病例关系：同学、室友、家属、其他

**接触地点：教室、宿舍、食堂、图书馆

***接触方式：同教室、同宿舍、同一家庭、其他等

附录 7　预防性服药知情同意书

结核病是严重危害人类健康的慢性传染性疾病，也是我国重点控制的重大传染病之一。结核菌素试验强阳性感染者发展为活动性结核病患者的机会较大；若进行药物预防性治疗，可以使部分感染者减少发展成为活动性结核病患者的机会。因此，开展对结核菌素试验强反应感染者的药物预防性治疗也是防治结核病的重要组成部分。

如果您曾经与传染性肺结核患者有密切接触，结核菌素反应硬结平均直径≥15 mm，或皮试部位出现水疱、坏死、淋巴管炎，胸部X射线检查未见异常，提示您感染了结核菌，且具有较高的发病概率，建议您进行抗结核药物预防性治疗。

在结核病防治专业机构人员的指导和监督下，根据要求进行抗结核药物预防性治疗，您的治疗最终会获得较好的预防效果。预防性治疗中所用的抗结核药物如异胭肼、利福平等都已在临床应用并被证明是安全、有效的，但由于预防性服药的时间较长，一般为3～9个月，而且存在个体差异，因此在用药过程中可能出现不良反应。如果您在用药中出现任何不适，不要自行停药，请您及时通知医生或到结核病专业机构，我们将采取有效措施进行处理。

您参加抗结核药物预防性治疗是完全自愿的。不管您是否愿意参加药物预防性治疗，都要阅读以上文字，签署您的意见。

如果您愿意参加预防性治疗，我们将推荐预防性治疗的方案，并由医生给您进行指导，由监督人员督促您按时服药，并及时了解您用药后的反应，确保您全程服药；如果不愿意进行预防性治疗，也请您签名并注明理由。您要特别注意加强体育锻炼、增加营养、注意劳逸结合，保证良好的睡眠，增加身体抵抗力；同时，您也应定期到结核病防治专业机构进行复查或出现肺结核病的可疑症状（咳嗽、咳痰2周以上或痰中带血丝等）时随时就诊。

自愿预防性治疗者签字：　　　　日期：　　年　　月　　日

不愿预防性治疗者签字：　　　　日期：　　年　　月　　日

家长签字：　　　　日期：　　年　　月　　日

医生签字：　　　　日期：　　年　　月　　日

附录8　现场调查报告书写格式(参考)

一、基本信息

主要包括疫情（事件）发生地的单位名称、性质、地理位置、内部结构、布局、人员数量、工作（学习）、生活环境等

二、疫情（事件）概况（包括发生发展经过）

三、流行病学特征（首发病例、可疑传染源、三间分布）

四、采取的具体处理措施

五、下一步工作建议

（王铂编写，张景辉审）

（本部分约48千字）

第四部分

甘肃省结核病防治规划工作质量考核方案

甘肃省结核病防治规划工作质量考核方案

为进一步提高我省结核病防治规划工作质量，根据《全国结核病防治规划（2011—2015年）》《结核病防治管理办法》《结核病防治工作规范》《中国结核病防治规划实施工作指南》《甘肃省结核病防治规划（2011—2015年）》《甘肃省结核病防治工作质量考评方案》等，结合实际情况，特制定《甘肃省结核病防治规划工作质量考核方案》。

1　考核内容

按照《甘肃省结核病防治规划工作质量考核标准》进行。

2　考核范围和方法

2.1　考核范围：全省14个市（州），每个市（州）随机抽查2个县（市、区），每个县（市、区）抽查2个乡镇卫生院（社区卫生服务中心），每个乡镇卫生院（社区卫生服务中心）抽查1个村卫生室（社区卫生服务站）。

2.2　考核单位：市（州）级考核单位为市（州）级卫生行政部门、疾病预防控制中心、定点医院。县（市、区）级考核单位为县（市、区）级卫生行政部门、疾病预防控制中心、定点医院（1所）、非定点医院（1所）、乡镇卫生院（社区卫生服务中心）（2所）、村卫生室（社区卫生服务站）（2所）。

2.3　考核方法：采取听取汇报、现场查看资料、现场检查的方式进行。

3　评分方法

3.1　考核单位评分方法：被考核的市（州）级、县（市、区）级、乡镇卫生院（社区卫生服务中心）、村卫生室（社区卫生服务站）考核单位分别按100分计算。

3.2　市（州）级评分方法：各市（州）得分由被考核的市（州）级和县（区）级得分构成。

3.3　县（市、区）级评分方法：各县（市、区）得分由被考核的县（市、区）级、乡镇卫生院（社区卫生服务中心）、村卫生室（社区卫生服务站）得分构成。

4　考核要求

各市（州）、县（区）级要高度重视，全力配合，认真做好各项准备工作，积极配合考核组顺利完成考核任务。

附件

1.市（州）级卫生行政部门结核病防治规划工作质量考核标准

2.市（州）级疾病预防控制中心结核病防治规划工作质量考核标准

3.市（州）级定点医院结核病防治规划工作质量考核标准

4.县（市、区）级卫生行政部门结核病防治规划工作质量考核标准

5.未推行新模式的县（市、区）级疾病预防控制中心结核病防治规划工作质量考核标准

6.推行新模式的县（市、区）级疾病预防控制中心结核病防治规划工作质量考核标准

7.县（市、区）级定点医院结核病防治规划工作质量考核标准

8.县（市、区）级非定点医疗机构结核病防治规划工作质量考核标准

9.乡镇卫生院（社区卫生服务中心）结核病防治规划工作质量考核标准

10.村卫生室（社区卫生服务站）结核病防治规划工作质量考核标准

甘肃省卫生计生委

二〇一五年六月九日

附件 1

市（州）级卫生行政部门结核病防治规划工作质量考核标准（100分）

序号	项目（分值）	考核指标及要点	考核方法与标准	考核分值	扣分理由	得分
1	规划制定工作（10分）	制定政府五年规划	查文件资料。无政府规划，不得分。	10		
2	年度工作计划（10分）	制订年度实施计划	查文件资料。无年度实施计划，不得分。	10		
3	结核病经费管理（15分）	基本公共卫生补助经费中有关结核病工作经费按时下拨	查看卫生计生委结核病工作经费下拨有关凭据，未拨付，不得分；到位后超过10个工作日未下拨扣5分，拨付额不足按比例扣分。	10		
		落实本级结核病防治专项经费，专款专用	落实本级结核病防治专项经费并专款专用。	5		
4	政策工作（25分）	制定新农合基本医疗保险肺结核政策	查文件资料。未下发，不得分。	10		
		制定新农合耐多药肺结核患者医保政策	查文件资料。未下发，不得分。	10		
		制定耐多药肺结核患者医疗救助政策	查文件资料。未下发，不得分。	5		
5	结核病防治服务新体系建设工作（30分）	制定并下发结核病防治服务体系建设工作实施方案/指导意见	查文件资料。未制定，不得分。	5		
		组织协调辖区内结核病防治服务新体系建设和管理	查文件资料。工作未开展，不得分。	5		
		与定点医疗机构签订年度目标责任书，明确结核病防治任务	查文件资料。未签订目标责任书，不得分。	5		
		制定考核评估方案	查文件资料。未制定考核评估方案，不得分。	5		
		组织召开疾病预防控制中心、定点医院、基层医疗机构例会1次以上	查文件资料。未召开例会，不得分。	5		
		参与定点医院督导的频次不少于总频次的50%	查督导资料。指标每降低5%，扣1分，扣完为止。	5		
6	结核病健康促进工作（10分）	制订年度结核病健康促进工作计划，组织、协调多部门开展结核病防治日宣传活动	查文件、现场宣传资料等。未制订工作计划扣5分，未开展现场宣传活动，扣5分。	10		

附件2

市（州）级疾病预防控制中心结核病防治规划工作质量考核标准（100分）

序号	项目（分值）	考核指标及要点	考核方法与标准	考核分值	扣分理由	得分
1	组织管理及结核病防治科能力建设（7分）	制订结核病预防控制工作计划，年终对结核病预防控制工作进行总结	查文件资料。无工作计划扣2分、无工作总结扣1分。	3		
		加强和充实结核病防治专业队伍，按照结核病防治规划指南要求，结核病防治专业人员应≥5人	专业人员每缺少1人扣0.01分，扣完为止。	1		
		加强结核病防治科（所）硬件设施，配备专用电话、电脑、网络等办公设备	现场查看，未配备专用电话扣0.3分；未配备电脑、网络办公等设备，扣0.7分。	1		
		建立并制定结核病防治科工作职责	查资料。未制定结核病防治科工作职责，不得分。	1		
		对结核病管理信息系统资料进行季度和年度分析，并上报同级卫生行政部门和上级业务部门	查季度分析和年度分析资料。缺少一次分析，扣0.2分，扣完为止。	1		
2	结核病患者发现工作（25分）	初诊受检率≥300/10万	指标每降低5个点扣0.5分。	5		
		初诊痰检率≥95%	指标每降低2%扣0.25分，扣完为止。	5		
		涂阳肺结核病人密切接触者筛查率≥95%	查看涂阳肺结核病人密切接触者登记本和结核病网络专报统计，指标每降低1%扣0.5分，扣完为止。	5		
		全市活动性肺结核病人平均登记率≥70/10万	结合各市（州）近5年活动性肺结核病人平均登记率进行评分，指标每降低5个点扣0.25分，扣完为止。	10		
3	结核病患者的治疗管理工作（10分）	病人系统管理率≥95%	查看结核病管理信息系统并结合日常督导访视病人情况进行统计，指标每降低1%扣0.1分，扣完为止。	5		
		初治涂阳治疗满疗程治愈率≥85%	查看结核病管理信息系统，指标每降低1%扣0.2分，扣完为止。	5		
4	结核病实验室质量控制工作（15分）	痰涂片检测的盲法复检覆盖率达到100%	现场查看痰涂片质控反馈报告等资料。按结核病预防控制工作规范要求完成对各县区结核病实验室（定点医院实验室）进行4次盲法痰涂片质量控制工作，每少1次扣1分，扣完为止。	4		

续表

序号	项目（分值）	考核指标及要点	考核方法与标准	考核分值	扣分理由	得分
4	结核病实验室质量控制工作（15分）	痰涂片检查的不合格实验室的比例（盲法复检中出现的不合格实验室数占盲法复检实验室总数的百分比）	查看痰涂片质控资料。指标每降低15%，扣0.1分，扣完为止。无不合格实验室，不扣分。	1		
		实验室现场评估率达到100%	查看实验室现场评价资料。按照结核病预防控制工作规范要求对各县（区）结核病实验室（定点医院实验室）进行2次现场评价，每少1次扣2.5分，扣完为止。	5		
		年内完成1次对各县（区）检验人员批量测试工作	查看结核病实验室对各县（区）检验人员批量测试资料，未开展工作或无资料不得分。	3		
		结核病实验室（疾病预防控制中心或定点医院）开展痰培养工作	查看实验室资料、季报表。省上安排工作未开展不得分。	2		
5	结核病管理信息系统工作（15分）	转诊未到位的辖区内病人的追踪率达到100%	查看结核病管理信息系统。指标每降低2%扣0.1分，扣完为止。	2		
		追踪到位率≥85%	查看结核病管理信息系统。指标每降低2%扣0.1分，扣完为止。	1		
		总体到位率≥90%	查看结核病管理信息系统和相关资料，指标每降低2%扣1分，扣完为止。	3		
		跨区域转入患者的到位信息反馈率≥90%	查看结核病管理信息系统和相关资料，指标每降低1%扣0.5分，扣完为止。	3		
		结核病管理信息系统病案信息初次录入及时率≥99%	查看结核病管理信息系统并结合平时情况统计，病案信息初次录入及时率每降低1%扣1分，扣完为止。（第2、3、5月或第8月、疗程结束时痰检信息录入不及时，根据情况酌情扣0.5～1分）。	3		
		结核病管理信息系统病案转归信息完整率≥95%	查看结核病管理信息系统并结合平时情况统计，指标每降低1%扣0.5分，扣完为止。	3		
6	抗结核药品管理工作（5分）	药品破损率≤1%	现场查看结核病网络专报系统。药品破损率每增高1%扣1分，扣完为止。	3		

续表

序号	项目（分值）	考核指标及要点	考核方法与标准	考核分值	扣分理由	得分
6	抗结核药品管理工作（5分）	免费抗结核固定剂量复合制剂使用率达到100%	省上安排未使用，扣为0分；指标每降低5%，扣0.1分。	2		
7	结核菌/艾滋病病毒双重感染防治工作（3分）	结核病患者艾滋病病毒的筛查率≥70%	查看结核病管理信息系统，指标每降低1%扣0.1分，扣完为止。	2		
		HIV/AIDS接受结核病检查的比例（筛查率≥90%）	根据HIV/AIDS双重感染防治管理工作年报表及艾滋病科统计资料统计，工作未开展不得分，筛查率每降低1%扣0.1分，扣完为止。	1		
8	结核病督导工作（5分）	督导完成率100%（每季度对所辖县（区）督导1次，每次督导时抽查部分乡（镇）、村和访视结核病患者），指导各县（区）做好结核病预防控制工作	查督导报告、督导通报等资料。每缺少一次督导扣1分，每缺少1次督导报告扣1分，对乡镇卫生院、村卫生室每季度每缺少一次抽查扣0.5分。	4		
		年内对全市县级以上综合医院（定点医院）结核病医防合作工作督导4次	查督导报告、督导通报等资料，对县级以上医院结核病医防合作检查每缺一次扣0.25分。	1		
9	培训与健康促进工作（5分）	每年举办2次结核病预防控制工作培训班	查文件通知、报到册、日程安排、培训课件等相关资料。每缺少1次扣0.5分，扣完为止。	2		
		制订结核病健康促进工作计划，及时上报工作总结	查看工作计划、总结。无工作计划、工作总结各扣1分。未及时上报扣0.5分。	1		
		组织开展“世界防治结核病日”宣传活动	查资料并结合工作情况酌情扣分。未开展不得分。	2		
10	耐多药患者发现与治疗管理（5分）	耐多药患者追踪率到位率达到100%	查看结核病管理信息系统。指标每降低2%扣0.1分，扣完为止。无耐多药患者，不扣分。	3		
		耐多药患者出院后管理率≥95%	查看结核病管理信息系统。指标每降低2%扣0.1分，扣完为止。无耐多药患者登记，不扣分。	2		
11	结核病经费（5分）	结核病工作经费到位情况（包括中央转移支付和地方财政专项经费）	查看疾病预防控制中心结核病工作经费账目，未到位全扣。未全额到位，按比例扣分。	3		
		本级结核病工作专项经费	无本级结核病工作专项经费，不得分。	2		

附件3

市(州)级定点医院结核病防治规划工作质量考核标准(100分)

序号	项目（分值）	考核指标及要点	考核方法与标准	考核分值	扣分理由	得分
1	组织管理及结核病新体系建设工作（20分）	建立院长负责制，成立各相关科室人员组成的结核病防治工作领导小组	建立结核病防治工作领导小组不扣分；未建立工作领导小组不得分。	2		
		制定各相关部门（结核门诊、检验科、结核病房、药房、放射科、公共卫生科等）工作职责并上墙	查看各相关科室工作职责制定情况，是否上墙。无各科室工作职责、未上墙不得分；每缺一个科室工作职责扣0.5分，扣完为止。工作职责未上墙扣1分。	3		
		建立健全肺结核患者及疑似肺结核患者登记、报告、转诊制度、转诊流程图和奖惩制度，耐药肺结核患者报告等制度，并要求制度及转诊流程图上墙	查看各种制度、转诊流程图是否上墙，无相关制度、流程不得分。无报告、转诊、奖惩制度及转诊流程图各扣0.1分，扣完为止。	2		
		从事结核病防治工作专业人员应≥5人	专业人员每缺少1人扣0.5分，扣完为止。	3		
		定点医院疑似肺结核患者及肺结核患者落实国家免费政策达到100%	随机抽取5例肺结核病人进行访视或电话了解可疑症状者的痰涂片、胸片、管理病人的药品免费情况，发现未落实国家免费政策不得分。指标每降低1%扣0.1分，扣完为止。	5		
		落实耐多药肺结核纳入重大疾病保障的报销政策，新农合报销比例不低于70%，医疗救助报销20%	随机抽取5例肺结核病人进行访视或电话问询了解情况，发现未落实国家政策不得分。指标每降低5%扣0.1分。	5		
2	肺结核或疑似肺结核患者登记、报告、转诊工作（10分）	登记率达到100%，报告率达到100%	查看门诊日志、放射科登记本及各科室出入院病人登记本与公共卫生科肺结核病人登记核对，登记率每下降5%扣1分；同时抽查10例肺结核患者与结核病专报核对，网络报告率每下降5%扣2分，扣完为止。	5		
		转诊率达到100%，转诊直接到位率≥85%	查医院相关科室出入院登记本、医院肺结核患者及疑似肺结核患者转诊登记本与转诊单存根核对，每漏转诊1例扣1分；抽查10例转诊病人与疾病预防控制中心结核病网络专报系统和疾病预防控制中心登记病人（院内结核病门诊登记管理病人）核对，每转诊直接不到位1例扣1分，扣完为止。	5		

续表

序号	项目（分值）	考核指标及要点	考核方法与标准	考核分值	扣分理由	得分
3	结核病患者发现工作（10分）	初诊痰检率≥95%	查阅肺结核初诊患者登记本，指标每降低2%扣0.25分，扣完为止。	3		
		定点医疗机构痰标本送检率达到100%	查阅肺结核初诊患者登记本、耐多药肺结核可疑者登记本统计，送检率=送检痰标本人数/应送检人数×100%。指标每降低1%扣0.5分，扣完为止。	2		
		耐多药肺结核筛查率≥60%	指标每降低 5 %扣1分，扣完为止。	4		
		涂阳肺结核病人密切接触者筛查率≥95%	查看涂阳肺结核病人密切接触者登记本和结核病网络专报统计，指标每降低1%扣0.5分，扣完为止。	1		
4	结核病患者治疗管理工作（10分）	对确诊耐多药患者进行治疗、管理，患者纳入治疗的比例≥70%，患者治疗成功率≥50%	查阅肺结核初诊患者登记本、耐多药肺结核可疑者登记本统计，指标每降低2%扣0.5分。	5		
		耐多药肺结核患者治疗情况	随机查阅10份耐多药肺结核患者病案，了解化疗方案使用情况及其合理性，根据工作情况酌情扣分。	2		
		活动性肺结核患者除有严重合并症、疑难患者、需有创操作、需手术、严重药物不良反应的患者需要住院治疗外，其他患者不能住院	随机抽取10例肺结核病人住院病历进行查看评估，发现未落实国家政策不得分。	3		
5	结核病实验室质量控制工作（15分）	初诊痰片质控：制片质量合格率≥95%	根据省上质控结果考核，指标每降低2%扣0.1分。	3		
		假阳性率≤2%	根据省上质控结果考核，指标每升高2%扣0.1分。	1		
		假阴性率≤4%		1		
		耐多药肺结核传统药敏筛查工作，筛查对象为涂阳病人和高危人群	查看结核病管理信息系统。工作未开展，不得分；根据工作开展情况，酌情扣分。	2		
		耐多药肺结核快速药敏筛查工作，筛查对象为涂阳病人和高危人群	查看结核病管理信息系统。工作未开展，不得分；根据工作开展情况，酌情扣分。	1		
		结核病实验室现场评价达到规划要求	根据省上实验室现场评价结果，酌情扣分。	2		
		开展结核杆菌痰培养、药敏实验工作	查看结核病实验室痰培养、药敏实验工作相关资料、季报表，根据工作开展情况，酌情扣分。	5		

续表

序号	项目（分值）	考核指标及要点	考核方法与标准	考核分值	扣分理由	得分
6	结核病管理信息系统工作（10分）	治疗管理耐多药肺结核患者个体病案在结核病管理信息系统中病案信息初次录入及时率≥99%	查看结核病管理信息系统，指标每降低1%扣1分，扣完为止。无管理耐多药肺结核患者，未填报不扣分。	5		
		治疗管理耐多药肺结核患者在结核病管理信息系统中病案转归信息完整率≥95%	查看结核病管理信息系统，指标每降低1%扣1分，扣完为止。无管理耐多药肺结核患者，未填报不扣分。	5		
7	抗结核药品管理工作（5分）	药品破损率≤1%（按照《抗结核药品管理标准操作手册》要求，药品管理做到账目健全、出入库手续齐全、账物相符，无药品过期失效现象发生）	现场查看定点医院药品库房（专柜）、处方、药品明细账目并与结核病管理信息系统核对。药品破损率每升高1%扣1分，扣完为止。	3		
		设立结核病药品专库（专柜）、账目齐全，做到账物相符，杜绝过期、丢失等现象发生	无药品专柜不得分；药品账目资料不规范，不得分；药品实物、报表和结核病管理信息系统数据一致，不扣分，如果数据不相符，根据情况酌情扣分。	1		
		免费抗结核固定剂量复合制剂使用率达到100%	省上安排未使用，扣为0分；指标每降低5%扣0.1分。	1		
8	培训与健康促进工作（10分）	医务人员年培训覆盖率达到100%	查看文件或培训计划、报到册、培训教材或资料、培训记录或答题试卷，未开展培训扣1.5分；资料不全，每缺一项扣0.5分，扣完为止。培训率每降低1%扣1分，扣完为止。	5		
		在医院门诊部、放射科、感染科、呼吸内科和其他相关科室住院部醒目地方张贴或悬挂结核病防治宣传画或宣传栏	现场查看门诊、放射科、感染科、呼吸内科和其他相关科室住院部宣传画（栏）张贴、悬挂情况，未张贴或悬挂者扣1分。	1		
		对患者开展结核病防治知识健康教育达到100%	结核病门诊有结核病控制知识宣传资料或健康教育处方等资料，无资料，扣3分。同时随机抽查5位结核病患者结核病防治核心信息问卷调查，指标每降低1%扣0.5分，扣完为止。	4		

续表

序号	项目（分值）	考核指标及要点	考核方法与标准	考核分值	扣分理由	得分
9	感染控制工作（10分）	制订医院结核病感染预防与控制计划，建立健全工作规范和规章制度，开展感染预防与控制、职业安全防护技术培训	查阅资料。每缺少1项，扣0.2分。	1		
		MIDR-TB门诊和病房设置，查看是否分开诊治	现场查看，根据情况酌情扣分。	5		
		医务人员安全防护措施	查看紫外线消毒记录本，了解门诊、病房消毒情况；查看N95口罩发放使用记录，核查医生佩戴N95和外科口罩及使用情况，根据情况酌情扣分。	4		

附件 4

县（市、区）级卫生行政部门结核病防治规划工作质量考核标准（100分）

序号	项目（分值）	考核指标及要点	考核方法与标准	考核分值	扣分理由	得分
1	规划制定工作（10分）	制定政府五年规划	查文件资料。无政府规划，不得分。	10		
2	制定年度工作计划（10分）	制订年度实施计划	查文件资料。无年度实施计划，不得分。	10		
3	结核病经费管理（15分）	结核病工作经费下拨情况（包括中央转移支付和地方财政专项经费）	查看卫生计生委结核病工作经费及时下拨资料，未及时下拨，不得分。	10		
		落实结核病防治专项经费，专款专用	无结核病防治专项经费，未专款专用，不得分。	5		
4	医保政策落实工作（25分）	制定新农合基本医疗保险肺结核政策	查文件资料。未下发，不得分。	10		
		制定新农合耐多药肺结核患者医保政策	查文件资料。未下发，不得分。	10		
		制定耐多药肺结核患者医疗救助政策	查文件资料。未下发，不得分。	5		
5	结核病防治服务新体系建设工作（30分）	制定并下发结核病防治服务新体系建设实施方案	查文件资料。未制定，不得分。	5		
		组织协调辖区内结核病防治服务新体系建设和管理，指定定点医疗机构	查文件资料。工作未开展，不得分。	5		
		与定点医疗机构签订年度目标责任书，明确结核病防治任务	查文件资料。未签订目标责任书，不得分。	5		
		制定考核评估方案	查文件资料。未制定考核评估方案，不得分。	5		
		组织召开疾病预防控制中心、定点医院、基层医疗卫生机构例会1次以上	查文件资料。未召开例会，不得分。	5		
		制定实施结核病门诊诊疗规范和临床路径比例达到100%	查文件资料，并现场核查。临床路径比例公式=印发实施结核病门诊诊疗规范和临床路径的县区数/辖区全部县区数×100%。指标每降低5%扣1分，扣完为止。	5		
		参与定点医院督导的频次不少于总频次的50%	查督导资料。指标每降低5%，扣1分，扣完为止。	5		
6	结核病健康促进工作（10分）	制订年度结核病健康促进工作计划，组织、协调多部门开展结核病防治日宣传活动	查文件、现场宣传资料等。未制订工作计划扣5分，未开展现场宣传活动，扣5分。	10		

附件 5

未推行新模式的县(区)级疾病预防控制中心结核病防治规划工作质量考核标准(100分)

序号	项目（分值）	考核指标及要点	考核方法与标准	考核分值	扣分理由	得分
1	组织管理及结核病防治科能力建设（5分）	年初及时制订结核病预防控制工作计划，年终对结核病预防控制工作进行总结	查文件资料。无工作计划、工作总结各扣0.5分。	1		
		加强和充实结核病防治专业队伍，按照结核病防治规划指南要求，县（区）级结核病防治专业人员应≥5人	专业人员每缺少1人扣0.02分，扣完为止。	1		
		加强结核病防治科（所）硬件设施，配备专用电话、电脑、网络等办公设备	现场查看，未配备专用电话扣0.1分；未配备电脑、网络等办公设备，扣0.1分。	1		
		制定结核病防治科（所）和定点医院岗位工作职责、实验室生物安全制度、结核病管理信息系统及疫情监测制度、药品管理制度、督导制度、培训制度、县级及以上综合医疗机构肺结核患者及疑似肺结核患者登记、报告、转诊制度、转诊流程图和奖惩制度，并要求制度及转诊流程图上墙	查看制度和职责制定上墙情况，酌情扣分。每缺少1项工作制度，扣0.1分，扣完为止。未制定，不得分。	1		
		对结核病管理信息系统资料进行季度和年度分析，并向同级卫生行政部门和上级业务部门进行反馈	查季度分析和年度分析资料。每缺少一次分析，扣0.2分，扣完为止。	1		
2	结核病患者发现与治疗管理工作（25分）	初诊受检率≥300/10万	指标每降低5个点扣0.5分。	2		
		初诊痰检率≥95%	指标每降低2%扣0.25分，扣完为止。	2		
		涂阳肺结核患者密切接触者筛查率≥95%	查看涂阳肺结核患者密切接触者登记本和结核病网络专报统计，指标每降低1%扣0.5分，扣完为止。	2		
		有症状密切接触者检查率达到100%	查看涂阳肺结核患者密切接触者登记本和结核病网络专报统计，指标每降低1%扣0.1分，扣完为止。	1		
		涂阳肺结核患者密切接触者家属筛查率≥95%	查看涂阳肺结核患者密切接触者登记本和结核病网络专报统计，指标每降低1%扣0.1分，扣完为止。	1		
		有症状密切接触者家属检查率达到100%	查看涂阳肺结核患者密切接触者登记本和结核病网络专报统计，指标每降低1%扣0.1分，扣完为止。	1		

续表

序号	项目（分值）	考核指标及要点	考核方法与标准	考核分值	扣分理由	得分
2	结核病患者发现与治疗管理工作（25分）	结核病防治机构追踪率（转诊未到位的辖区内病人的追踪率）达到100%	查看结核病管理信息系统并核对县级结核病防治机构可疑肺结核患者和肺结核患者追踪登记本追踪情况计算追踪率。指标每降低5%扣0.1分，扣完为止。	2		
		结核病防治机构追踪到位率≥85%	查看结核病管理信息系统并核对县级结核病防治机构可疑肺结核患者和肺结核患者追踪登记本追踪到位情况计算追踪到位率。指标每降低5%扣0.1分，扣完为止。	2		
		患者丢失率≥3%	查看结核病管理信息系统。指标每升高1%扣0.1分，扣完为止。	2		
		全市活动性肺结核病人平均登记率≥70110万	活动性肺结核患者登记率每降低5个点扣0.25分，扣完为止。	10		
3	结核病患者治疗管理工作（10分）	所有管理病人的系统管理率≥95%	查看结核病管理信息系统，结合每次日常督导和年终考核访视结核病患者情况资料进行统计，每降低2%扣0.5分。	5		
		初治涂阳治疗满疗程治愈率≥85%	查看结核病信息管理系统及有关资料，指标每降低5%扣0.5分。	5		
4	结核病实验室质量控制工作（10分）	初诊痰片质控：制片质量合格率≥95%	根据省上质控结果考核，指标每降低2%扣0.1分。	4		
		假阳性率≤2%	根据省上质控结果考核，指标每升高2%扣0.1分。			
		假阴性率≤4%		1		
		结核病实验室现场评价达到规划要求	根据省上实验室现场评价结果，酌情扣分。	2		
		结核病实验室开展痰培养和药敏实验工作	查看实验室资料、季报表。省上安排工作未开展不得分。	2		
5	耐多药肺结核工作（3分）	耐多药肺结核可疑者筛查率达到100%	查看耐多药肺结核患者检测登记资料，并根据公式计算。指标每降低5%扣0.1分。			
		涂阳肺结核患者的耐多药筛查率达到100%	查看耐多药肺结核患者检测登记资料，并根据公式计算。指标每降低5%扣0.1分。	2		

续表

序号	项目（分值）	考核指标及要点	考核方法与标准	考核分值	2扣分理由2	得分
6	结核病管理信息系统工作（20分）	转诊未到位的辖区内病人的追踪率达到100%	查看结核病管理信息系统并核对县级结核病防治机构可疑肺结核患者和肺结核患者追踪登记本追踪情况计算追踪率。指标每降低5%扣0.1分，扣完为止。	1		
		追踪到位率≥85%	查看结核病管理信息系统并核对县级结核病防治机构可疑肺结核患者和肺结核患者追踪登记本追踪到位情况计算追踪到位率。指标每降低5%扣0.1分，扣完为止。	2		
		总体到位率≥90%	查看结核病信息管理系统和相关资料，指标每降低2%扣1分，扣完为止。	5		
		跨区域转入患者的到位信息反馈率≥90%	查看结核病信息管理系统和相关资料，指标每降低1%扣0.5分，扣完为止。	2		
		结核病管理信息系统病案信息初次录入及时率≥99%	查看结核病管理信息系统，指标每降低1%扣1分，扣完为止。	5		
		结核病管理信息系统病案转归信息完整率≥95%	查看结核病管理信息系统，指标每降低1%扣1分，扣完为止。	5		
7	结核病医防合作工作（6分）	对县级以上卫生医疗单位结核病报告转诊工作至少每周检查一次，每月进行一次核对；乡卫生院每两个月检查核对一次，核实登记、报告、转诊情况	查看督导报告（记录）并结合平时工作情况，每少一次扣0.2分，扣完为止。	2		
		县级以上综合医院可疑肺结核患者报告率达到100%	查看医疗机构相关科室门诊日志、出入院登记本、肺结核患者及疑似肺结核患者转诊登记本、转诊单、传染病报告卡与结核病管理信息系统进行核对，指标每降低5%扣0.1分。	1		
		医疗机构可疑肺结核患者或肺结核患者转诊率达到100%	查看医疗机构相关科室门诊日志、出入院登记本、肺结核患者及疑似肺结核患者转诊登记本、转诊单与结核病管理信息系统进行核对，抽查10例转诊病人与县疾病预防控制中心结核病防治所就诊的病人名单核对，指标每降低5%扣0.1分。	1		

续表

序号	项目（分值）	考核指标及要点	考核方法与标准	考核分值	扣分理由	得分
7	结核病医防合作工作（6分）	转诊到位率≥85%	查看县（区）结核病防治机构肺结核患者和疑似肺结核患者追踪登记本、转诊单与结核病管理信息系统进行核对。抽查10例转诊患者与县疾控中心结核病防治所就诊的患者名单核对，指标每降低5%扣0.1分。	2		
8	抗结核药品管理工作（3分）	药品破损率≤1%（按照《抗结核药品管理标准操作手册》要求，药品管理做到账目健全、出入库手续齐全、账物相符，无药品过期失效现象发生）	现场查看药品库房、处方、药品明细账目和结核病管理信息系统核对。药品破损率每升高1%扣1分，扣完为止。	2		
		免费抗结核固定剂量复合制剂使用率达到100%	省上安排未使用，扣为0分；指标每降低5%扣0.1分。省上未安排，不扣分。	1		
9	结核病督导管理工作（5分）	督导工作完成率达到100%（每两个月对所辖乡镇进行一次督导，每次要对目前有免费治疗患者的各村进行督导，对每例涂阳肺结核患者全程至少访视2次，其中强化期1次；每例耐多药肺结核患者每月访视1次；每次均应写出督导报告，反馈有关单位）	查结核病信息管理系统、督导记录、督导报告（督导通报）并结合平时督导及抽查访视病人的实际情况确定。每少1次扣0.1分，扣完为止。	5		
10	结核菌/艾滋病病毒双重感染防治工作（3分）	新登记结核病患者接受艾滋病病毒抗体检测的比例（筛查率≥70%）	随机抽查病案记录10份统计，并与结核病信息管理系统核对，指标每降低1%扣0.1分，扣完为止。	1		
		艾滋病病毒感染者和艾滋病病人的结核病可疑症状者筛查问卷筛查率达到100%	根据HIV/AIDS双重感染防治管理工作年报表及艾滋病科统计资料统计，工作未开展不得分，筛查率每降低1%扣0.1分，扣完为止。	1		
		HIV/AIDS接受结核病检查的比例（筛查率≥90%）	根据HIV/AIDS双重感染防治管理工作年报表及艾滋病科统计资料统计，工作未开展不得分，筛查率每降低1%扣0.1分，扣完为止。	1		
11	学校结核病防控工作（3分）	开展学校结核病疫情监测，及时处理疫情	查看结核病管理信息系统、建立学校结核病疫情监测登记本，做好学校结核病疫情监测工作。未建立学校疫情监测登记本扣0.5分，疫情处理不及时扣0.5分。工作未开展，不得分。	1		

续表

序号	项目（分值）	考核指标及要点	考核方法与标准	考核分值	扣分理由	得分
11	学校结核病防控工作（3分）	开展学校肺结核患者密切接触者筛查工作，筛查率≥95%	查看学校结核病筛查登记本等资料，筛查率计算公式=密切接触者筛查人数/密切接触者人数×100%，每降低1%扣0.1分，扣完为止。工作未开展，不得分。	2		
12	培训与健康促进工作（5分）	培训计划完成率达到100%（每年对乡、村医生进行2次基础知识培训）	查看文件通知、报到册、培训日程、课件、照片等，指标每降低5%扣0.1分，扣完为止。	1		
		结核病防治专业人员年度接受培训率≥95%	查看上级文件通知、报到册等资料。指标每降低5%扣0.1分，扣完为止。未参加上级培训，不得分。	1		
		健康促进活动计划完成率达到100%	查看工作计划等资料。指标每降低5%扣0.1分，扣完为止。	1		
		公众接受宣传覆盖率≥85%	随机抽取15位公众进行调查统计。指标每降低5%扣0.1分。	1		
		公众结核病特定知识知晓率≥85%	随机抽查20位公众进行结核病防治核心信息问卷调查，知晓率每降低5%扣0.1分，扣完为止。	1		
13	结核病经费（2分）	结核病工作经费到位情况（包括中央转移支付和地方财政专项经费）	查看疾病预防控制中心结核病工作经费账目，卫生行政部门未拨付，不扣分。	1		
		严格按照中央转移支付结核病控制项目经费使用规定，及时发放病人转诊费、管理费	查看文件、发放花名册、账目等资料，发现问题酌情扣分。	1		

附件 6

推行新模式的县（区）级疾病预防控制中心结核病防治规划工作质量考核标准（100 分）

序号	项目（分值）	考核指标及要点	考核方法与标准	考核分值	扣分理由	得分
1	组织管理及结核病防治科能力建设（5分）	年初及时制订结核病预防控制工作计划，年终对结核病预防控制工作进行总结	查文件资料。无工作计划、工作总结各扣0.5分。	1		
		加强和充实结核病防治专业队伍，按照结核病防治规划指南要求，县（区）级结核病防治专业人员应≥5人	专业人员每缺少1人扣0.02分，扣完为止。	1		
		加强结核病防治科（所）硬件设施，配备专用电话、电脑、网络等办公设备	现场查看，未配备专用电话扣0.1分；未配备电脑、网络等办公设备，扣0.1分。	1		
		制定结核病防治科（所）和定点医院岗位工作职责、实验室生物安全制度、结核病管理信息系统及疫情监测制度、药品管理制度、督导制度、培训制度、县级及以上综合医疗机构肺结核患者及疑似肺结核患者登记、报告、转诊制度、转诊流程图和奖惩制度，并要求制度及转诊流程图上墙	查看制度和职责制定上墙情况，酌情扣分。每缺少1项工作制度，扣0.1分，扣完为止。未制定，不得分。	1		
		对结核病管理信息系统资料进行季度和年度分析，并向同级卫生行政部门和上级业务部门进行反馈	查季度分析和年度分析资料。每缺少一次分析，扣0.2分，扣完为止。	1		
2	结核病患者发现与治疗管理工作（25分）	初诊受检率≥300/10万	指标每降低5个点扣0.5分。	2		
		初诊痰检率≥95%	指标每降低2%扣0.25分，扣完为止。	2		
		涂阳肺结核患者密切接触者筛查率≥95%	查看涂阳肺结核病人密切接触者登记本和结核病网络专报统计，指标每降低1%扣0.5分，扣完为止。	2		
		有症状密切接触者检查率达到100%	查看涂阳肺结核病人密切接触者登记本和结核病网络专报统计，指标每降低1%扣0.1分，扣完为止。	1		
		涂阳肺结核患者密切接触者家属筛查率≥95%	查看涂阳肺结核病人密切接触者登记本和结核病网络专报统计，指标每降低1%扣0.1分，扣完为止。	1		
		有症状密切接触者家属检查率达到100%	查看涂阳肺结核病人密切接触者登记本和结核病网络专报统计，指标每降低1%扣0.1分，扣完为止。	1		

续表

序号	项目（分值）	考核指标及要点	考核方法与标准	考核分值	扣分理由	得分
2	结核病患者发现与治疗管理工作（25分）	结核病防治机构追踪率（转诊未到位的辖区内病人的追踪率）达到100%	查看结核病管理信息系统并核对县级结核病防治机构可疑肺结核患者和肺结核患者追踪登记本追踪情况计算追踪率。指标每降低5%扣0.11分，扣完为止。	2		
		结核病防治机构追踪到位率≥85%	查看结核病管理信息系统并核对县级结核病防治机构可疑肺结核患者和肺结核患者追踪登记本追踪到位情况计算追踪到位率。指标每降低5%扣0.1分，扣完为止。	2		
		患者丢失率≤3%	查看结核病管理信息系统。指标每升高1%扣0.1分，扣完为止。	2		
		全市活动性肺结核患者平均登记率≥70/10万	活动性肺结核患者登记率每降低5个点扣0.25分，扣完为止。	10		
3	结核病患者治疗管理工作（10分）	所有管理患者的系统管理率≥95%	查看结核病管理信息系统，结合每次日常督导和年终考核访视结核病患者情况资料进行统计，每降低2%扣0.5分。	5		
		初治涂阳治疗满疗程治愈率≥85%	查看结核病信息管理系统及有关资料，指标每降低5%扣0.5分。	5		
4	结核病实验室质量控制工作（10分）	痰涂片检测的盲法复检覆盖率达到100%	现场查看痰涂片质控反馈报告等资料。按结核病预防控制工作规范要求完成对各县（区）定点医院结核病实验室4次盲法痰涂片质量控制工作，每少1次扣1分，扣完为止。	4		
		痰涂片检查的不合格实验室的比例（盲法复检中出现的不合格实验室数占盲法复检实验室总数的百分比）	查看痰涂片质控资料。指标每降低15%扣0.1分，扣完为止。无不合格实验室，不扣分。	2		
		实验室现场评估率达到100%	查看实验室现场评价资料。按照结核病预防控制工作规范要求年内完成两次对定点医院结核病实验室现场评价工作，每少1次扣0.5分，扣完为止。	2		
		县级疾病预防控制中心结核病实验室现场评价达到规划要求，结核病实验室开展痰培养和药敏实验工作	根据省上实验室现场评价结果，酌情扣分。查看实验室资料、季报表。省上安排工作未开展不 得分。	1		

续表

序号	项目（分值）	考核指标及要点	考核方法与标准	考核分值	扣分理由	得分
5	耐多药肺结核工作（3分）	耐多药肺结核可疑者筛查率达到≥60%	查看耐多药肺结核患者检测登记资料，并根据公式计算。指标每降低5%扣0.1分。	1		
		涂阳肺结核患者的耐多药筛查率达到100%	查看耐多药肺结核患者检测登记资料，并根据公式计算。指标每降低5%扣0.1分。	2		
6	结核病管理信息系统工作（20分）	转诊未到位的辖区内病人的追踪率100%	查看结核病管理信息系统并核对县级结核病防治机构可疑肺结核患者和肺结核患者追踪登记本追踪情况计算追踪率。指标每降低5%扣0.1分，扣完为止。	1		
		追踪到位率≥85%	查看结核病管理信息系统并核对县级结核病防治机构可疑肺结核患者和肺结核患者追踪登记本追踪到位情况计算追踪到位率。指标每降低5%扣0.1分，扣完为止。	2		
		总体到位率≥90%	查看结核病信息管理系统和相关资料，指标每降低2%扣1分，扣完为止。	5		
		跨区域转入患者的到位信息反馈率≥90%	查看结核病信息管理系统和相关资料，指标每降低1%扣0.5分，扣完为止。	2		
		结核病信息管理系统病案信息初次录入及时率≥99%	查看结核病管理信息系统，指标每降低1%扣1分，扣完为止。	5		
		结核病信息管理系统病案转归信息完整率≥95%	查看结核病管理信息系统，指标每降低1%扣1分，扣完为止。	5		
7	结核病医防合作工作（6分）	对县级以上医疗卫生单位（包括定点医院）结核病报告转诊工作至少每周检查一次，每月进行一次核对；乡卫生院每两个月检查核对一次，核实登记、报告、转诊情况	查看督导报告（记录）并结合平时工作情况。每少一次扣0.2分，扣完为止。	2		

续表

序号	项目（分值）	考核指标及要点	考核方法与标准	考核分值	扣分理由	得分
7	结核病医防合作工作（6分）	县级及以上非定点医疗机构可疑肺结核患者报告率达到100%	查看非定点医疗机构相关科室门诊日志、出入院登记本、肺结核患者及疑似肺结核患者转诊登记本、转诊单、传染病报告卡与结核病管理信息系统进行核对，指标每降低5%扣0.1分。	1		
		县级及以上非定点医疗机构可疑肺结核患者或肺结核患者转诊率达到100%	查看医疗机构相关科室门诊日志、出入院登记本、肺结核患者及疑似肺结核患者转诊登记本、转诊单与结核病管理信息系统进行核对，抽查10例转诊病人与县疾病预防控制中心结核病防治所就诊的病人名单核对，指标每降低5%扣0.1分。	1		
		县级及以上非定点医疗机构转诊直接到位率≥85%	查看县（区）结核病防治机构肺结核患者和疑似肺结核患者追踪登记本、转诊单与结核病管理信息系统进行核对。抽查10例转诊病人与县疾病预防控制中心结核病防治所就诊的病人名单核对，指标每降低5%扣0.1分。	2		
8	抗结核药品管理工作（3分）	药品破损率≤1%（按照《抗结核药品管理标准操作手册》要求，药品管理做到账目健全、出入库手续齐全、账物相符，无药品过期失效现象发生）	现场查看药品库房、处方、药品明细账目和结核病管理信息系统核对。药品破损率每升高1%扣1分，扣完为止。	2		
		免费抗结核固定剂量复合制剂使用率达到100%	省上安排未使用，扣为0分；指标每降低5%扣0.1分。省上未安排，不扣分。			
9	结核病督导管理工作（5分）	督导工作完成率达到100%（每两个月对所辖乡镇进行一次督导，每次要对目前有免费治疗患者的各村进行督导，对每例涂阳肺结核患者全程至少访视2次，其中强化期1次；每例耐多药肺结核患者每月访视1次；每次均应写出督导报告，反馈有关单位）	查结核病管理信息系统、督导记录、督导报告（督导通报）并结合平时督导及抽查访视病人的实际情况确定。每少1次扣0.1分，扣完为止。	5		
10	结核菌/艾滋病病毒双重感染防治工作（3分）	新登记结核病患者接受艾滋病病毒抗体检测的比例（筛查率≥70%）	随机抽查病案记录10份统计，并与结核病管理信息系统核对，指标每降低1%扣0.1分，扣完为止。	1		
		艾滋病病毒感染者和艾滋病病人的结核病可疑症状者筛查问卷筛查率达到100%	根据HIV/AIDS双重感染防治管理工作年报表及艾滋病科统计资料统计，工作未开展不得分，筛查率每降低1%扣0.1分，扣完为止。	1		
		HIV/AIDS接受结核病检查的比例（筛查率≥90%）	根据HIV/AIDS 双重感染防治管理工作年报表 及艾滋病科统计资料统计，工作未开展不得分，筛查率每降低1%扣0.1分，扣完为止。	1		

续表

序号	项目（分值）	考核指标及要点	考核方法与标准	考核分值	扣分理由	得分
11	学校结核病防控工作（3分）	开展学校结核病疫情监测，及时处理疫情	查看结核病管理信息系统、建立学校结核病疫情监测登记本，做好学校结核病疫情监测工作。未建立学校疫情监测登记本扣0.5分，疫情处理不及时扣0.5分。工作未开展，不得分。	1		
		开展学校肺结核患者密切接触者筛查工作，筛查率≥95%	查看学校结核病筛查登记本等资料，筛查率计算公式=密切接触者筛查人数/密切接触者人数×100%，每降低1%扣0.1分，扣完为止。工作未开展，不得分。	2		
12	培训与健康促进工作（5分）	培训计划完成率达到100%（每年对乡、村医生进行2次基础知识培训）	查看文件通知、报到册、培训日程、课件、照片等，指标每降低5%扣0.1分，扣完为止。	1		
		结核病防治专业人员年度接受培训率≥95%	查看上级文件通知、报到册等资料。指标每降低5%扣0.1分，扣完为止。未参加上级培训，不得分。	1		
		健康促进活动计划完成率达到100%	查看工作计划等资料。指标每降低5%扣0.1分，扣完为止。	1		
		公众接受宣传覆盖率≥85%	随机抽取15位公众进行调查统计。指标每降低5%扣0.1分。	1		
		公众结核病特定知识知晓率≥85%	随机抽查20位公众进行结核病防治核心信息问卷调查，知晓率每降低5%扣0.1分，扣完为止。	1		
13	结核病经费（2分）	结核病工作经费到位情况（包括中央转移支付和地方财政专项经费）	查看疾病预防控制中心结核病工作经费账目，卫生行政部门未拨付，不扣分。	1		
		严格按照中央转移支付结核病控制项目经费使用规定，及时发放病人转诊费、管理费	查看文件、发放花名册、账目等资料，发现问题酌情扣分。	1		

附件 7

县（市、区）级定点医疗机构结核病防治规划工作质量考核标准（100 分）

序号	项目（分值）	考核指标及要点	考核方法与标准	考核分值	扣分理由	得分
1	组织管理及结核病新体系建设工作（10分）	建立院长负责制，成立各相关科室人员组成的结核病防治工作领导小组	建立结核病防治工作领导小组，不扣分；未建立工作领导小组，不得分。	2		
		制定各相关部门（结核门诊、检验科、结核病房、药房、放射科、公共卫生科等）工作职责并上墙	查看各相关科室工作职责制定情况，是否上墙。无各科室工作职责、未上墙不得分；每缺一个科室工作职责，扣0.5分，扣完为止。工作职责未上墙，扣1分。	1		
		建立健全肺结核患者及疑似肺结核患者登记、报告、转诊制度、转诊流程图和奖惩制度，耐药肺结核患者报告等制度，并要求制度及转诊流程图上墙	查看各种制度、转诊流程图是否上墙，无相关制度、流程不得分。无报告、转诊、奖惩制度及转诊流程图各扣0.1分，扣完为止。	1		
		从事结核病防治工作专业人员应≥5人	专业人员每缺少1人扣0.02分，扣完为止。	2		
		定点医院疑似肺结核患者及肺结核患者落实国家免费政策100%	随机抽取5例肺结核病人进行访视或电话了解可疑症状者的痰涂片、胸片、管理病人的药品免费情况，发现未落实国家免费政策不得分。指标每降低1%，扣0.1分，扣完为止。	3		
		落实耐多药肺结核纳入重大疾病保障的报销政策，新农合报销比例不低于70%，医疗救助报销20%	随机抽取5例肺结核病人进行访视或电话问询了解情况，发现未落实国家免费政策不得分。指标每降低5%，扣0.1分。	1		
2	结核病患者发现工作（24分）	初诊受检率≥30/10万	指标每降低5个点扣0.5分。	5		
		初诊痰检率注95%。	指标每降低2%扣0.25分，扣完为止。	3		
		涂阳肺结核病人密切接触者筛查率≥95%	查看涂阳肺结核患者密切接触者登记本和结核病网络专报统计，指标每降低1%扣0.5分，扣完为止。	3		
		有症状密切接触者检查率达到100%	查看涂阳肺结核患者密切接触者登记本和结核病网络专报统计，指标每降低1%扣0.1分，扣完为止。	2		

续表

序号	项目（分值）	考核指标及要点	考核方法与标准	考核分值	扣分理由	得分
2	结核病患者发现工作（24分）	涂阳肺结核患者密切接触者家属筛查率≥95%	查看涂阳肺结核患者密切接触者登记本和结核病网络专报统计，指标每降低1%扣0.1分，扣完为止。	2		
		有症状密切接触者家属检查率达到100%	查看涂阳肺结核患者密切接触者登记本和结核病网络专报统计，指标每降低1%扣0.1分，扣完为止。	2		
		患者丢失率≤3%	查看结核病管理信息系统，指标每升高1%扣0.1分，扣完为止。	2		
		活动性肺结核病人平均登记率≥65/10万	活动性肺结核患者登记率每降低5个点扣0.25分，扣完为止。	5		
3	结核病患者的治疗管理工作（13分）	所有管理肺结核患者的系统管理率≥95%	查看结核病管理信息系统，结合每次日常督导和年终考核访视结核病患者情况资料进行统计，每降低2%扣0.5分。	5		
		初治涂阳治疗满疗程治愈率≥85%，治疗成功率≥90%	查看结核病管理信息系统及有关资料，指标每降低5%扣0.5分。	5		
		活动性肺结核患者除有严重合并症、疑难患者、需有创操作、需手术、严重药物不良反应的患者需要住院治疗外，其他患者不能住院	随机抽取10例肺结核患者住院病历进行查看评估，发现未落实国家政策不得分。指标每降低5%，扣0.2分。	3		
4	结核病实验室质量控制工作（10分）	初诊痰片质控：制片质量合格率≥95%	根据省上质控结果考核，指标每降低2%扣0.1分。	2		
		假阳性率≤2%	根据省上质控结果考核，指标每升高2%扣0.1分。	1		
		假阴性率≤4%		1		
		定点医疗机构痰标本送检率达到100%	查阅“肺结核初诊患者登记本”统计，送检率=送检痰标本人数/应送检人数×100%。指标每降低1%，扣0.1分，扣完为止。	2		
		结核病实验室现场评价达到规划要求	根据省上实验室现场评价结果，酌情扣分。	2		
		开展痰培养工作	查看结核病实验室痰培养工作相关资料、季报表，根据工作开展情况，酌情扣分。省上未安排该项工作的县（区）不扣分。	2		

续表

序号	项目（分值）	考核指标及要点	考核方法与标准	考核分值	扣分理由	得分
5	结核病管理信息系统工作（15分）	转诊未到位的辖区内患者的追踪率达到100%	查看结核病管理信息系统并核对县级结核病防治机构可疑肺结核患者和肺结核患者追踪登记本追踪情况计算追踪率。指标每降低5%扣0.1分，扣完为止。	1		
		追踪到位率≥85%	查看结核病管理信息系统并核对县级结核病防治机构可疑肺结核患者和肺结核患者追踪登记本追踪到位情况计算追踪到位率。指标每降低5%扣0.1分，扣完为止。	2		
		总体到位率≥90%	查看结核病管理信息系统和相关资料，指标每降低2%扣1分，扣完为止。	2		
		跨区域转入患者的到位信息反馈率≥90%	查看结核病管理信息系统和相关资料，指标每降低1%扣0.5分，扣完为止。	2		
		结核病管理信息系统病案信息初次录入及时率≥99%	查看结核病管理信息系统，指标每降低1%扣1分，扣完为止。	3		
		结核病管理信息系统病案转归信息完整率≥95%	查看结核病管理信息系统，指标每降低1%扣1分，扣完为止。	5		
6	肺结核或疑似肺结核患者登记、报告、转诊、转诊到位工作（10分）	登记率100%，报告率100%	查看门诊日志、放射科登记本及各科室出入院患者登记本与公共卫生科肺结核患者登记核对，登记率每下降5%扣1分；同时抽查10例肺结核患者与结核病专报核对，网络报告率每下降5%扣2分，扣完为止。	5		
		转诊率100%，转诊到位率≥85%	查医院相关科室出入院登记本、医院肺结核患者及疑似肺结核患者转诊登记本与转诊单存根核对，每漏转诊1例扣1分；抽查10例转诊患者与疾病预防控制中心结核病网络专报系统和疾病预防控制中心登记患者（院内结核病门诊登记管理患者）核对，每转诊直接不到位1例扣1分，扣完为止。	5		
7	抗结核药品管理工作（5分）	药品破损率≤1%（按照《抗结核药品管理操作手册》要求，药品管理做到账目健全、出入库手续齐全、账物相符，无药品过期失效现象发生）	现场查看定点医院药品库房（专柜）、处方、药品明细账目并与结核病管理信息系统核对。药品破损率每升高1%扣1分，扣完为止。	3		
		设立结核病药品专库（专柜）、账目齐全，做到账物相符，杜绝过期、丢失等现象发生	无药品专柜不得分；药品账目资料不规范，不得分；药品实物、报表和结核病管理信息系统数据一致，不扣分，如果数据不相符，根据情况酌情扣分。	1		

续表

序号	项目（分值）	考核指标及要点	考核方法与标准	考核分值	扣分理由	得分
7	抗结核药品管理工作（5分）	免费抗结核固定剂量复合制剂使用率达到100%	省上安排未使用，扣为0分；指标每降低5%，扣0.1分。省上未安排，不扣分。	1		
8	结核菌/艾滋病病毒双重感染防治工作（3分）	结核病患者艾滋病病毒的筛查率≥70%	随机抽查病案记录10份统计，并与结核病管理信息系统核对，指标每降低1%扣0.1分，扣完为止。	1		
		艾滋病病毒感染者和艾滋病病人的结核病可疑症状者筛查率达到100%	根据HIV/AIDS双重感染防治管理工作年报表及艾滋病科统计资料统计，工作未开展不得分，筛查率每降低1%扣0.1分，扣完为止。	1		
		HIV/AIDS接受结核病检查的比例（筛查率≥90%）	根据HIV/AIDS双重感染防治管理工作年报表及艾滋病科统计资料统计，工作未开展不得分，筛查率每降低1%扣0.1分，扣完为止。			
9	培训与健康促进工作（5分）	医务人员年培训覆盖率达到100%	查看文件或培训计划、报到册、培训教材或资料、培训记录或答题试卷，未开展培训扣1.5分；资料不全，每缺一项扣0.5分，扣完为止。培训率每降低1%扣1分，扣完为止。	2		
		在医院门诊部、放射科、感染科、呼吸内科和其他相关科室住院部醒目地方张贴或悬挂结核病防治宣传画或宣传栏	现场查看门诊、放射科、感染科、呼吸内科和其他相关科室住院部宣传画（栏）张贴、悬挂情况，未张贴或悬挂者扣1分。	1		
		对患者开展结核病防治知识健康教育达到100%	结核病门诊有结核病控制知识宣传资料或健康教育处方等资料，无资料，扣2分。同时随机抽查5位结核病患者结核病防治核心信息问卷调查，指标每降低1%扣0.5分，扣完为止。	2		
10	感染控制工作（5分）	制订医院结核病感染预防与控制计划，建立健全工作规范和规章制度，开展感染预防与控制、职业安全防护技术培训	查阅资料。每缺少1项，扣0.2分。			
		MDR-TB门诊和病房设置，查看是否分开诊治	现场查看，根据情况酌情扣分。	口		
		医务人员安全防护措施	查看紫外线消毒记录本，了解门诊、病房消毒情况；查看N95口罩发放使用记录，核查医生佩戴N95和外科口罩及使用情况，根据情况酌情扣分。	2		

附件 8

县(市、区)级非定点医疗机构结核病防治规划工作质量考核标准(100分)

序号	项目（分值）	考核指标及要点	考核方法与标准	考核分值	扣分理由	得分
1	建立健全肺结核患者报告、转诊管理机制（10分）	制定医疗机构肺结核患者及疑似肺结核患者登记、报告、转诊制度、转诊流程图和奖惩制度，并要求制度及转诊流程图上墙	查看各种制度、转诊流程图是否上墙，无相关制度、流程不得分。无报告转诊、奖惩制度及转诊流程图各扣1分，扣完为止。	10		
2	肺结核或疑似肺结核患者登记、报告工作（30分）	登记率达到100%，报告率达到100%	查看门诊日志、放射科登记本及各科室出入院患者登记本与公共卫生科肺结核患者登记核对，登记率每下降1%扣1分；同时抽查10例肺结核或疑似肺结核患者与结核病管理信息系统核对，每漏报告1例扣1分，扣完为止。	30		
3	肺结核或疑似肺结核患者转诊、转诊到位工作（30分）	转诊率达到100%，转诊到位率≥85%	查相关科室出入院登记本、医院肺结核患者及疑似肺结核患者转诊登记本与转诊单存根核对，每漏转诊1例扣1分；抽查10例转诊病人与定点医院结核病网络专报系统登记病人核对，每转诊直接不到位1例扣1分，扣完为止。	30		
4	医务人员培训工作（10分）	医务人员年培训覆盖率达到100%	查看文件或培训计划、报到册、培训教材或资料、培训记录或答题试卷，未开展培训，不得分；资料不全，每缺一项扣1分，扣完为止。培训率每降低1%扣1分，扣完为止。	10		
5	健康促进工作（10分）	在医院门诊部、放射科、感染科、呼吸内科和其他相关科室住院部醒目地方张贴或悬挂结核病防治宣传画或宣传栏	现场查看门诊、放射科、感染科、呼吸内科和其他相关科室住院部宣传画（栏）张贴、悬挂情况，未张贴或悬挂者扣1分。	5		
		对患者开展结核病防治知识健康教育达到100%	结核病门诊有结核病控制知识宣传资料或健康教育处方等资料，无资料，扣3分。同时随机抽查5位结核病患者结核病防治核心信息问卷调查，指标每降低1%，扣0.5分，扣完为止。	5		
6	结核病防治资料管理（10分）	相关科室和防保科要设立“医院肺结核患者及疑似肺结核患者转诊登记本”，报告、登记、转诊填写规范、记录齐全	查相关科室和防保科资料，无登记本扣1分，无转诊单或转诊单保存不全扣1分，无报告扣1分，登记本、转诊单缺项、错项、漏项、不规范每处扣0.5分，扣完为止。	10		

附件 9

乡镇卫生院(社区卫生服务中心)结核病防治规划工作质量考核标准(100分)

序号	项目（分值）	考核指标及要点	考核方法与标准	考核分值	扣分理由	得分
1	建立健全肺结核患者报告、转诊管理机制（10分）	制定医疗机构肺结核患者及疑似肺结核患者登记、报告、转诊制度、转诊流程图和奖惩制度，并要求制度及转诊流程图上墙	查看各种制度、转诊流程图是否上墙，无相关制度、流程不得分。无报告转诊、奖惩制度及转诊流程图各扣1分，扣完为止。	10		
2	肺结核或疑似肺结核患者登记、报告工作（15分）	登记率达到100%，报告率达到100%	查看门诊日志、放射科登记本及各科室出入院患者登记本与公共卫生科肺结核患者登记核对，登记率每下降1%扣1分；同时抽查10例肺结核或疑似肺结核患者与结核病管理信息系统核对，每漏报告1例扣1分，扣完为止。	15		
3	肺结核或疑似肺结核患者转诊、转诊到位工作（15分）	转诊率达到100%，转诊直接到位率≥85%	查相关科室出入院登记本、医院肺结核患者及疑似肺结核患者转诊登记本与转诊单存根核对，每漏转诊1例扣1分；抽查10例转诊患者与定点医院结核病网络专报系统登记患者核对，每转诊直接不到位1例扣1分，扣完为止。	15		
4	肺结核或疑似肺结核患者追踪、追踪到位工作（10分）	转诊未到位的病人的追踪率达到100%	查看可疑肺结核患者和肺结核患者追踪登记本并核对结核病管理信息系统计算追踪率。指标每降低5%扣0.1分，扣完为止。	5		
		追踪到位率≥85%	查看结核病管理信息系统并核对县级结核病防治机构可疑肺结核患者和肺结核患者追踪登记本追踪到位情况计算追踪到位率。指标每降低5%扣0.1分，扣完为止。	5		
5	肺结核患者督导管理工作（20分）	督导完成率达到100%（每月对所辖村督导1次，并对每例涂阳病人治疗全程访视4次）	查看督导报告、病人治疗卡、督导访视记录及随机抽查访视患者2例了解情况。每缺少一次督导扣1分，每缺少1次督导报告扣1分。	20		

续表

序号	项目（分值）	考核指标及要点	考核方法与标准	考核分值	扣分理由	得分
6	医务人员培训工作（10分）	对村卫生室（社区卫生服务站）人员及督导员年培训覆盖率达到100%	查看文件或培训计划、报到册、培训教材或资料、培训记录或答题试卷，未开展培训，不得分；资料不全，每缺一项扣1分，扣完为止。培训率每降低1%扣1分，扣完为止。	10		
7	健康促进工作（10分）	在医院门诊部、住院部、放射科和其他相关科室住院部醒目地方张贴或悬挂结核病防治宣传画或宣传栏	现场查看门诊部、住院部、放射科和其他相关科室住院部宣传画（栏）张贴、悬挂情况，未张贴或悬挂者扣1分。	5		
		对患者、村民开展结核病防治知识健康教育达到100%	结核病门诊有结核病控制知识宣传资料或健康教育处方等资料，无资料，扣3分。同时随机抽查5位结核病患者或村民进行结核病防治核心信息问卷调查，指标每降低1%，扣0.1分，扣完为止。	5		
8	防治资料管理（10分）	相关科室和公共卫生科要设立“医院肺结核患者及疑似肺结核患者转诊登记本”“肺结核患者管理登记本”“肺结核患者或疑似肺结核患者追踪登记本”等资料，填写规范、记录齐全	查相关科室和公共卫生科资料，每缺少1种登记本扣1分，无转诊单或转诊单保存不全扣1分，登记本、转诊单缺项、错项、漏项、不规范每处扣0.5分，扣完为止。	110		

附件 10

村卫生室(社区卫生服务站)结核病防治规划工作质量考核标准(100分)

序号	项目（分值）	考核指标及要点	考核方法与标准	考核分值	扣分理由	得分
1	肺结核可疑症状者及肺结核患者登记、报告工作（15分）	登记率达到100%，报告率达到100%	查看村卫生室肺结核可疑症状者推荐登记本，并与疾病预防控制中心（定点医院）初诊患者登记本或结核病管理信息系统核对，漏报告1例扣1分，扣完为止。	15		
2	肺结核可疑症状者及肺结核患者转诊、转诊到位工作（15分）	转诊率达到100%，转诊直接到位率≥85%	查看肺结核患者及疑似肺结核患者转诊登记本与转诊单存根核对，每漏转诊1例扣1分；抽查10例转诊患者与定点医院结核病网络专报系统登记患者核对，每转诊直接不到位1例扣1分，扣完为止。	15		
3	肺结核或疑似肺结核患者的追踪工作（20分）	转诊未到位病人的追踪率达到100%	查看县级结核病防治机构可疑肺结核患者和肺结核患者追踪登记本并核对结核病管理信息系统计算追踪率。指标每降低5%扣0.1分，扣完为止。	10		
		对中断治疗患者进行追访达到100%	查看疾病预防控制中心（定点医院）可疑肺结核患者和肺结核患者追踪登记本并核对结核病管理信息系统，根据工作情况，酌情扣分。	10		
4	患者督导管理工作（25分）	督导完成率达到100%（对疾病预防控制中心/定点医院通知的肺结核患者进行督导管理）	随机抽查治疗肺结核患者2例，进行督导访视。根据工作情况，酌情扣分。	25		
5	健康促进工作（15分）	在卫生室醒目地方张贴或悬挂结核病防治宣传信息	现场查看宣传画（栏）张贴、悬挂情况，未张贴或悬挂者扣5分。	5		
		对患者和村民开展结核病防治知识健康教育达到100%	随机访视患者2例及抽查8位村民进行结核病防治核心信息问卷调查，知晓率每降低5%，扣1分，扣完为止。	10		
6	资料管理工作（10分）	肺结核可疑症状者推荐登记、追踪登记、督导访视记录等资料填写规范、记录齐全	查看“日志”资料，每缺少1种登记扣1分，扣完为止。	10		

（王铂编写，葛秀群审）

（本部分约56千字）

第五部分

甘肃省各级结核病防治资料品目

市(州)级疾病预防控制中心结核病预防控制工作资料管理品目

序号	资料名称	保存年限	保存地点	备注
1	结核病实验室废弃物处理登记本	长期	市疾病预防控制中心	
2	结核病实验室痰涂片盲法复检抽片表	长期	市疾病预防控制中心	
3	痰涂片盲法复检结果表	长期	市疾病预防控制中心	
4	结核病痰涂片盲法质量控制反馈报告	长期	市疾病预防控制中心	
5	结核病实验室现场评价表	长期	市疾病预防控制中心	
6	结核病实验室检验人员批量测试	长期	市疾病预防控制中心	
7	结核病实验室耐药监测痰培养登记本	长期	市疾病预防控制中心	
8	市级对定点医院的督导反馈报告	长期	市疾病预防控制中心	
9	市级对县级的督导反馈报告	长期	市疾病预防控制中心	
10	结核病实验室痰涂片盲法复检结果半年报表	15 年	市疾病预防控制中心	
11	结核病实验室痰涂片盲法复检结果年报表	15 年	市疾病预防控制中心	
12	结核病信息管理季度报表	15 年	市疾病预防控制中心	
13	结核病信息管理年度报表	15 年	市疾病预防控制中心	
14	结核病 / 艾滋病病毒双重感染年报表	15 年	市疾病预防控制中心	
15	甘肃省耐药监测调查项目季报表	15 年	市疾病预防控制中心	
16	结核病防治相关培训资料（文件、报到册、日程安排、课件等）	长期	市疾病预防控制中心	
17	结核病健康教育工作计划、工作总结	长期	市疾病预防控制中心	
18	免费抗结核药品出入库登记本（账本）	长期	市疾病预防控制中心	
19	免费抗结核药品领取（调出）申请单	长期	市疾病预防控制中心	

市(州)级定点医疗机构结核病预防控制工作资料管理品目

序号	资料名称	保存年限	保存地点	备注
1	肺结核患者及疑似肺结核患者登记、报告、转诊制度、转诊流程图和奖惩制度	长期	定点医院	
2	肺结核患者及疑似肺结核患者转诊登记本（感染性疾病科或其他科室使用）	长期	定点医院	
3	肺结核患者或疑似肺结核患者转诊单（定点医院非结核病门诊使用）	长期	定点医院	
4	初诊患者登记本	长期	定点医院	
5	耐多药肺结核可疑者登记本	长期	定点医院	
6	耐多药肺结核患者登记本	长期	定点医院	
7	结核病实验室痰涂片检查登记本	长期	定点医院	
8	结核病实验室痰培养检查登记本	长期		
9	耐多药肺结核传统药敏筛查登记本	长期	定点医院	
10	耐多药肺结核快速药敏筛查登记本	长期	定点医院	
11	耐多药肺结核患者病案记录	长期	定点医院	
12	传染病报告卡	长期	定点医院	
13	耐多药肺结核患者（涂阳、高危人群）密切接触者登记本	长期	定点医院	
14	中断治疗耐多药肺结核患者追踪登记本	长期	定点医院	
15	耐多药肺结核诊断小组病案讨论登记本	长期	定点医院	
16	耐多药肺结核患者治疗记录卡	长期	定点医院	
17	耐多药肺结核患者治疗协议	长期	定点医院	
18	免费抗结核药品出入库登记本（账本）	长期	定点医院	耐多药治疗药品
19	免费抗结核药品领取（调出）申请单	长期	定点医院	耐多药治疗药品
20	免费抗结核药品发放登记本	长期	定点医院	耐多药治疗药品

续表

序号	资料名称	保存年限	保存地点	备注
21	免费抗结核药品药房明细账	长期	定点医院	耐多药治疗药品
22	免费抗结核药品发放处方	长期	定点医院	
23	结核病实验室自查痰片质量控制记录	长期	定点医院	
24	结核病实验室废弃物处理登记本	长期	定点医院	
25	市级对定点医院的督导反馈报告	长期	定点医院	
26	县级对定点医院督导反馈报告	长期	定点医院	
27	结核病信息管理季度报表	长期	定点医院	
28	结核病信息管理年度报表	15 年	定点医院	
29	结核病 / 艾滋病病毒双重感染年报表	15 年	定点医院	
30	结核病实验室痰涂片盲法复检结果半年报表	15 年	定点医院	
31	结核病实验室痰涂片盲法复检结果年报表	15 年	定点医院	
32	结核病防治相关培训资料（文件、报到册、日程 安排、课件等）	15 年	定点医院	
33	结核病健康教育资料	长期	定点医院	
34	耐多药肺结核患者治疗管理通知单	长期	定点医院	
35	患者追访通知单	长期	定点医院	

县(市、区)级疾病预防控制中心结核病预防控制工作资料管理品目

序号	资料名称	保存年限	保存地点	备注
1	肺结核患者及疑似肺结核患者转诊登记本（感染性疾病科或其他科室使用）	长期	县级疾病预防控制中心	
2	肺结核患者或疑似肺结核患者转诊单（定点医院非结核病门诊使用）	长期	县级疾病预防控制中心	
3	传染病报告卡	长期	县级疾病预防控制中心	
4	中断治疗肺结核患者追踪登记本	长期	县级疾病预防控制中心	
5	结核病实验室痰涂片检查登记本	长期	县级疾病预防控制中心	
6	结核病实验室废弃物处理登记本	长期	县级疾病预防控制中心	
7	结核病实验室痰涂片盲法复检抽片表	长期	县级疾病预防控制中心	
8	痰涂片盲法复检结果表	长期	县级疾病预防控制中心	
9	结核病痰涂片盲法质量控制反馈报告	长期	县级疾病预防控制中心	
10	结核病实验室现场评价表	长期	县级疾病预防控制中心	
11	结核病实验室耐药监测痰培养登记本	长期	县级疾病预防控制中心	
12	甘肃省耐药监测调查项目季报表（安定、渭源、临洮）	长期	县级疾病预防控制中心	
13	市级对定点医院的督导反馈报告	长期	县级疾病预防控制中心	
14	县级对定点医院的督导反馈报告	长期	县级疾病预防控制中心	
15	县级对乡级及村级的督导反馈报告	长期	县级疾病预防控制中心	
16	结核病实验室痰涂片盲法复检结果半年报表	长期	县级疾病预防控制中心	
17	结核病实验室痰涂片盲法复检结果年报表	长期	县级疾病预防控制中心	
18	结核病防治相关培训资料（文件、报到册、日程安排、课件等）	长期	县级疾病预防控制中心	
19	结核病健康教育资料	长期	县级疾病预防控制中心	

续表

序号	资料名称	保存年限	保存地点	备注
20	肺结核患者治疗管理通知单（电话通知）	长期	县级疾病预防控制中心	
21	患者追访通知单（电话追踪）	长期	县级疾病预防控制中心	
22	免费抗结核药品出入库登记本（账本）	长期	县级疾病预防控制中心	
23	免费抗结核药品领取（调出）申请单	长期	县级疾病预防控制中心	
24	结核病信息管理季度报表	15 年	县级疾病预防控制中心	
25	结核病信息管理年度报表	15 年	县级疾病预防控制中心	
26	结核病 / 艾滋病病毒双重感染年报表	15 年	县级疾病预防控制中心	

县(市、区)级定点医疗机构结核病预防控制工作资料管理品目

序号	资料名称	保存年限	保存地点	备注
1	肺结核患者及疑似肺结核患者登记、报告、转诊制度、转诊流程图和奖惩制度	长期	定点医院	
2	肺结核患者及疑似肺结核患者转诊登记本（感染性疾病科或其他科室使用）	长期	定点医院	
3	肺结核患者或疑似肺结核患者转诊单（定点医院非结核病门诊使用）	长期	定点医院	
4	初诊患者登记本	长期	定点医院	
5	结核病患者登记本	长期	定点医院	
6	结核病实验室痰涂片检查登记本	长期	定点医院	
7	传染病报告卡	长期	定点医院	
8	涂阳患者密切接触者登记本	长期	定点医院	
9	中断治疗肺结核患者追踪登记本	长期	定点医院	
10	涂阴肺结核诊断小组病案讨论登记本	长期	定点医院	
11	病案记录	长期	定点医院	
12	肺结核患者治疗记录卡	长期	定点医院	
13	肺结核患者治疗协议	长期	定点医院	
14	免费抗结核药品出入库登记本（账本）	长期	定点医院	
15	免费抗结核药品领取（调出）申请单	长期	定点医院	
16	免费抗结核药品发放登记本	长期	定点医院	
17	免费抗结核药品药房明细账	长期	定点医院	
18	免费抗结核药品发放处方	长期	定点医院	
19	结核病实验室自查痰片质量控制记录	长期	定点医院	
20	结核病实验室废弃物处理登记本	长期	定点医院	

续表

序号	资料名称	保存年限	保存地点	备注
21	结核病实验室痰涂片盲法复检抽片表	长期	定点医院	
22	痰涂片盲法复检结果表	长期	定点医院	
23	结核病痰涂片盲法质量控制反馈报告	长期	定点医院	
24	结核病实验室现场评价表	长期	定点医院	
25	结核病实验室耐药监测痰培养登记本	长期	定点医院	
26	市级对定点医院的督导反馈报告	长期	定点医院	
27	县级对定点医院的督导反馈报告	长期	定点医院	
28	结核病信息管理季度报表	15 年	定点医院	
29	结核病信息管理年度报表	15 年	定点医院	
30	结核病 / 艾滋病病毒双重感染年报表	15 年	定点医院	
31	结核病实验室痰涂片盲法复检结果半年报表	15 年	定点医院	
32	结核病实验室痰涂片盲法复检结果年报表	15 年	定点医院	
33	结核病防治相关培训资料（文件、报到册、日程安排、课件等）	长期	定点医院	
34	结核病健康教育资料	长期	定点医院	
35	肺结核患者治疗管理通知单	长期	定点医院	
36	患者追访通知单	长期	定点医院	

县(市、区)级非定点医疗机构结核病防治工作资料管理品目

序号	资料名称	保存年限	保存地点	备注
1	肺结核患者及疑似肺结核患者登记、报 告、转诊制度、转诊流程图和奖惩制度	长期	非定点医疗机构	
2	肺结核患者及疑似肺结核患者转诊登记本（感染性疾病科及其他科室使用）	长期	非定点医疗机构	
3	肺结核患者或疑似肺结核患者转诊单	长期	非定点医疗机构	
4	结核病防治院内培训资料	长期	非定点医疗机构	
5	结核病健康教育资料	长期	非定点医疗机构	
6	传染病报告卡	15 年	非定点医疗机构	
7	县级疾控中心对医疗机构的督导反馈报告	长期	非定点医疗机构	